臺灣歷史與文化 研究輯刊

十四編

第 1 冊

戰後臺灣婦女參政之比較研究（1945～2010）：以許世賢與蘇洪月嬌爲例

盧文婷 著

花木蘭文化事業有限公司

國家圖書館出版品預行編目資料

戰後臺灣婦女參政之比較研究（1945～2010）：以許世賢與蘇
洪月嬌為例／盧文婷 著 — 初版 — 新北市：花木蘭文化事業
有限公司，2018〔民107〕
目 4+254 面；19×26 公分
（臺灣歷史與文化研究輯刊十四編；第 1 冊）
ISBN 978-986-485-584-1（平裝）
1. 臺灣政治 2. 女性 3. 比較研究
733.08   107012677

ISBN- 978-986-485-584-1

9 789864 855841

臺灣歷史與文化研究輯刊
十四編 第 一 冊
ISBN：978-986-485-584-1

戰後臺灣婦女參政之比較研究（1945～2010）：
以許世賢與蘇洪月嬌爲例

作　　者　盧文婷
總 編 輯　杜潔祥
副總編輯　楊嘉樂
編　　輯　許郁翎、王筑　美術編輯　陳逸婷
出　　版　花木蘭文化事業有限公司
發 行 人　高小娟
聯絡地址　235 新北市中和區中安街七二號十三樓
　　　　　電話：02-2923-1455／傳眞：02-2923-1452
網　　址　http://www.huamulan.tw 信箱 hml 810518@gmail.com
印　　刷　普羅文化出版廣告事業
初　　版　2018 年 9 月
全書字數　219700 字
定　　價　十四編 16 冊（精裝）台幣 38,000 元

戰後臺灣婦女參政之比較研究（1945～2010）：
以許世賢與蘇洪月嬌為例

盧文婷　著

作者簡介

盧文婷，國立中興大學文學博士，曾任中央研究院歷史語言研究所研究助理、南瀛國際人文研究中心執行秘書、國立嘉義大學史地學系兼任講師。研究專長為台灣地方家族研究、華人婦女史等，多次發表專業領域之學術研討會論文，散見於《嘉義研究》、《台灣文獻》等學術期刊、論文集。

提　　要

　　戰後臺灣婦女參政的環境及社會地位的提升，與戒嚴到解嚴時期選舉制度發展息息相關。隨著教育的普及、都市化的加速、職業結構的改變，以及資訊傳遞快速等方面影響，不僅促使臺灣婦女社會地位提升，展現自我意識，也改變婦女參政的意識。故本書以臺灣婦女參政為研究主體，透過許世賢與蘇洪月嬌兩位婦女參政者實際參與各項中央及地方公職人員選舉的過程與現況，分別就戰前與戰後初期婦女參政活動、戒嚴時期，以及解嚴後婦女參與選舉政治三方面進行分析。從臺灣婦女在各階段政治發展時期參與選舉的程度，對於戰後臺灣婦女從政治漠視到積極參政的轉變，婦女對戰後臺灣政治發展的貢獻及社會地位的提升，均有時代性轉變的意義，包括性別文化與政治、性別與黨派，和地方政治家族的形成。婦女參政不僅在中央及地方各項選舉上嶄露頭角，更為戰後臺灣政治發展注入新動力。

　　在婦女參政的大環境背景下，本文並就許世賢與蘇洪月嬌兩位女性參政者作為比較研究對象，針對其參與政治的動機、政治理念與作風，分析其間的差異性，以瞭解戰後臺灣婦女參政的類型與政治型態。本論文之個案研究比較，除了凸顯婦女參政之政治家族傳承具有代表性外，兩位女性的政治生涯發展，如省議會時期質詢提案的問政風格，以及在威權時代黨國體制內，以非國民黨身份爭取組黨的過程，可幫助瞭解婦女參政的個人奮鬥歷程，更可藉由婦女個案的質詢言論發表，以及個人政治主張型態，來瞭解臺灣議會政治的變遷、非國民黨組黨運動的發展。

　　由於許世賢與蘇洪月嬌具有豐富的選舉參政經驗，充分展現婦女積極參政的態度與政治理念；再加上歷經過二二八事件、蘇東啓政治案件等，影響其日後以非國民黨身份參與選舉活動；更者，兩位女性參政者政治參與跑道的轉換，由地方到中央，由民意代表到行政首長的選舉，均展現女性積極參與選舉政治的態度。至於對地方政治家族的經營，各自憑藉在地方上政治魅力的形塑，從而建立地方民意基礎，分別代表嘉義市「許家班」與雲林縣「蘇家班」二地的政治勢力，進而培植政治第二代作為政治家族的接班人，其所形成政治家族的過程及地方勢力的建立，均可作為婦女參政的典範。

目 次

表目次

圖目次

第一章 緒 論

一、研究動機與目的

　　臺灣婦女研究的發展與臺灣社會環境變遷具有密切的關係。戰後臺灣從戒嚴到解嚴歷經政治階段性的轉變，再加上教育的普及、都市化的加速、職業結構的改變，以及資訊傳遞的迅速，不僅促使婦女社會地位改變，也創造出新的研究課題，更提供研究學者所需的發展環境。〔註1〕戰後臺灣教育普及與社會觀念的開放，使得婦女走出家庭，而與政治關係愈來愈密切，其中婦女的自我意識覺醒，不但有助於其社會地位的提升，更可以透過參與政治的方式，來超越對自己的角色限制，勇於追求心理上的自我實現。〔註2〕另外，以政治為目的所組織的活動，更以動員婦女團結為號召，使婦女積極參與政治活動。〔註3〕婦女參政的議題，也因婦女地位提升、社會觀念轉變，逐漸成為社會大眾關注的焦點，使得探討婦女參政問題，成為近年來臺灣歷史研究發展的一種新趨勢。

　　戰後臺灣婦女參政議題，過去學者曾以中央或地方民意代表作為研究對象，從不同角度進行質與量的研究分析，並以婦女群體意識或婦女組織團體

〔註1〕姜蘭虹，〈婦女研究在臺灣的發展〉，收於張妙清、葉漢明、郭佩蘭編著，《性別學與婦女研究——華人社會的探索》（臺灣省臺北縣：稻鄉出版社，1997年7月），頁23。

〔註2〕李貞德，〈超越父系家族的藩籬——臺灣地區「中國婦女史研究」（1945～1995）〉，《新史學》7：2（1996年2月），頁151～153。

〔註3〕張玉法，〈近代中國婦女史研究的回顧——《近代中國婦女運動史》導言〉，《近代中國》139（2000年10月），頁149～150。

作爲研究主題，對於婦女參政的個案研究較少論述或研究不夠深入。早期傳統婦女政治社會地位的歷史研究是附屬於男性的邊緣研究，而現今的婦女研究議題多傾向於群體意識的探討，但卻容易忽略婦女會因家世背景、參政動機的不同，而導致問政風格的差異，缺少獨立個案研究的分析。再者婦女在家庭中所扮演的角色，以及在政治與社會中所背負的雙重壓力，或是性別是否平等之議題外，仍有探討的空間。因此，婦女參政研究中，「點」的個案研究分析與「面」的群體研究探討，分別呈現不同的分析焦點，然卻缺少橫向的比較研究。正如學者姜蘭虹所言：「婦女與政治是國內一個較新的主題，政治學有關性別角色的研究應包括婦女的政治態度、政治行爲、角色與地位，並將研究落實在我國的政治文化脈絡及進行『比較研究』，以擴大這類研究的學術貢獻。」〔註4〕因此，婦女參政的比較研究在臺灣的政治發展歷程中，將成爲重要的研究課題。

過去學者研究婦女參政問題，多以傳統典型婦女從政或有傑出政治表現的婦女爲主，其探討重點多與家世背景有關，且多以傳記、文集或紀念集等型態出現，無法看出女性參政者實際從政的歷程。婦女參政的研究及相關議題，較易引起女性主義者或其他社會學科研究者的關注，卻不易受到歷史學者的重視。因此，關於戰後臺灣婦女參政的研究，可論述的主題相當廣泛，本書從微觀歷史角度，延展研究課題，以許世賢與蘇洪月嬌兩位女性從政者作爲比較研究對象，分析兩人之間的異同，如參政動機、參政歷程及個人抱負等，藉此研究戰後臺灣婦女對政治漠視到積極參政的過程，進而瞭解其對戰後臺灣政治發展的貢獻及女性在政治地位的轉變。由於許氏與蘇洪氏均是從日治時期跨越至戰後的參政婦女，經歷二二八事件、白色恐怖等時期，亦均參選地方民意代表出身，歷史學者黃秀政研究指出：「縣（市）議會是培養戰後臺灣地方政治菁英的搖籃，不少抬面上的政治人物其首次參政即爲競選縣（市）議員。由於競選成功，取得民意代表的職位，在縣（市）議會爲民喉舌，從而嶄露頭角，成爲舉足輕重的政治人物。」〔註5〕兩位女性從政者從臺灣省參議會、臨時省議會到臺灣省議會，見證議會制度的轉變過程；從地

〔註 4〕姜蘭虹，〈婦女研究在臺灣的發展〉，收於張妙清、葉漢明、郭佩蘭編著，《性別學與婦女研究——華人社會的探索》，頁 34。

〔註 5〕黃秀政，〈戰後臺灣婦女參政問題的檢討——以婦女保障名額制度爲例（1949～2004）〉，《臺灣文獻》56：1（2005 年 3 月），頁 216～217。

方到中央民意代表，從民意代表到行政首長，或擔任立法委員，或擔任總統府國策顧問等，兩位女性豐富的從政經驗，不僅親身見證臺灣政治民主轉變的過程，更引領女性走入劃時代的政治舞臺，對戰後臺灣婦女參政具有一定程度影響。

故本書透過女性史研究的角度，論述女性跨越性別族群，擺脫過去傳統視女性為弱勢的刻板印象，凸顯女性參政者的特質，探究分析戰後同時期兩位女性個案的參政類型，並進一步將其家庭、教育、婚姻、參政等因素相互比較，以呈現戰後臺灣婦女參政的不同類型。本書所挑選之女性參政個案許世賢與蘇洪月嬌，兩位不僅是戰後初期具有女性參政特質，更具備有豐富的政治選舉經驗，以婦女研究而言，是舊傳統社會下具有新思維的女性，亦是在面對挑戰下具有困境新突破的女性黨外運動者，相對於男性，兩位女性參政者在戒嚴時期以前積極所參與的各項選舉活動，其參政經歷仍屬少數，使得婦女個案研究比較具指標性意義。因此，本書研究以戰後 1945 年至 2010 年為時間斷限，以婦女從政者為主體，透過兩位具代表性的婦女參政個案進行分析，來完整呈現臺灣婦女參政不同類型的比較。

二、前人研究回顧

女性於傳統史籍中的聲音微弱，然而時至今日與女性相關的議題，涉及政治、經濟、社會、文化等層面，所涵蓋的範圍極為廣泛。以戰後臺灣婦女參政研究而言，大部份的論著多著重於群體研究或是針對政治相關議題進行分析探討，如梁雙蓮〈婦女與政治參與〉、顧燕翎〈中國婦女歷史地位的演變與現況：一個女性主義者的觀點〉[註6]，分別探討女性政治參與的現況及其影響的原因，並試圖說明中國女性在軍事、政治、經濟及婚配自由發展的情況。另外，游鑑明〈日據時期臺灣的職業婦女〉，以職業婦女作為研究對象，指出臺灣在日治時期殖民政策統治下，新式職業的產生常常與政府政策、經濟發展、社會需求有關，女教師、女醫生、產婆等新式職業，即是因應這類需求所產生的。[註7] 換言之，日治時期所產生的新式職業具備高度的專業知

[註 6] 梁雙蓮，〈婦女與政治參與〉，收於梁雙蓮等編，《婦女與政治參與》（臺北市：婦女新知基金會，1989 年），頁 5～46；顧燕翎，〈中國婦女歷史地位的演變與現況：一個女性主義者得觀點〉，收於馬以工主編，《當今婦女角色與定位》（臺北市：國際崇她社臺北三社，1989 年 3 月），頁 5～30。

[註 7] 游鑑明，〈日據時期臺灣的職業婦女〉（臺北市：國立臺灣師範大學歷史研究所博士論文，1995 年 5 月）。

能，欲取得新式職業必須倚靠「教育」來提升女性專業能力。因此，女性教育程度的高低，會影響職業層級，一旦女性教育水準提高，經濟獨立以後，女性將爭取個人權益，連帶將影響婦女參與政治的動機。

在婦女參政的個案研究中，針對許世賢與蘇洪月嬌兩位婦女參政者論述的學位論文研究，包括莊雅茹〈戰後臺灣女性參政之先驅：許世賢（1908～1983）的政治生涯〉與盧文婷〈戰後臺灣婦女參政的個案研究：以許世賢爲例〉，[註8] 兩者研究均以許世賢爲研究對象，不過研究方向及論述焦點並不相同，前者著重許世賢女性參政先驅之角色探析，提供不少口述訪談資料；後者則將焦點放在戰後臺灣婦女參政的議題，以個案許世賢作爲研究對象，探討大環境背景下，分析女性參與政治與地方政治家族建立之影響。另以蘇洪月嬌爲個案研究主體，則有許純瑋〈省議會時期的蘇洪月嬌〉[註9]，主要針對蘇洪月嬌在臺灣省議會時期個人政治生涯，以及質詢議題內容的探討。然個案研究的分析，儘管能呈現出婦女個人參與政治的奮鬥歷程，卻無法深入瞭解戰後婦女參政的不同模式，唯有透過比較的方式，方能瞭解婦女參政的實質意義。

其他婦女參政研究相關議題，如薛立敏〈臺灣地區婦女參政問題之研究〉，分析臺灣地區婦女參政概況，探討省參議員、縣議員、臺北市議員的婦女參政概況與趨勢；范毅芬〈我國婦女參政之研究：臺北縣市地區現任女性議員參政之分析〉，以女性議員爲主要研究對象，分析其社會背景，分別就年齡教育程度、黨籍、職業及家庭背景進行探討；江素慧〈女性政治菁英之研究──以民進黨女性公職人員爲例〉，探討民進黨內之公職人員（包括國會議員、市議員及省議員），如何投入反對運動及政治事務；彭湑雯〈基層社區女性的參政與賦權：臺北市現任女里長的參政經驗研究〉，以第七屆臺北市 37 位女里長爲訪談對象，探討其個人背景及參選脈絡，分析其參政模式。[註10]

[註8] 莊雅茹〈戰後臺灣女性參政之先驅：許世賢（1908～1983）的政治生涯〉（臺北市：國立臺灣師範大學歷史學研究所碩士論文，2003 年 7 月）；盧文婷，〈戰後臺灣婦女參政的個案研究：以許世賢爲例〉（臺中市：國立中興大學歷史學研究所碩士論文，2004 年 1 月）。

[註9] 許純瑋，〈省議會時期的蘇洪月嬌〉（臺灣省彰化市：國立彰化師範大學歷史學研究所碩士論文，2010 年 1 月）。

[註10] 薛立敏，〈臺灣地區婦女參政問題之研究〉（臺北市：國立政治大學政治學系碩士論文，1973）；范毅芬，〈我國婦女參政之研究──臺北縣市地區現任女性議員參政之分析〉（臺北市：國立臺灣大學三民主義研究所碩士論文，

目前大多著重分析女性群體參政議題，僅能針對女性參政群體作概括性論述，對於女性個案參與政治的背景歷程無法深入瞭解。另外，胡藹若〈臺灣婦女人權運動之研究：以參政權爲例（1949～2000）〉，則研究婦女人權運動，論述重點爲參政權的爭取，分別就參與動機、能力、機會進行分析，並論及婦女自我意識的覺醒、婦女政策的落實，最後期許建構兩性平權社會，然對於婦女個人參與政治的過程，並未深入探討。〔註 11〕黃長玲〈婦女與政治參與〉，分析婦女參與政治的現況，並透過實際選舉統計數據，探討女性參與政治的程度與影響，不過針對女性群體所做的統計，僅能得知女性參政的比例，無法深入瞭解婦女參政者個案的歷程與世代內政治地位的垂直流動狀態。〔註 12〕關於戰後臺灣政治民主化變遷與發展過程，其研究成果有鄭牧心（鄭梓）〈議政風雲五十年——試探「臺灣經驗」中的議政傳承〉、鄭梓〈初探：戰後五十年臺灣省政之變革：從行政長官到民選省長（1945～1995）〉、陳明通〈日據背景與大陸經驗——論影響省議會菁英形成與變遷的兩項因素〉，對於臺灣省議會成立與發展過程有詳細的論述，提供論述臺灣議會政治轉變過程研究參考資料。〔註 13〕另外，相關的政治群體菁英研究的學位論文，有彭懷恩〈中華民國的政治精英：行政院會議成員的分析（1950～1985）〉；陳明通〈威權政體下臺灣地方政治菁英的流動（1945～1986）：省參議員及省議員流動的分析〉；馬心韻《三民主義婦女政策與我國婦女政治地位之研究》等〔註14〕，分別針對政府政策的施行，進行政治菁英或婦女群體政治地位的探討。

1981）；江素慧，〈女性政治菁英之研究——以民進黨女性公職人員爲例〉（臺北市：國立臺灣大學政治所碩士論文，1996）；彭淯雯，〈基層社區女性的參政與賦權：臺北市現任女里長的參政經驗研究〉（臺北市：國立臺灣大學建築與城鄉研究所碩士論文，1997）。

〔註11〕胡藹若，〈臺灣婦女人權運動之研究——以參政權爲例（1949～2000）〉（臺北市：國立臺灣師範大學政治學研究所博士論文，2004）。

〔註12〕黃長玲，〈婦女與政治參與〉，收於財團法人婦女權益促進發展基金會，《臺灣婦女權益報告書》（臺北市：財團法人婦女權益促進發展基金會，2003 年 3月），頁 212～252。

〔註13〕相關文章收於臺灣省議會編印，《臺灣省議會成立五十週年紀念專刊——回顧與展望》（臺灣省臺中縣：臺灣省議會，1996），頁 241～282、283～309、310～346。

〔註14〕彭懷恩，〈中華民國的政治精英——行政院會議成員的分析（1950～1985）〉（臺北市：國立臺灣大學政治研究所博士論文，1985）；陳明通，〈威權政體下臺灣地方政治菁英的流動（1945～1986）——省參議員及省議員流動的分析〉（臺北市：國立臺灣大學政治研究所博士論文，1990）；馬心韻，《三民主義婦女政策與我國婦女政治地位之研究》（臺北市：正中書局，1992 年 1 月）。

因此，本書在前人研究婦女參政相關議題的基礎之上，以「戰後臺灣婦女參政」爲主題，針對兩位女性作深入性的比較與研究分析，試圖釐清戰後臺灣婦女參政的歷史過程，並給予婦女獨立於群體之外的比較研究，使得女性擁有發聲的權利，而透過婦女參政個案的研究，不僅可以深入瞭解女性參政者對於選舉政治參與的程度，藉此突顯婦女實際參與政治的歷程，更能透過比較研究方式，顯現出女性參政者的家庭、社會、文化，以及政治類型的差異點。另外，在婦女參政的研究中，以許世賢與蘇洪月嬌兩位女性作爲比較研究對象，兩人的家庭背景、選舉政治出身與發展、問政風格與政黨意識，以及地方民意基礎，除具有代表性外，更各自建立政治家族，分別代表嘉義市與雲林縣兩地的地方政治勢力，對於研究地方派系與黨外運動之發展，不僅更可幫助瞭解其政治家族體系的建立與消長，更可瞭解地方派系對選舉活動的影響程度。

三、研究方法與理論

目前臺灣的婦女參政類型與人數具有一定的量與質，若要進行全面性的分析與比較，需長時間累積研究。因此，在無法深入對婦女參政者作全面性的研究分析情況下，並在研究時間、地區與對象考量下，挑選具代表性的許世賢與蘇洪月嬌兩位女性從政者，作個案研究的比較分析對象。因此，以許世賢與蘇洪月嬌兩位女性參政者作爲個案研究對象，在其研究個案除具有代表性外，透過論述戰後臺灣婦女參政的環境與改變，從個案參與政治的動機、政治理念與作風，分析出其間的差異性，以瞭解嘉義市與雲林縣的地方黨外女性政治人物參政歷程及其家族勢力的建立過程。

在研究方法方面，本書以比較研究法爲主，透過檔案史料分析與口述訪談資料，以達到戰後臺灣婦女參政研究的完整性。除分析史料與論述史實之外，更著重比較研究法，以兩位身爲女性省議員在不同時期中，探討其對臺灣議會政治發展過程中，所扮演的角色地位及其影響。因此，透過歷史學方法，以人物分析比較的論述方式，探究兩位女性從政者的政治理念與行爲作風，不僅可瞭解其內在思考模式，更可透過外在參與選舉的行爲表現，瞭解女性參政及社會地位提升的意義。

在理論方面，由於婦女參政是近幾年臺灣學界一個較新的研究課題，兩位女性從政歷程與戰後臺灣政治發展背景相關，縱然歷史學與政治學的觀察

角度不同，但是學科的整合爲研究趨勢，以婦女與政治的關聯性而言，諸如教育制度演變、性別角色議題、選舉政治制度等問題，其研究應包括婦女的政治態度與行爲、角色與地位，並擴大政治文化歷史脈絡與進行比較研究，使婦女參政研究更具意義，因此輔以社會科學理論加以闡述，將其套用於個案研究中，分析其所屬的參政類型、政治家族型態，以及地方勢力與選舉政治的相關性，期能完整呈現戰後臺灣婦女參政研究比較的各個面向。

四、章節架構

本書共分七章十五節，其各章節內容說明如下：

第一章「緒論」，主要說明研究動機與目的、前人相關研究成果、研究方法與理論、章節架構與內容、主要參考資料，以及本書預期之研究成果。

第二章「戰後臺灣婦女參政的背景」，以 1945 年作爲時間分隔，除論述戰前臺灣婦女參政活動外，包括日治時期婦女組織與活動、婦女參與模擬選舉活動，以及民權的追求與婦女解放，亦分析戰後初期、戒嚴、解嚴三時期，中央及地方選舉中，婦女參與政治活動的程度。

第三章「許世賢與蘇洪月嬌參政背景比較」，以許世賢與蘇洪月嬌作爲個案研究比較對象。首先針對許世賢與蘇洪月嬌個案的出身背景與政治理念進行分析論述；其次透過兩位女性從政者之參政動機與類型、政治理念與作風加以論述；最後分析女性參與黨外運動類型差異，建構出個案研究類型的比較。

第四章「爲民喉舌——質詢問政與議案內容比較」，首先，論述許氏與蘇洪氏之競選政治言論內容，並分析兩者在省議會時所提出質詢議案風波的後續影響，另以所提之議案與質詢內容作類型分析；其次，探討兩位女性從政者之黨外言論主張，在威權時代以黨外身份爭取組黨的過程，以及兩者參與程度之分析。

第五章「政治生涯發展轉變之比較」，主要探討兩位從政者在「二二八事件」與「蘇東啓案」衝擊的轉捩點、參政特質與性別意識分析，以及女性參政的困境與突破，包括政治家族、從政類型、黨外參政的困境及其突破，針對其政治生涯的突破與瓶頸、婦女參政面對的社會壓力、以及所背負的社會責任作分析。

第六章「地方政治家族的形塑比較」，論述地方派系與政治家族之間的關係，透過許世賢與蘇洪月嬌兩位女性從政者，培植第二代接班人，形成「許

家班」與「蘇家班」政治家族，並由政治家族建立起地方政治勢力，分析其
對地方政治產生影響，以及政治家族延續問題進行論述。

　　第七章「結論」，綜合論述戰後臺灣婦女參政的風潮、婦女的從政類型動
機，並總結分析許世賢與蘇洪月嬌兩人對戰後臺灣婦女參政的影響及其政治
家族參政比較，同時提出對婦女參政的期許及尚待解決的研究課題。

五、主要參考資料

　　本書研究個案之兩位女性，從政經驗豐富，曾參與各項中央與地方公職
選舉，故參考資料以選舉統計與問政資料爲主，可分爲官方統計檔案與一般
私人資料。官方統計檔案主要有臺灣省諮議會典藏史料，包括臺灣省參議會、
臨時臺灣省議會、臺灣省議會時期檔案、公報、議事錄等史料，以及中央研
究院臺灣史研究所典藏公、私文書、地方史料、日治時期臺灣研究古籍，如
臺灣省臨時省議會的《臺灣省臨時省議會公報》及臨時大會特輯，臺灣省議
會的歷屆《臺灣省議會公報》、《臺灣省臨時省議會第 2～3 屆》、《臺灣省第 1
～9 屆省議會議事錄》，以及臺灣省諮議會各項研究計畫，如《臺灣歷史主軸
史料蒐集與研究》、《臺灣省參議會、臨時省議會暨省議會時期史料彙編計畫：
許世賢女士史料彙編》、《臺灣地方自治人物誌：縣市長篇》、《臺灣地方自治
人物誌：省議員篇》等；中央選舉委員會的《中華民國選舉統計提要》、《中
華民國選舉概況》；立法院之《立法院公報》、實錄編纂委員會編《動員戡亂
時期自由地區增額立法委員選舉——選舉實錄》，嘉義市政府之統計要覽，以
及雲林縣政府之統計要覽等，以作爲分析許世賢與蘇洪月嬌在各時期參政的
相關資料。

　　在一般私人資料方面，主要以許世賢與蘇洪月嬌之相關報紙報導、人物
誌、紀念集、人士鑑、口述歷史訪談等，如嘉義市玉山文化協會編《許世賢
博士紀念集》、陳儀深訪問、王景玲紀錄的〈蘇洪月嬌女士訪問記錄〉、臺灣
新民報編《臺灣人士鑑》等〔註15〕，對於許世賢與蘇洪月嬌擔任各項公職的

〔註15〕嘉義市玉山文化協會，《許世賢博士紀念集》（臺灣省嘉義市：財團法人張進
　　　　通、許世賢文教基金會，1997 年 8 月）；陳儀深訪問、王景玲紀錄，〈蘇洪月
　　　　嬌女士訪問記錄〉，《口述歷史——蘇東啓政治案件專輯（第 10 期）》（臺北市：
　　　　中央研究院近代史研究所，2000 年 12 月）；林健治計畫主持，臺灣省諮議會
　　　　編著，《臺灣省參議會、臨時省議會暨省議會時期史料彙編計畫：許世賢女士
　　　　史料彙編》（臺灣省臺中縣：臺灣省諮議會，2001 年 12 月）。

施政理念及相關事件的說明，作爲論述依據。另針對許世賢與蘇洪月嬌在省議會時期的問政質詢相關資料，則參考個案所著之專書，如蘇洪月嬌的《我的奮鬥》、《政治與我：省議會四年的回顧》〔註16〕，透過當事人之專著，瞭解其個人政治理念與主張。另外，由於個案中所涉及論述的政治議題或選舉層面極爲廣泛，除透過私人資料與官方文件檔案外，針對與許世賢與蘇洪月嬌相關的文章、言論，如報紙、期刊、傳記、文集、回憶錄、專書等，利用學術研究之數位典藏資料庫，如中央選舉委員會所提供的候選人資料查詢，臺灣省諮議會及立法院網站資源，針對個案或專案議題從事數位典藏研究計畫，藉此查詢個案研究的相關質詢、提案內容，作廣泛性的文獻檔案資料蒐集，並將其質詢內容採質性量化方式，予以歸納分析比較，使個案研究資料具有完整性。此外，有關當時代報刊雜誌對女性參政，或許世賢與與蘇洪月嬌的報導、論評，以兩位黨外女性參政者而言，不少黨外雜誌報導，如《雷聲》、《第一線》、《縱橫週刊》、《蓬萊島》、《潮流》、《八十年代週刊》、《民主平等》、《夏潮》、《鐘鼓樓》等，則提供不少研究資料，可透過其中瞭解許世賢與蘇洪月嬌兩位女性從政者之思想與政治主張，而慈林教育基金會與國立臺灣大學合作，所典藏臺灣社運史料資料庫，則提供豐富的相關資料查詢。

在政黨組織與婦女參政相關議題研究方面，由於許世賢與蘇洪月嬌在政治的參與、婦女團體的組織上均有傑出的表現，因此有關婦女的政治、經濟、社會、性別角色等相關議題，主要參考有內政部統計處編《臺灣地區婦女生活狀況調查報告》、女性學學會著《臺灣婦女處境白皮書》、李又寧、張玉法主編《近代中國女權運動史料》〔註17〕，以及國史館出版的《戰後臺灣民主運動史料彙編》〔註18〕，對於戰後婦女政治參與、組黨運動等專題研究，提供重要參考資料，亦使得研究能較具有不同層面的思考與完整性的探討。

〔註16〕蘇洪月嬌，《我的奮鬥》（臺灣省雲林縣：作者自印，1978 年 12 月）；蘇洪月嬌，《政治與我：省議會四年的回顧》（臺灣省臺北縣：四維公司，1981 年 10月）。

〔註17〕周琇環、陳世宏主編，《戰後臺灣民主運動史料彙編（二）：組黨運動》（臺灣省臺北縣：國史館，2002 年 12 月）；陳世宏、張建隆主編，《戰後臺灣民主運動史料彙編（三）：從黨外助選團到黨外總部》（臺灣省臺北縣：國史館，2001年 12 月）；歐素瑛主編，《戰後臺灣民主運動史料彙編（五）：地方自治與選舉》（臺灣省臺北縣：國史館，2001 年 12 月）。

〔註18〕女性學學會著、劉毓秀主編，《臺灣婦女處境白皮書》（臺北市：時報文化公司，1996 年 4 月）；李又寧、張玉法主編，《近代中國女權運動史料》（臺北市：傳記文學出版社，1975 年）。

六、預期成果

　　戰後臺灣婦女參政爲近幾年新興的研究主題，本書預期透過許世賢與蘇洪月嬌兩位女性從政者進行個案比較研究，除對戰後臺灣婦女參政的歷程做綜合論述外，並透過比較的方式，分析兩者參政類型的異同，對臺灣婦女參政的態度與社會地位的提升，具有啓發性的意義與影響。故本書預期成果主要有四：（一）正面肯定女性參政在社會角色的扮演，藉此瞭解家庭生活、社會觀念、教育程度、自我意識等因素，對婦女參政的影響；（二）以女性角色參與政治類型而言，可瞭解兩位女性參政者積極參與政治活動，對臺灣社會各個層面所代表的意義，例如可作爲女性參政的仿效的典範，並對女性參政具有啓發性；（三）婦女研究課題多樣化，透過女性個案參政研究，可瞭解女性在大時代環境背景下，由平凡女性對於家庭、政治、社會參與的跨越與挑戰，做出不平凡事業，更以比較方式研究瞭解女性在同一時代背景下，呈現出不同的參政類型與政治表現；（四）透過個案政治生涯的研究，完整展現臺灣戰後民主政治發展的歷史過程，如臺灣議會政治的變遷、地方自治的推展與行政區域的劃分、黨外運動，以及政治家族的興衰過程等相關影響。

第二章　戰後臺灣婦女參政的背景

　　戰後臺灣婦女參政發展歷程與社會文化背景有密切關係，日治時期婦女解放運動的開展下，使臺灣婦女從舊社會傳統中解放出來；戰後，各項選舉活動逐漸開展，婦女也逐漸開始參與政治選舉。1949 年臺灣進入戒嚴時期，依據〈戒嚴法〉規定臺灣警備總司令部有權力限制人民自由及權利，並掌管戒嚴地區行政事務及司法事務，加上動員戡亂體制的實行，憲法所規定的人民的基本自由及人權，如集會、結社、言論、出版、講學的各項自由受到嚴格限制，臺灣政治環境籠罩著白色恐怖的陰霾，直到 1987 年解除戒嚴，並於1990 年終止動員戡亂，臺灣才逐漸脫離威權統治的陰影。戰後至解嚴前婦女參與政治所遭遇到的困難，並未因此有所減少，仍然必須面對階段性的自我挑戰與困境突破。不過，在政治保守的年代，黨國體制下，不少婦女對於政治選舉活動，仍憑藉個人才能，發展抱負，積極參與各項選舉活動，逐漸以實際的選舉經驗，在中央及地方民意代表選舉上嶄露頭角，不僅爲個人政治生涯奠下基礎，也創造不少歷史紀錄，實爲戒嚴時期婦女參政的重要轉變，更爲戰後臺灣政治發展注入一股新動力。時至解嚴，政治社會運動興起，婦女參政發展出不同類型，也代表時代變遷對婦女參政觀念的轉化。因此，透過婦女參政不同階段時代背景的論述，將有助於瞭解戰後臺灣婦女參政的實質意義與進展。

第一節　戰後初期婦女參政活動

一、日治時期臺灣婦女參政活動

（一）婦女組織與活動

　　1895 年日本殖民統治體制施行於地方制度的結果，使臺灣成為日本明治時期憲政體制下的政治異域，而各級地方機關並無所謂的自治權和自主權，臺灣人民的定位問題，其從屬性色彩相當濃厚。〔註1〕臺灣婦女在日治時期特殊的歷史環境下，除受到近代中國婦女運動思想的影響外，也受到殖民政策執行的雙重壓力，導致 1895 年以後的臺灣婦女問題更形複雜。〔註2〕日治時期殖民政府配合時局以同化兼現代化來改造臺灣婦女，在戰爭動員期間更以國家為主導力量，建構出皇國婦女、軍國之母與產業戰士三種女性角色典範，並經由學校教育及社會教化的途徑，強制地將這些角色模式套用在女性身上，〔註3〕使得臺灣婦女的解放，成為殖民統治者將其納入產業生產改造的對象。1921 年 10 月 17 日，臺人為對抗殖民統治爭取參政權，成立臺灣文化協會。〔註4〕臺灣文化協會凝聚臺灣人的意識和啟蒙政治觀念，各種政治結社、無政府主義運動、青年會及讀書會等，大部分均受到文化協會影響而成立，如 1925 年彰化婦女共勵會、1926 年諸羅婦女協進會等；上述兩個婦女團體組織，可算是臺灣婦女組織的濫觴，也是臺灣婦女解放運動完成的第一個雛形，其歷史意義不可輕忽。〔註5〕以彰化婦女共勵會而言，其成員資格只要是對「改革陋習及振興文化」具有高度關心的女性，不限年齡與職業均可加入，但因與彰化文化協會關係密切，被殖民政府視為臺灣文化協會指導下的青年運動

〔註 1〕　吳文星，《日治時期臺灣的社會領導階層》（臺北市：五南圖書公司，2008 年 5 月），頁3。

〔註 2〕　日治時期臺灣婦女面對雙重壓力，一方面來自舊社會觀念尚未破除；另一方面則是指殖民統治所造成的另一層控制，以及殖民者所大力推動的資本主義化所帶來的新問題。許芳庭，〈戰後初期臺灣婦女團體與婦運議題〉，《臺灣史料研究》15（2000 年 6 月），頁 19；楊翠，《日據時期臺灣婦女解放運動——以《臺灣民報》為分析場域》（臺北市：時報文化出版公司，1993），頁 594。

〔註 3〕　許芳庭，〈戰後初期臺灣婦女團體與婦運議題〉，頁 19～20。

〔註 4〕　臺灣文化協會成立後新文協與民眾黨歷經分裂，1931 年遭到禁止，但卻扮演島內文化啟蒙的重要角色。陳俐甫，《日治時期臺灣政治運動之研究》（臺灣省臺北縣：稻鄉出版社，1996 年 7 月），頁 72～74。

〔註 5〕　許芳庭，〈戰後初期臺灣婦女團體與婦運議題〉，頁 20。

團體之一，受到嚴密監控；雖然如此，彰化婦女共勵會仍舉辦多場演講，對臺灣婦女意識具有啓發作用。另外，由許碧珊鼓吹而成的諸羅婦女協進會，受到左翼文協扶植，較少以組織名義舉辦活動，大部分以幹部個人方式參與其他社會運動，呈現出有名無實的狀況。〔註6〕自 1925 年至 1931 年間，除上述彰化婦女共勵會和諸羅婦女協進會外，臺灣婦女自主集結而成的團體尚包括宜蘭婦女讀書會、高雄婦女共勵會、汐止女子風俗改良會（汐止婦女會）、臺南婦女青年會、苗栗婦女讀書會、臺南香英吟社、臺中婦女親睦會、馬偕看護婦協會、臺北婦人團體、嘉義鈴蘭咖啡女服務生爭議團體等小型組織，其性質多屬地域性親睦交誼團體，〔註7〕對於臺灣婦女解放運動亦貢獻不少。相較於日本的婦運問題、團體，以及運動訊息，則經常出現在《臺灣民報》上，對臺灣婦女解放思潮的啓蒙有所助益，雖然關注的焦點不同，卻具有「後進」的特徵。

（二）婦女參與模擬選舉活動

　　日治時期的臺灣婦女對於政治的參與，在於對抗殖民統治。由於台灣在日本殖民統治下，女性參政權問題被邊緣化，許多臺灣政治自主的言論者，必然論及臺灣人的議會與政治權利，但因女性參政權被定位爲次要議題，相關的政治自主言論不必然包含婦女參政權問題。但即使如此，《臺灣民報》對於婦女解放議題中，婚姻自主、教育平等、經濟獨立，以及獲得參政權等議題討論極爲廣泛。其中關於中國、日本兩地婦女在參政權爭取的運動報導頗多，透過兩地婦運活動的報導，期望喚起臺灣婦女參與政治意識。〔註8〕因此，《臺灣新民報》於 1931 年舉辦臺灣五州七市議員模擬選舉投票。此次模擬選舉與臺灣地方自治聯盟具相關聯性，選舉結果投票總數 190,889 票，其中有效票州議員 153,173 票，市議員 35,331，即有效票合計 188,504 票，州、市議員無效票合計有 2,385 票；而根據有效票計算結果決定當選人，總計全臺選出 168 名州議員分別爲：臺北州 34 名、新竹州 30 名、臺中州 36、臺南州 38 名、高雄州 30 名；另市議員選出總數爲 254 名，分別爲：臺北市 44 名、新竹市

〔註 6〕楊翠，《日據時期臺灣婦女解放運動──以《臺灣民報》爲分析場域》，頁 537 ～545。

〔註 7〕許芳庭，〈戰後初期臺灣婦女團體與婦運議題〉，頁 20；楊翠，《日據時期臺灣婦女解放運動──以《臺灣民報》爲分析場域》，頁 537～545。

〔註 8〕楊翠，《日據時期臺灣婦女解放運動──以《臺灣民報》爲分析場域》，頁 597。

30 名、基隆市 36 名、臺中市 36 名、臺南市 36 名、嘉義市 36 名、高雄市 36
名，總計州市議員當選者合計 422 名。〔註9〕

　　誠如前所述，許多要求政治自主的言論報導，不必然包含婦女參政問題，
但從其中的言論報導中，卻可依稀瞭解到婦女在日治時期參與政治相關活動
的實際狀況。由此一模擬選舉中，蔡阿信以女性身份在臺中市獲得 1,444 票最
高票當選市議員，顯見蔡阿信在日治時期社會各階層上活躍的程度，具有地
方聲望及民意基礎。此外，在所有當選者中，除蔡阿信爲女性身份外，尚有
臺南市議員郭玉珊獲 582 票、嘉義市議員許碧珊獲 96 票，另代表新竹州苗栗
郡的鄭阿珠，獲 70 票當選州議員；臺中州豐原郡張花，並未確認是否爲女性。
〔註10〕在此次模擬選舉參政中，足見蔡阿信在當時臺灣婦女中頗負社會盛
名，蔡阿信在當選後曾在《臺灣新民報》中接受記者訪問發表感言認爲：

> 我能夠被人們推舉爲市議員，眞是出自意外，不過這是一種模擬而
> 已。我慚愧臺灣的女同胞到現在還不能得到男女平等的境地，至於
> 公民權利的獲得，還在痴人說夢。……同一日本國而言，内地的女
> 子亦將要得到公民權了。於是我一想及此，不覺爲臺灣女子前途抱
> 無限的感嘆，但我們臺灣女子和男子同一運命，需要同心協力，向
> 強者的陣營進攻，獲得最後的勝利才是，但是臺灣的社會運動，或
> 是自治運動這樣的遲遲不進的原因，皆因爲臺灣缺少著所謂首領格
> 的人物，沒有一個大胸襟的人能夠包含大局，碰了些少事，就互相
> 排除，由文協而分出民眾黨，由民眾黨而分出自治聯盟，鬧的天花
> 亂墜。由此看起，和我們女子，結局是五十步百步之差而已……〔註11〕

　　從蔡阿信當選感言中可瞭解，臺灣人在殖民統治政策下應同心協力，不
分男女，向執政者要求自治權利，而目前臺灣社會所亟需的是積極的領導者，
蔡阿信以最高票當選，顯然成爲當時極具首領身份的社會領導者；觀其一生
從童養媳身份轉變爲日治時期臺灣知名女醫，而後提升當選民選議員，其間
的轉變成爲 1920 年代臺灣女性自我解放成長的典型。〔註12〕1931 年（昭和 6
年）《臺灣新民報》所舉辦的模擬參政選舉，臺灣女醫蔡阿信、郭玉珊、許碧

〔註9〕《臺灣新民報》第 347 號，昭和 6 年 1 月 17 日，第 4 版。
〔註10〕《臺灣新民報》第 347 號，昭和 6 年 1 月 17 日，第 17～18 版；楊翠，《日據
　　　時期臺灣婦女解放運動──以《臺灣民報》爲分析場域》，頁 505。
〔註11〕《臺灣新民報》第 348 號，昭和 6 年 1 月 24 日，第 5 版。
〔註12〕楊翠，《日據時期臺灣婦女解放運動──以《臺灣民報》爲分析場域》，頁 506。

珊等女性被選爲州市議員參政代表，雖只是模擬選舉，實際上卻是臺灣女性對參政的一種期待與抒解。

（三）民權的追求與婦女解放

臺灣總督府面對世界民權潮流意識的高漲，以及臺灣知識份子對自治、民選議員的一連串要求，在地方自治方面作了有限度的開放。1935 年 4 月，日本政府改頒自治色彩較爲濃厚的臺灣州制、臺灣市制及臺灣街庄制，明定州、市爲法人，於法令範圍內處理公共事務，亦即將州、市協議會改爲半民意機關，使臺灣男性公民有部分選舉權。〔註 13〕此次地方制度的改革，可謂日人賦予臺灣人部分的自治權，但因州、市會成員、街庄協議會員半數官選、半數民選；州會採間接選舉制，由市會議員與街庄協議會員相互選出，而市會議員與街庄協議會員亦是半官選半民選，其民選方面之選舉人與被選舉人資格均有限制，須滿 25 歲的男性，以及需繳納市街庄稅年額五圓以上者始具資格，條件頗爲嚴苛，並且半數仍由總督及州知事選派充任，其自治的限度和範圍仍然相當有限。〔註 14〕此時的州、市會員、街庄協議會員，並無女性成員。1935 年 11 月 22 日，第一屆市議會員及街庄協議會員選舉投票，爲臺灣有史以來的第一次選舉，也是改正後的第一次選舉。〔註 15〕直至 1936 年 11 月 20 日選舉第一屆州議員，臺灣才勉強產生所謂的民選民意代表。〔註 16〕日

〔註 13〕 高等法院檢察局通譯室同人研究會，《臺譯漢譯臺灣地方選舉便覽》（臺北州：臺灣地方法院檢察局通譯室，1935 年 5 月），頁 133～146；李筱峰，《臺灣戰後初期的民意代表》（臺北市：自立晚報社，1993 年 3 月），頁 11。

〔註 14〕 黃純青，《臺灣地方自治選舉問答》（臺北州：（板橋信用組合內）海山自治協會，昭和 10 年 11 月），頁 1～3；在議決的組織方面，議決的決議無法對抗行政權，特別是在臺灣總督府體制內，根本不能有效發揮「地方自治」的效能；因爲行政部門可以透過臺灣總督的指揮，直接取消州會或州參事會的決議案，甚至行政的權力也可以取消選舉。至於市尹則可以請求州知事的指揮，對市會及市參事會採取相同的措施。薛化元，〈選舉與臺灣政治發展（1950～1996）——從地方自治選舉到總統直選〉，《近代中國》第 135 期（2000 年 2 月），頁 35。

〔註 15〕 當時在市設置議決機構「市會」，街和庄則維持原有的協議會；市會的議員以及街、庄協議會的會員中，除半數由州知事遴選產生外，半數則透過限制選舉的方式實施遴選，由選民選出。至於州則設立的「州會」，其選舉是由市會的議員或街、庄協議會的會員才有資格做爲候選人，半數由臺灣總督任命，半數由市會的議員或街、庄協議會的會員以間接方式選舉產生。薛化元，〈選舉與臺灣政治發展（1950～1996）——從地方自治選舉到總統直選〉，頁 34～35。

〔註 16〕 黃純青，《臺灣地方自治選舉問答》，頁 10～12；李筱峰，《臺灣戰後初期的民

本殖民統治政策下，權力掌握在臺灣總督手中，地方行政機關更帶有濃厚的殖民官僚主義，行政官員完全受到上級機關指揮及監督，以執行法律命令和管理行政事務。〔註17〕從形式而言，評議會雖已開始容納臺人，但實際上決定權仍操縱在臺灣總督手裏，民意基礎薄弱，更遑論有女性參與其中。

日治時期的臺灣婦女參政權及教育權，並未成為臺灣婦女解放議題的焦點，乃根植於殖民統治的特殊歷史背景，原因在於臺灣社會領導階層與殖民政府，對女子教育的推動雖屬一致，但出發點之動機並非相同。日本殖民政府是透過女子教育使臺灣女性具備日本女國民的性格，塑造臺灣女性兼具賢妻良母和忠貞不二的「皇國婦女」特質。〔註18〕然女子教育在實際受教的人數與教育內容方面隱藏許多問題。例如，殖民政府重視發展女子初等教育，使得女子就學機會增加，但女童的輟學率極高，即使有能力就讀中學的女性，也多來自中上階層。另外，除普通教育外，女子專業教育也應運而生，不過仍是以日籍女學生為主要招收對象，並未能發揮專業教育的功能，〔註19〕而在殖民政府政策運作之下，臺灣女子教育僅限初、中等教育，並未向上延伸，使得有志深造的臺灣女子，在家庭經濟條件許可之下，唯有負笈海外一途。再加上臺灣議會設置請願運動，自1921年至1934年，歷時十四年而無成，男女都沒有自主的參政權的情況下，追求整體臺灣人的政治自治運動，掩蓋了婦運而成為主體〔註20〕，日治時期的臺灣婦女解放運動在殖民統治的大環境背景下，並未完全獲得真正平等的權利，對於臺灣婦女而言，也未因此獲得完全的解放，反而因殖民統治而造成的新困境。

因此，日治時期的臺灣婦女解放，是基於戰略地位與經濟利益作為基本考量，透過由興女學和解纏足運動的交互影響，塑造出新一代的臺灣女性，臺灣總督府的考量到佔全島一半人口的婦女，若只是從事家庭事務，將成為整體經濟的負擔；反之，若將其納入社會生產勞動線上，將可帶動經濟發展。1931年九一八事變後，臺灣總督府更積極倡導臺灣婦女從事養豬或養蠶等家

意代表》，頁11。

〔註17〕吳文星，《日治時期臺灣的社會領導階層》，頁2～3。

〔註18〕游鑑明，《日據時期臺灣的女子教育》（臺北市：臺灣師範大學歷史研究所，1988年），頁76～78。

〔註19〕這類學校主要是以訓練專業人員為目的，多附屬於普通學校或專業機構中，1930年代後期，才開始設置獨立的專業學校。游鑑明，《日據時期臺灣的女子教育》，頁154～160。

〔註20〕楊翠，《日據時期臺灣婦女解放運動——以《臺灣民報》為分析場域》，頁144。

庭副業的生產，〔註 21〕臺灣新女性不僅走出家庭從事各種工作，更隨社會上
職業結構的改變與職業市場對於女性人力需求的增加，就業領域也不限於家
庭，女性和男性外出工作從事有酬職業，而發展出不少新興行業，如女教師、
女醫師、產婆、女車掌、女工等，臺灣女子就業人數增加，職業種類較傳統社
會複雜，在經濟上獲得獨立，甚至部分女性參與社會運動，倡導女權。〔註 22〕
再加上臺灣在殖民統治的特殊歷史環境之下，婦女的解放思潮將婦女運動與
反殖民運動、無產階級解放運動結合為一，從而有追求婚姻自主、教育平等、
經濟獨立，甚至是要求參政權；也使得臺灣婦女能夠揚棄舊禮教，進而脫離
傳統家族制度限制的機會，成為戰後臺灣婦女參與政治的一個契機。綜觀日
治時期臺灣婦女解放運動，適巧與殖民政府動員婦女的政策有著貌合而神離
的特徵，為戰後臺灣婦女參政歷史揭開序幕。

二、戰後初期婦女參與選舉活動

　　1945 年日本戰敗，國民政府受盟軍之命接受日本投降，負責接收臺灣省
的行政長官公署，即在「臺灣省接管計畫綱要」中，明訂「預備憲政，建立
民權基礎」、「接管後，應積極推行地方自治」；在接收後不久，則著手進行臺
灣各級民意代表的選舉，並重新劃分行政區域以便於接管及推行政令。〔註 23〕
同年，12 月 26 日公佈「臺灣省各級民意機關成立方案」，規定各級民意機關
成立的時間順序，先由鄉鎮民代表選舉，再到縣市參議員的選舉，亦即先辦
理地方基層的選舉，再逐漸擴展至省級與中央層級的選舉。〔註 24〕在選舉方
式上，在辦理鄉鎮民代表選舉之前，國民黨政府首先於 1946 年 1 月 15 日辦

〔註 21〕　游鑑明，〈日據時期的職業變遷與婦女地位〉，《臺灣近代史・社會篇》（臺灣
　　　　　省南投縣：臺灣省文獻會，1995 年 6 月），頁 122。
〔註 22〕　游鑑明，〈臺灣地區的婦運〉，收於陳三井主編，《近代中國婦女運動史》（臺
　　　　　北市：近代中國出版社，2000 年 12 月），頁 412。
〔註 23〕　簡笙簧，〈行政區劃與演變〉，收於李國祁總纂、呂實強主纂，《臺灣近代史・
　　　　　政治篇》（臺灣省南投縣：臺灣省文獻會，1995 年 6 月），頁 398；李筱峰，《臺
　　　　　灣戰後初期的民意代表》，頁 13～14。
〔註 24〕　臺灣民意代表選舉的項目，在地方層級方面有省參議員（省議員）、縣市參議
　　　　　員（縣市議員），以及鄉鎮民代表選舉；在中央層級方面則有國民參政員、制
　　　　　憲國民代表的補選，以及第一屆國民大會代表、立法委員與監察委員的選舉。
　　　　　鄭牧心（鄭梓），《臺灣議會政治四十年》（臺北市：自立晚報社，1987 年 10
　　　　　月），頁 53；吳乃德、陳明通，〈政權轉移和菁英流動：臺灣地方政治菁英的
　　　　　歷史形成〉，收於賴澤涵主編《臺灣光復初期歷史》（臺北市：中央研究院中
　　　　　山人文社會科學研究所專書（31），1993 年 11 月），頁 318。

理公民宣誓登記，並同時進行檢覈，一個月後總計參加宣誓登記的公民共
2,393,142 名，佔全省 20 歲以上成人比例達 91.8%，約全省總人口比例 36%，
可見當時臺灣人民對於此項公民投票權反應之熱烈。〔註 25〕隨後成立村里民
大會，由出席公民直接選出鄉鎮縣轄市民代表，而縣市參議員選舉則由採鄉
鎮民代表的間接方式選出，再由縣市參議員從 1,180 位省參議員候選人中選出
30 位省參議員，競爭相當激烈。〔註 26〕戰後臺灣各級民意代表的產生，除行
憲第一屆國民大會代表、立法委員，以及鄉鎮代表係由直接選舉產生外，其
餘皆由間接選舉產生，甚至於是間接再間接而產生。〔註 27〕

　　由此可知，戰後初期在各項選舉活動陸續推展之下，雖然部分民意代表
選舉仍由間接方式產生，但從申請公職候選人資格檢覈的案件達三萬多件可
知，臺灣長久以來被壓迫的民權自治熱潮，終於得到抒解；不僅一般民眾對
於選舉自治活動表現熱烈外，地方上有志競選的社會領導階層反應更爲踴
躍，然戰後初期所舉辦的各項選舉，可以說是日治時期選舉的延長，不少地
方菁英參與選舉，主要目的是爲了在政權轉移後重新取得原有的社會地位，
才積極投入戰後初期的各項選舉活動。〔註 28〕另外，戰後臺灣各級民意代表
的選舉，直到 1946 年底的制憲國民大會代表選舉，始有婦女代表團體的名額，
又 1947 年初的行憲國民大會代表選舉，才有婦女保障名額制度的規定；不過，
省縣市參議員的選舉，則未有婦女團體的代表名額和婦女保障名額。〔註 29〕

〔註 25〕　鄭牧心（鄭梓），《臺灣議會政治四十年》，頁 57；吳乃德、陳明通，〈政權轉
　　　　　移和菁英流動：臺灣地方政治菁英的歷史形成〉，收於賴澤涵主編，《臺灣光
　　　　　復初期歷史》，頁 318。
〔註 26〕　吳乃德、陳明通，〈政權轉移和菁英流動：臺灣地方政治菁英的歷史形成〉，
　　　　　頁 319。
〔註 27〕　例如屬於中央層級的國民參政員及制憲國民大會代表臺灣區的補選，皆由省
　　　　　參議員投票選出；至於省參議員的選舉，乃由縣市參議員間接方式選出，並
　　　　　非直接民選。董翔飛編著，《中華民國選舉概況（下篇）》（臺北市：中央選舉
　　　　　委員會，1984 年 6 月），頁 1～2。
〔註 28〕　吳乃德、陳明通，〈政權轉移和菁英流動：臺灣地方政治菁英的歷史形成〉，
　　　　　頁 320。
〔註 29〕　我國憲法第 134 條規定：「各種選舉應規定婦女當選名額，其辦法以法律規
　　　　　定」，此即所謂的「婦女保障名額」之制度。而婦女保障名額是《憲法》給予
　　　　　婦女參政的特別優待，源於立憲之初，鑑於傳統中國社會男尊女卑，婦女少
　　　　　有受教育機會，即使給予法律地位之平等，亦難與男性同等標準競爭，故予
　　　　　婦女在各種選舉中有保障名額，使婦女權益有一定的代表爲之表達，以促進
　　　　　男女實質的平等地位。梁雙蓮、顧燕翎〈臺灣婦女的政治參與——體制內與
　　　　　體制外的觀察〉，收於女性學學會著、劉毓秀主編，《臺灣婦女處境白皮書》（臺

　　從臺灣戰後初期的歷次選舉活動過程來看，婦女對於政治參與的程度雖不如男性人數多，其主要歸因於婦女取得參政權的歷史較男性短。臺灣婦女參政的歷程，除在日治時期對婦女教育及觀念的解放奠下基礎外，另一方面則因 1947 年憲法頒佈實行，臺灣婦女在法律上正式取得平等的參政權，並獲得婦女參政名額的保障，在質與量上有逐年增加的趨勢。因此目前臺灣女性能夠在政治上有傑出表現，實為戰後至解嚴前許多臺灣婦女付出的努力所換來的成果。以戰後臺灣所舉辦的中央及地方民意代表選舉而言，均可發現女性參與其中。茲將 1947 年行憲後，中央民意代表（包括國民大會代表、立法委員、監察委員）、地方層級民意代表（省議會議員、各縣市議會議員），以及各縣市首長選舉中，有關臺灣婦女參與選舉的情形分析如下：

（一）中央層級

　　1947 年 3 月 31 日，政府公佈〈國民大會代表選舉罷免法〉、〈立法委員選舉罷免法〉，以及〈監察委員選舉罷免法〉，婦女在參政名額上獲得保障。在國民大會方面，由婦女團體選出者，共 168 名，另在地區、職業團體、華僑等選舉中，增列婦女代表 133 名，合計 301 名，佔全體國大代表名額 3,045 名的 1/10。在立法委員方面，各款立法委員名額，在 10 名以下者婦女當選名額定為 1 名，超過 10 名者，每滿 10 名應有婦女當選名額 1 名。因此，在全體立委 773 人中，女性 82 人，佔總數 1/10 強。在監察委員方面，每省監察委員 5 個名額中，婦女當選名額 1 名，佔總額 20％，此後婦女保障名額遂成定制。〔註 30〕

　　制憲國民大會代表臺灣省的女性當選人為謝娥，許世賢為第一候補；行憲後第一屆國大代表則有臺中縣林吳帖及臺南縣楊郭杏，林珠如、鄭玉麗則為婦女會代表。在立法委員部分，1948 年第一屆立法委員，由謝娥、林慎當選。監察委員部分，1948 年第一屆監察委員臺灣省地區由李緞當選，當時同時競選上有蔡阿信與李秀德。（參表 2-1 女性中央民意代表選舉一覽表）

北市：時報文化公司，1996 年 4 月），頁 97～98；李筱峰，《臺灣戰後初期的民意代表》，頁 72。

〔註 30〕張玉法，〈二十世紀前半期中國婦女參政權的演變〉，收於呂芳上主編，《無聲之聲 I：近代中國的婦女與國家（1600～1950）》（臺北市：中央研究院近代史研究所，2003 年 5 月），頁 67～68。

表2-1　臺灣地區女性中央民意代表選舉一覽表

		區域／類別	當選	落選	備註
國民大會代表	制憲國大代表（1946年）	區域代表	謝娥		許世賢爲第一候補
	第一屆國大代表（1947年）	臺中縣	林吳帖	—	
		臺南縣	楊郭杏	—	
		婦女會	林珠如、鄭玉麗	—	
立法委員	第一屆立法委員（1948年）	臺灣省	謝娥、林愼	—	全臺不分縣市爲一個選區；職業團體之立委名額由當時全國性選舉事務依法分配，臺灣省屬全國性南區。
監察委員	第一屆監察委員（1948年）	臺灣省	李緞	蔡阿信李秀德	

資料來源：1. 李筱峰，《臺灣戰後初期的民意代表》（臺北市：自立晚報社，1993年3月），
　　　　　　　頁33～42。
　　　　　2. 郎裕憲、陳文俊編著，《中華民國選舉史》（臺北市：中央選舉委員會，1987
　　　　　　　年6月），頁389～514、642、677。
　　　　　3. 董翔飛編著，《中華民國選舉概要（上篇）》（臺北市：中央選舉委員會，1984
　　　　　　　年6月），頁51～889。

（二）地方層級

1、省參議會

　　臺灣省於1946年5月成立省參議會，選舉參議員，任期兩年，然而省參議員任期屆滿時，因大陸淪陷，奉命延長任期。至於第一屆省參議員的名額，依〈省參議員組織條例〉規定，每縣市僅有1人，但因臺灣各縣市區域大小不一，後經行政長官向中央請示結果，其應選名額爲30名；而當時全省申請參加競選的候選人，經核定結果，竟達1,180人。由於候選人數龐大，在男女性別比例上礙於資料的不足，無法明確表列出男女性別候選資料，不過此時省參議員選舉尚無婦女保障名額，在30位省參議員名額中，選舉結果女性無人當選，亦無女性候補，比例爲零。〔註31〕後因1947年二二八事件致使林連宗、王添灯等省參議員流失，或失蹤，或被捕入獄，省參議會爲替補新血，於1947年12月18日補選6人，其中一名爲民社黨的李緞，後因當選1948年監察委員而未報到；另一位爲1950年遴選遞補葉榮鐘的民社黨楊金寶。〔註32〕

〔註31〕董翔飛編著，《中華民國選舉概況（下篇）》，頁4～10。
〔註32〕鄭梓，《本土精英與議會政治——臺灣省參議會史研究（1946～1951）》（臺北
　　　　市：華世出版社，1987年3月），頁58、66、72、75。

2、縣市議員

戰後初期，1946 年各縣市參議員產生乃採間接選舉方式。因此，女性參議員在臺北市有謝娥，嘉義市參議會則有許世賢及邱鴛鴦；候補女性參議員有基隆市汪紫蘭、新竹市劉玉英、彰化市楊紅綢、嘉義市許碧珊等。〔註 33〕

3、縣市長

1945 年中華民國政府任命陳儀為臺灣省行政長官，負責臺灣接收及軍政事務。同年 9 月 1 日，「臺灣省行政長官公署」及「臺灣省警備總司令」成立，負責接收，將全省行政區由日治後期的五州三廳改為八縣九市，各縣市長均由政府任命；直至 1950 年各縣市實施地方自治後，依照〈臺灣省各縣市實施地方自治綱要〉規定：「縣市設縣市政府，置縣市長一人，由縣市公民選舉之」。〔註 34〕至此臺灣省各縣市之縣市長改為民選，而官派 17 位縣市長均為男性，其中劉啟光、謝東閔、黃朝琴三位屬臺籍人士，亦即所謂的「半山」；相對而言，臺籍人士在戰後初期的人事職務安排上顯有阻礙，女性在縣市長職務接收方面並未如預期。因此，女性在官派名額為零，其名單均為男性（參表 2-2 戰後初期各縣市長接受人員）。

表 2-2　戰後各縣市長接收人員

八　縣		九　市	
臺北縣	陸桂祥	臺北市	黃朝琴（臺）
新竹縣	劉啟光（臺）	基隆市	石延漢
臺中縣	劉存忠	新竹市	郭紹宗
臺南縣	袁國欽	臺中市	黃克立
高雄縣	謝東閔（臺）	彰化市	王一麐
臺東縣	黃式鴻	嘉義市	陳東生
花蓮縣	張文成	臺南市	韓聯和
澎湖縣	傅緯武	高雄市	連謀
		屏東市	龔履端

資料來源：黃秀政、張勝彥、吳文星，《臺灣史》（臺北市：五南圖書出版公司，2002年 2 月），頁 246；〈州廳接管委員會人員任免〉，《臺灣省行政長官公署檔案》，掃描號：0771003500391pt、091400350104、077000350022。

〔註 33〕李筱峰，《臺灣戰後初期的民意代表》，頁 73。
〔註 34〕中央選舉委員會，《中華民國選舉統計提要（35 年～76 年）》（臺北市：中央選舉委員會，1988），頁 170～171。

第二節　戒嚴時期婦女的政治參與

一、中央公職人員的增補選

　　1946 年 12 月 25 日全國結束訓政，1947 年 11 月中華民國憲法開始施行，進入憲政時期。1947 年 3 月全國陸續選出中央民意代表，臺灣遂有中央民意代表產生，包括立法委員、監察委員、國民大會代表。後因國共內戰發生，中國國民黨軍隊節節敗退，臺灣地區於 1949 年 5 月 20 日宣佈戒嚴；同年 12 月，中央政府輾轉播遷來臺，由中國所選出的中央民意代表，因大陸局勢逆轉，遲遲無法進行改選，至 1954 任期均已屆滿，產生任期及法定集會人數問題，使得中央層級之選舉參與管道未能開放。直至 1969 年，中央政府爲順應國內外輿情，於第一屆國民大會第四次會議中決議，增訂〈動員戡亂時期臨時自由地區中央公職人員增補選辦法〉第五項規定，授權總統於動員戡亂期間，設置動員戡亂機構決定動員戡亂的大政方針，同時也授權總統調整中央政府的行政與人事機構，並且對「因人口增加或因故出缺」的中央公職人員，可以增選或補選的方式加以充實。同年 12 月起，中央公職人員增補選陸續展開，計增補選國大代表 15 名、立法委員 11 名、監察委員 2 名；增額所選出之中央民意代表，與第一屆中央民意代表依法行使職權。惟增額所選出之國民代表每 6 年改選、立法委員每 3 年改選、監察委員每 6 年改選。〔註35〕1978 年增額國民大會代表及增額立法委員選舉乃合併舉行，原訂於同年 12 月 23 日投票，增額監察委員選舉則於 12 月 27 日舉行，但因 12 月 16 日競選活動進入高潮之際，中美斷交，總統蔣經國發佈緊急命令，宣布對於正在進行中的增額中央民意代表選舉延期舉行。〔註36〕由表 2-3 臺灣地區中央公職人員增、補選性別分配表可知，不論是在國民大會代表、立法委員，或是監察委員選舉上，女性在參與候選名額中逐年增加；而當選名額亦隨著女性參與候選人數增加而提高。但相較於男性而言，女性在當選名額比例上仍低，如國大代表女性當選比例最高爲 1986 年的 19%，立法委員則爲 1972～1973 年的

〔註35〕呂芳上，〈民主政治制度的建立〉，收於李國祁總纂、呂實強主纂，《臺灣近代史‧政治篇》（臺灣省南投縣：臺灣省文獻會，1995 年 6 月），頁 554；陳翠蓮，《臺灣全志‧卷四政治志‧民意機關篇》（臺灣省南投縣：國史館臺灣文獻館，2007 年 10 月），頁 1～9。

〔註36〕中央選舉委員會，《中華民國 67、69 年增立法委員選舉概況》（臺北市：中央選舉委員會，1990 年 8 月），頁 10。

11.1%，監察委員則爲 1980 年的 18.2%，在參選及當選性別人數比例中仍顯不足；不過若以歷屆選舉而言，女性參與中央民意代表選舉，則有逐年增加的趨勢。

國民大會代表部分，1969 年的中央公職人員增選補選，乃依據〈動員戡亂時期自由地區中央公職人員增選補選辦法〉規定，國民大會代表增補選分爲區域代表及省市職婦團體代表兩種；〔註37〕因此在臺灣省婦女團體方面，因原有代表無出缺，故不辦理補選，其臺北市婦女團體兩位候選名額補選係由鄭李足、王吳清香當選。1972 年增額，除臺灣省及臺北市婦女團體外，區域代表由臺北縣邱碧治、嘉義縣林郭碧梅、基隆市陳阿蘭當選，而屏東縣代表蔡李鴦落選。1980 年增選，臺灣省區域選舉由陳靜琴、郭儒鈞、洪葉玉貞當選，臺灣省婦女團體代表僅王燕一人落選。若以參選比例而言，女性當選比例分別爲 1969 年的 13.3%、1972～1973 年的 15.1%、1980 年的 15.8%，以及 1986 年的 19.0%，顯示有逐年增加的趨勢；另從女性候選與當選比例而言，女性主要是以婦女團體代表參加競選，如 1969 年臺北市婦女團體代表鄭李足、王吳清香分別以 1,791 票、1,013 票當選；1972 年臺灣省婦女團體由關桂英、黃吳彩雲、張賴彩蓮、陳石滿四人當選，臺北市婦女團體則由傅王遜雪當選；1980 年臺灣省婦女團體則有郭慶芳、葉金鳳、蘇玉尾新任，另由黃吳彩雲、官桂英二人連任；臺北市、高雄市婦女團體則由曾蟳、蘇淑媛當選。（參見表 2-4：戒嚴時期女性中央民意代表選舉一覽表）其次，在區域選舉中，大部分女性仍以實力與男性競爭，有無婦女保障名額顯然不足以影響婦女的實際參選。

立法委員部分，立法委員選舉女性候選人可享有保障名額，但大部分女性當選人卻未依賴其保障而當選，反而以最高票當選；不過從女性參選比例而言，女性對於立委選舉的參與並不積極。立法委員增補選亦於 1969 年起在臺灣省分區進行選舉，其當選人資歷中，不少是從省議員或是其他公職轉換跑道競選，如梁許春菊、蔡李鴦、許世賢等。尤以許世賢，於 1972 年省議員任期屆滿後，參選臺灣省第四選區立法委員選舉，以十九萬零一票成為全國最高票立法委員。由此可知，部分女性參與立法委員選舉，多依靠個人實力與長期在地方所建立的民意基礎而當選，並未依靠保障名額的優待，在四次的立委選舉中，各選區女性當選立委名額均略多於保障名額一名，其中以 1986

〔註37〕董翔飛編著，《中華民國選舉概要（上篇）》，頁 214。

年第三選區許榮淑，以 191,840 票最高票當選。〔註38〕從 1969 年起女性參選
人數大致維持在 4 至 6 人，1980 年其人數雖增至 17 人，相較於男性 201 人，
女性參與選舉程度並不如男性積極。

在參選動機方面，有不少女性面對政治社會環境的轉變，受到執政當局
的迫害，造成不少政治案件因而導致家庭破裂，致使部分女性勇敢走出家庭
投身政治，為自身及社會爭取公平正義的權利。例如，當時在國民黨政府以
反共為理由的白色恐怖政治下，許多人成為冤獄、錯案、假案下的犧牲者，
其中對臺灣獨立運動及臺獨主張者的整肅，如「蘇東啟案」，其妻蘇洪月嬌代
夫出征即是一例，除本身投入省議員選舉，連續當選四屆省議員外，亦鼓勵
其兒女參與選舉，1980 年國民大會代表增選即由女兒蘇治洋參選，雖未獲當
選，但已奠定日後參與選舉政治的地方人脈基礎；另外，1980 年 2 月 28 日發
生震驚社會的林宅血案，當時因美麗島事件牽連以叛亂罪起訴的林義雄，其
妻子方素敏於 1983 年（民國 72 年）參選立法委員第一選區以 121,204 票最高
票當選〔註 39〕，選民透過選票支持，使婦女走出悲情的柔弱角色，塑造出堅
忍的婦女形象。

此外，亦有婦女憑藉個人在地方的民意基礎與魅力，培養出政治的第二
代，如許世賢於 1972、1975 年當選兩屆增額立法委員前，已推出女兒張博雅
參選 1969 年立法委員選舉及女兒張文英參選 1980 年增額國民大會代表，兩
人雖未獲當選，但在嘉義地區已奠定政治名聲。在婦女保障名額方面，立法
委員選舉，女性表現優異，除少數因政黨提名策略運用，以婦女保障名額當
選外，絕大多數多以個人實力贏得選票而當選，甚至以最高票當選，可見婦
女選舉實力堅強，例如自 1983 年起連任三屆的第一選區許榮淑，則以 118,898
票壓倒性的票數當選；第五選區余陳月瑛更以 138,464 票最高票當選，足見婦
女參政的政治實力。

因此，戒嚴時期臺灣婦女參政的個案，不僅顯現臺灣政治環境的威權時
代轉變性，也間接凸顯臺灣社會環境中對婦女參政觀念的開放性。至於增補
選而形成終身職立法委員的梁許春菊，以及增額立委中，包括臺北市的周文

〔註38〕中央選舉委員會，《中華民國 75 年增立法委員選舉概況》（臺北市：中央選舉
　　　委員會，1990 年 6 月），頁 84～90。
〔註39〕中央選舉委員會，《中華民國 72 年增立法委員選舉概況》（臺北市：中央選舉
　　　委員會，1990 年 6 月），頁 93～103。

機、紀政，第一選區的張淑眞、謝美惠、方素敏，第二選區的溫錦蘭，第三選區的許榮淑、許張愛簾，第四選區的許世賢，第五選區的黃余秀鸞和余陳月瑛，高雄市張瑞妍、于樹潔、吳德美，無論當選或落選，亦或是黨內或黨外，其聲望、能力、學識以及任內表現，均足以做爲女性參政奮鬥的個案。

　　監察委員方面，其產生係由省市議會間接選舉，並依據修正後的動員戡亂時期公職人員選舉罷免法第三條規定，每位省市議員最多可以圈選應選名額的二分之一，因受制於黨派支持影響，連記方式的投票對少數派不利，雖設有婦女保障名額，但執政黨若未加以提名，則無法參選。〔註40〕故 1969 年監察委員選舉，臺灣省因已選出原有名額五名，故不辦理增選，再加上應選名額少，導致女性無人參選；1973 年女性監委則由林蔡素女當選，廖陳名琴、莊陳對落選；1980 年，分別由臺灣省郭吳合巧及高雄市林孟貴以婦女保障名額當選，以及臺北市林純子、傅王遜雪四人當選，其餘皆落選；1986 年僅有三人當選，此與當時執政黨中國國民黨提名有關，由於並不熱中提名及支持婦女競選監委職位之故，其附屬角色濃厚，反觀較具有地方民意基礎的女性候選人，如桃園縣的黃玉嬌與雲林縣的蘇洪月嬌，因此受阻落選。另一方面，以女性當選比例而言，1969 年由於並無女性被提名候選，故當選比例爲零；1972～1973 年女性當選比例提升至 10.0%，至 1980 年比例最高，相對於男性當選人數而言，其比例爲 18.2%；1986 年則降至 13.6%，但若與立法委員女性當選比例相較而言，監察委員女性當選比例，實質上並不低於立法委員。

　　自 1969 年至解嚴前，中央民意代表部分，共選出 18 位女性立法委員與監察委員，從其參政的歷程分析，除具國民黨籍身份及婦女保障名額當選外，女性參政的類型可分爲因父夫兄而參政，如吳德美、林純紫、林孟貴、許張愛簾；或被執政黨當局用來打擊黨外份子，如張淑眞、謝美惠；或以黨外身份獨立參選，如許世賢；或代夫出征，如蘇洪月嬌；或代父出征，如余陳月瑛等。女性從政的背景和經歷，正說明戰後臺灣歷史發展在不同階段所發生的政治事件影響，其中更涉及到自二二八事件以來到戒嚴時期白色恐怖各類政治案件，與美麗島等社會運動所產生的影響，女性參政不僅是爲社會大眾，更是爲了維護個人生存權益，而走出家庭，走出悲情角色，投身政治，成爲女性參政過程的最大轉變。

〔註40〕梁雙蓮，〈臺灣婦女的政治參與現況與發展〉，收於中國論壇編輯委員會主編，《女性知識分子與臺灣發展》（臺北市：中國論壇雜誌社，1989），頁 183～184。

表 2-3 臺灣地區中央公職人員增、補選性別比例分配表

選舉別		年	1969 年	1972～1973 年	1975 年	1978 年	1980 年	1986 年
國民大會代表	男	候選	27	68	—	—	168	144
		當選 A	13	45	—	—	64	68
	女	候選	2	10	—	—	17	25
		當選 B	2	8	—	—	12	16
		比例%	13.30%	15.10%	—	—	15.80%	19.00%
立法委員	男	候選	21	49	57	—	201	91
		當選 A	10	32	33	—	63	48
	女	候選	4	6	4	—	17	12
		當選 B	1	4	4	—	7	7
		比例%	9.10%	11.10%	10.8	—	10%	12.72%
監察委員	男	候選	6	24	—	—	47	45
		當選 A	2	9	—	—	18	19
	女	候選	—	3	—	—	7	13
		當選 B	—	1	—	—	4	3
		比例%	0	10%	—	—	18.20%	13.60%

資料說明：比例計算 $\dfrac{（B）女性當選人數}{（A）＋（B）全部當選人數}$

資料來源：董翔飛編著，《中華民國選舉概況（上篇）》（臺北市：中央選舉委員會，1984 年 6 月），頁 51～889；郎裕憲、陳文俊編著，《中華民國選舉史》（臺北市：中央選舉委員會，1987 年 6 月），頁 287～514；中央選舉委員會，《增額中央民意代表選舉記要第四輯中華民國七十五年增額立法委員選舉概況》（臺北市：中央選舉委員會，1990 年 6 月），頁 146～148。

表 2-4　戒嚴時期女性中央民意代表選舉一覽表

		區域（職業團體別）		當選	落選	備註
國民大會代表	補選、增額	補選（1969年）	臺灣省	—	—	臺灣省婦女團體原有代表無出缺，不辦補選。
			臺北市婦女團體	鄭李足　王吳清香	—	吳鑾英、賴秋蓮二人經審查，依法撤銷候選人登記。
		增額（1972年）	臺北市	—	吳明秀	
			臺灣省　臺北縣	邱碧治	蔡李鴦（屏東縣）	
			臺灣省　嘉義縣	林郭碧梅		
			臺灣省　基隆市	陳阿蘭		
			臺灣省婦女團體	官桂英　黃吳彩雲　張賴彩蓮　陳石滿	—	
			臺北市婦女團體	傅王遜雪	—	
		增額（1980年）	臺北市	周清玉　李黃恒貞	—	
			高雄市	—	—	
			臺灣省　臺北縣	陳靜琴　郭儒鈞	—	
			臺灣省　桃園縣	—	戚嘉銳	
			臺灣省　彰化縣	洪葉玉貞	陳美子	
			臺灣省　雲林縣	—	蘇治洋	
			臺灣省　嘉義縣	—	張文英	
			婦女團體　臺灣省	郭慶芳　黃吳彩雲　葉金鳳　官桂英　蘇玉尾	王燕	
			婦女團體　臺北市	曾蟳	—	
			婦女團體　高雄市	蘇淑媛	—	

立法委員	增選 （1969 年）	臺灣省	第一選區	—	—	
			第二選區	梁許春菊	張博雅 蔡李鳶	
		臺北市		—	—	
	增額 （1972 年）	臺灣省	第一選區	張淑眞	許金花	
			第二選區	—	溫瑞鳳	
			第三選區	—		
			第四選區	許世賢	—	
			第五選區	張瑞妍	—	
			第六選區	—		
		臺北市		周文璣	舒子寬	
	增額 （1975 年）	臺灣省	第一選區	張淑眞		
			第二選區	—		
			第三選區	—		
			第四選區	許世賢	—	
			第五選區	張瑞妍	—	
			第六選區	—		
		臺北市		周文璣	—	
	增額 （1980 年）	臺灣省	第一選區	—	謝美惠 蘇洪嬌娥	
			第二選區	溫錦蘭 古胡玉美	呂洪淑女	
			第三選區	許張愛簾 許榮淑	周尙美 洪節芳	
			第四選區	—	林麗蓮	
			第五選區	黃余綉鸞	—	
			第六選區	—		
		臺北市		紀政	陳玉燕	
		高雄市		于樹潔	龍鳳鳴 趙綉娃 蘇千金	

		第一選區	謝美惠 方素敏	－	
		第二選區	溫錦蘭		
		第三選區	許榮淑 許張愛簾	蔡謝玉婉 藍素鈴	
	臺灣省	第四選區	－	黃中媄 蘇洪月嬌 高李麗珍	
增額 （1983 年）		第五選區	余陳月瑛	林佳蓉	
		第六選區	－	－	
	臺北市	紀政	張榮慶 楊祖珺 李世芹 劉吉連		
	高雄市	吳德美	黃高芳錦 盛進花 蘇千金 郭麗莉		
		第一選區	謝美惠	蔡濬宇	
		第二選區	溫錦蘭	莊姬美	
增額 （1986 年）	臺灣省	第三選區	許張愛簾 許榮淑	蔡謝玉婉	
		第四選區	－	錢淑眞	
		第五選區	－	蘇惠珍	
		第六選區	－	－	
	臺北市	紀政 吳淑珍			
	高雄市	★吳德美			
監察委員	增額 （1969 年）	臺灣省	－	－	臺灣省因原已選出監察委員五名，故不辦增選。
		臺北市	－	－	
	增額 （1973 年）	臺灣省	林蔡素女	廖陳名琴 莊陳對	

	臺北市	－	－	
增額 （1980 年）	臺灣省	★郭吳合巧	林蔡清美 黃玉嬌 蘇洪月嬌	
	臺北市	林純子 傅王遜雪	－	
	高雄市	★林孟貴	－	

資料說明：－表無女性當選　★表婦女保障名額

資料來源：李筱峰，《臺灣戰後初期的民意代表》（臺北市：自立晚報社，1993 年 3
月），頁 33～42；郎裕憲、陳文俊編著，《中華民國選舉史》（臺北市：
中央選舉委員會，1987 年 6 月），頁 389～514；董翔飛編著，《中華民國
選舉概況（上篇）》（臺北市：中央選舉委員會，1984 年 6 月），頁 51～
889。

二、地方層級

（一）省（參）議會

　　戒嚴時期主要的選舉競爭場域是省議員和縣市長選舉，自 1951 年第一屆
臨時省議會起，女性積極參與省議員選舉活動，在候選人數比例上有逐屆增
加的趨勢，且相對於男性當選人數上已由 1951 年的 9.1%逐屆提升至 1977 年
的 16.9%，但至第七屆由於男性候選人數 165 人較歷屆女性候選人多出許多，
因此女性雖在候選人數上由第六屆的 23 人增加至 34 人，在競爭激烈的情形
下，1981 年第七屆的女性當選比例不升反降爲 13.0%，參表 2-5 歷屆臺灣省
（參）議員性別分配表。

　　另一方面，從歷屆女性省議員資歷大致可發現四項特色：

1、在經歷方面

　　歷屆女性省議員大多曾參與婦女團體工作組織，如中華婦女反共抗俄聯
合會各縣市分會、中華民國紅十字會臺灣省分會、省市婦女會等，在婦女團
體中均佔有重要的地位。此外，部分女性省議員當選人亦曾擔任過縣市議員，
如游蘇鴦曾任彰化縣議員、林王少華曾任臺北市議員、許世賢曾任嘉義市參
議員、黃廖素娥曾任雲林縣議會議員等，其在地方上服務具有一定程度的民
意基礎，也因此在競選省議員選舉時大多已在地方上建立良好形象，不僅能
憑藉個人實力當選，擺脫婦女保障名額，甚至能連任而形成地方政治世家。

2、在學歷方面

分析歷屆女性省議員之教育程度，均在高中學歷以上，其中不乏有專科及大學以上之女性議員，尤以許世賢留學日本取得醫學博士最為顯眼，足見女性在教育方面延續日治時期婦女解放風潮，在戰後女性受教水準相對提高，進而投身選舉政治。

3、在任期方面

除部分省議員轉換跑道競選其他公職外，大部分省議員曾連任二次以上，具有豐富的問政經驗。例如，第一屆臨時省議員王宋瓊英曾任五屆省議員（第二屆臨時省議，第二、三、四屆省議會）、梁許春菊曾任六屆省議員（第二、三屆臨時省議會，第二、三屆省議會），第二屆臨時省議員許世賢曾任四屆省議員（第三屆臨時省議會，第二、三屆省議會），其餘在臨時省議會期間的王國秀、蔡李鴛、林蔡素女、陳林雪霞等皆連任四屆。（參表 2-6 女性省議員連任次數表）

4、婦女保障名額

臨時省議會議員是由各縣市中選出，每滿十五萬人選出省議員一名，而一縣市如省議員滿四名，則應有一名為婦女保障名額。〔註41〕因此，如婦女候選人所得票數較多，依其所得票數即當選為議員，此為婦女自然當選。例如，第三屆臨時省議會（第一屆省議會）臺北縣之省議員代表應選名額為 5 人，張彩鳳為所有候選人第二高票，即為自然當選，而婦女保障之規定在臺北縣即歸為無用。換言之，許多女性候選人多憑個人實力競選，因此省議員有無婦女保障名額顯然不影響婦女實際參選，其大多擁有地方民意基礎及個人參選實力。

表 2-5　歷屆臺灣省（參）議員性別分配表

		省（參）議員				
		男		女		
年	屆　別	候選	當選	候選	當選	當選比例
1945	臺灣省第一屆參議會	－	30	－	0	0
1951	臺灣省第一屆臨時省議會	128	50	12	5	9.1%

〔註41〕劉燕夫，《臺灣選舉實務》（臺北市：中國地方自治學會，1958 年 11 月），頁31。

1954	臺灣省第二屆臨時省議會	92	51	18	6	10.5%
1957 — 1959	臺灣省第三屆臨時省議會 （臺灣省第一屆省議會）	96	57	22	9	13.6%
1960	臺灣省第二屆省議會	108	63	18	10	13.7%
1963	臺灣省第三屆省議會	123	64	14	10	13.5%
1968	臺灣省第四屆省議會	110	60	19	11	15.5%
1972	臺灣省第五屆省議會	100	61	21	12	16.4%
1977	臺灣省第六屆省議會	102	64	23	13	16.9%
1981	臺灣省第七屆省議會	165	67	34	10	13.0%

資料說明：

1. 1959 年（民國 48 年）6 月，行政院以臺灣省臨時省議員既由全省公民直接選出，臨時省議會之職權，亦具有議會應有之職權，乃將臨時省議會正式改爲省議會，取消「臨時」二字，並將當時的第三屆臨時省議會改爲第一屆省議會，其任期於 1960 年（民國 49 年）6 月 2 日屆滿，省政府於同年 3 月 10 日公告，定於 4 月 24 日與第四屆縣市長選舉合併舉行。

2. 當選比例計算式：$\dfrac{女當選人數}{男女當選人數}$

資料來源： 董翔飛編著，《中華民國選舉概況（下篇）》（臺北市：中央選舉委員會，1984 年 6 月），頁 1-130。

表 2-6　1951～1981 年女性臺灣省議員連任次數表

姓名	黨派	縣市	簡歷	連任次數
王宋瓊英	中國國民黨	臺北縣	臺灣省臨時省議會第一、二屆議員 臺灣省議會第二、三、四屆議員	5
梁許春菊	中國國民黨	臺南縣	臺灣省臨時省議會第一、二、三屆議員 臺灣省議會第二、三、四屆議員	6
許世賢	無	嘉義縣	臺灣省臨時省議會第二、三屆議員 臺灣省議會第二、三屆議員	4
王國秀	中國國民黨	高雄縣	臺灣省臨時省議會第三屆議員 臺灣省議會二、三、四屆議員	4
蔡李鶿	中國國民黨	屏東縣	臺灣省臨時省議會第三屆議員 臺灣省議會第二、三、四屆議員	4
林蔡素女	中國國民黨	雲林縣	臺灣省臨時省議會第三屆議員臺灣省議會第二、三、四屆議員	4

陳林雪霞	中國國民黨	臺中縣	臺灣省臨時省議會第三屆議員 臺灣省議會第二、三、四屆議員	4
游蘇鶯	中國國民黨	彰化縣	臺灣省臨時省議會第一、二屆議員	2
呂錦花	中國國民黨	臺北市	臺灣省議會第二、三屆議員	2
余陳月瑛	民主進步黨	高雄縣	臺灣省議會第三、四、五、六屆議員	4
何寶珍	中國國民黨	桃園縣	臺灣省議會第四、五屆議員	2
蔡陳翠蓮	中國國民黨	嘉義縣	臺灣省議會第四、五、六、七屆議員	4
蔡建生	中國國民黨	高雄市	臺灣省議會第四、五屆議員	2
郭吳合巧	中國國民黨	高雄縣	臺灣省議會第五、六屆議員	2
江　恩	中國國民黨	臺南縣	臺灣省議會第五、六屆議員	2
陳施蕊	中國國民黨	屏東縣	臺灣省議會第五、六屆議員	2
趙綉娃	民主進步黨	高雄市	臺灣省議會第五、六屆議員	2
謝許英	中國國民黨	彰化縣	臺灣省議會第五、六、七、八屆議員	4
張郭秀霞	中國國民黨	臺中縣	臺灣省議會第五、六、七、八屆議員	4
苗素芳	中國國民黨	臺北縣	臺灣省議會第六、七、八、九屆議員	4
黃玉嬌	民主進步黨	桃園縣	臺灣省議會第六、七、八、九屆議員	4
蘇洪月嬌	民主進步黨	雲林縣	臺灣省議會第六、七、八、九屆議員	4
呂秀惠	中國國民黨	嘉義縣	臺灣省議會第六、七、八屆議員	3

資料說明：臺灣省臨時省議會於 1959 年（民國 48 年）6 月 24 日奉行政院命令改稱
　　　　　爲臺灣省議會，即臨時省議會第三屆議員任期內，改稱爲第一屆省議員。
資料來源：江大樹、陳仁海著，《臺灣全志・卷四政治志選舉罷免篇》（臺灣省南投
　　　　　縣：國史館臺灣文獻館，2007 年 10 月），頁 43～51、94。

（二）縣市議員

　　1950 年以後的縣市議員選舉，爲求當選人平均分配，避免少數人壟斷，
採分區選舉制，將選舉之縣市劃分選舉區，每區依人口數分配議員當選名額。
在參選比例方面，第一屆女性候選人佔 6.3％，第二屆女性參選人數倍增，候
選比例佔 12.1％，顯示自第二屆後，女性積極投入地方民意代表選舉活動，
因此在女性候選人數上，由 116 人增加至 224 人，女性當選人數則由 69 人增
至 74 人，僅增加 5 人，其增加名額不如男性所佔之比例。男性當選人數維持
在 745 至 924 人之間，尤以第四屆 924 名男性當選人爲多，女性當選人則大
約維持在 69 至 130 人之間，其中尤以第七屆 130 人爲歷屆最高，相較於男性，
女性當選人數比例不高，大約維持 8.5％至 14.5％，約佔男性當選人數一成左

右。另一方面，從男女候選、當選人數增加指數而言，男性候選、當選人數自第一屆至第十屆，男性候選人數由 1,711 人降至 1,595 人，女性候選人數則由 116 人增至 252 人。因此，各縣市女性民意代表的候選與當選人數比例，與男性相較之下，人數雖差距甚大，但歷屆女性候選人數及當選比例卻有逐屆增加的趨勢。

在婦女保障名額方面，依照臺灣省各縣市議會組織規程第 2 條第 2 項規定，縣市議員每滿 10 名至少應有婦女保障名額 1 名，餘數在 5 名以上未滿 10 名，均至少應有婦女 1 名。因此，各級民意代表，女性當選人數大部分超過婦女保障名額數，且絕大多數不依賴婦女保障名額當選，顯示婦女保障名額作用不大，女性有其競爭實力。另外，若以民選公職的女性參與情況而言，地方各縣市的民意代表當選比例較高，此與其選舉名額多寡有關，相較於中央及地方行政首長選舉，婦女在此一政治參與方面有更精進的表現。

表 2-7　臺灣省各縣市議員性別分配表

屆別（年）	候選			當選			候選比例		當選比例	
	男	女	合計	男	女	合計	男	女	男	女
第一屆（1950～1951）	1,711	116	1,827	745	69	814	93.7%	6.3%	91.5%	8.5%
第二屆（1952～1953）	1,620	224	1,844	786	74	860	87.9%	12.1%	91.4%	8.6%
第三屆（1954～1955）	1,437	142	1,579	834	94	928	91.0%	9.0%	89.9%	10.1%
第四屆（1958）	1,453	168	1,621	924	101	1,025	89.6%	10.4%	90.1%	9.9%
第五屆（1961）	1,467	162	1,629	834	95	929	90.1%	9.9%	89.8%	10.2%
第六屆（1964）	1,333	230	1,563	784	123	907	85.3%	14.7%	86.4%	13.6%
第七屆（1968）	1,123	216	1,339	765	130	895	83.9%	16.1%	85.5%	14.5%
第八屆（1973）	1,329	214	1,543	773	126	899	86.1%	13.9%	86.0%	14.0%
第九屆（1977）	1,134	198	1,332	779	129	908	85.1%	14.9%	85.8%	14.2%

第十届 （1982）	1,595	252	1,847	764	128	892	86.4%	13.6%	85.7%	14.3%

資料說明：

1. 臺北市於民國 56 年 7 月 1 日升格爲直轄市並設置市議會，自 58 年 11 月 15 日起爲第一屆臺北市議會，其人數合併列入計算。

2. 高雄市於民國 67 年 11 月 9 日升格爲直轄市，原高雄市第九屆市議會同時改爲「高雄市臨時議會」，原任期皆至 68 年 7 月 1 日起至高雄市第一屆市議員宣誓就職之日爲止，其人數合併列入計算。

3. 比例計算式：男候選／候選合計、女候選／候選合計
　　　　　　男當選／當選合計、女當選／當選合計

資料來源：董翔飛編著，《中華民國選舉概況（下篇）》（臺北市：中央選舉委員會，1984 年 6 月），頁 203～402。

（三）縣市長

臺灣省各縣市長第一屆縣市長選舉，於 1950 年 8 月，繼各縣市議會議員選舉之後，即分期開始辦理。〔註42〕由表 2-8 歷屆各縣市長候選、當選性別比例表可知，男性與女性候選比例相差懸殊，女性候選人以第六屆所佔比例最高爲 4.7%，第二、三、四、八屆更無女性候選人參與競選。除第一屆嘉義縣許世賢首開風氣爲女性候選人參與選舉外，第二屆至第四屆中均無女性候選人，第五屆以後女性候選人則有黃玉嬌、翁于森櫻、張文英、林麗蓮、余陳月瑛等，其中許世賢曾經參選過第一屆及第六屆縣市長選舉，黃玉嬌則參選第五屆及第六屆選舉。

在第一屆至第九屆縣市長選舉中，雖有女性候選人參與選舉活動，但在競選結果，卻無女性當選；直至第十屆，始有余陳月瑛當選高雄縣長、張博雅當選升格後第二屆嘉義市長。若以參與候選之女性所在縣市而言，則以嘉義縣出現次數最多，分別有許世賢參選兩次與林麗蓮參選一次；其次爲桃園縣的黃玉嬌參選兩次與高雄縣的余陳月瑛參選兩次，這也說明嘉義縣、桃園縣、高雄縣已有女性積極投入地方選舉活動。因此，以地區性分析女性參選縣市長程度，女性當選人數雖不如男性多，但以戰後至解嚴前的客觀環境而

〔註42〕1950 年全省 21 縣市共分八期辦理，並依照「臺灣省縣市長選舉罷免規程」第 17 條規定，需有全縣市過半數公民出席投票，候選人得票超過投票人總數之過半數者爲當選，如選舉結果無人當選時，應就得票較多之前 2 名候選人於 20 日內舉行第二次投票，以得票較多者爲當選，票數相同時，以抽籤定之。郎裕憲、陳文俊編著，《中華民國選舉史》，頁 540。

言，各縣市婦女參與選舉活動的積極態度，在臺灣戰後初期已建立起婦女參
政優良的典範。因此，戰後初期臺灣的婦女參政實力，以及臺灣社會日益進
步的開放觀念，都顯示女性在各層面上，已逐漸獲得一般社會大眾觀念的認
同，進而從事政治活動。〔註 43〕以嘉義縣、市長選舉而言，第一至第十屆女
性候選人計有三位參選，從教育背景來看，受過高等教育的有許世賢及張文
英，在當時分別具有博士、碩士學位，另一位林麗蓮具有專科學歷，其中以
許世賢是日治時期臺灣著名女子中學畢業後留學日本，在當時有如此學歷，
堪稱社會中的菁英女子，而後許世賢由四女張博雅參與嘉義市長選舉，更使
得嘉義市成爲日後許家班的政治家族延續。（參見表 2-9 歷屆女性縣市長候選
人名單）

表 2-8　臺灣省歷屆各縣市長候選、當選性別比例表

候選、當選數　　屆別（年）	候選			當選		
	男（A）	女（B）	比例（女）B／（A＋B）%	男（C）	女（D）	比例（女）D／（C＋D）%
第一屆（1950）	90	1	1.1%	21	0	0.0%
第二屆（1954）	38	0	0.0%	21	0	0.0%
第三屆（1957）	40	0	0.0%	21	0	0.0%
第四屆（1960）	35	0	0.0%	21	0	0.0%
第五屆（1964）	45	2	4.3%	21	0	0.0%
* 第六屆（1968）	41	2	4.7%	20	0	0.0%
* 第七屆（1972）	38	1	2.6%	20	0	0.0%
* 第八屆（1977）	36	0	0.0%	20	0	0.0%
**第九屆（1981）	54	2	3.6%	19	0	0.0%
第十屆（1985）	50	4	7.4%	19	2	9.5%

資料說明：*臺北市升格爲直轄市，不列入計算

　　　　　**高雄市升格爲直轄市，不列入計算

資料來源：董翔飛編著，《中華民國選舉概要（下篇）》（臺北市：中央選舉委員會，
　　　　　1984 年 6 月），頁 413～504；郎裕憲、陳文俊編著，《中華民國選舉史》
　　　　　（臺北市：中央選舉委員會，1987 年 6 月），頁 389～514。

〔註43〕李筱峰，《臺灣戰後初期的民意代表》（臺北市：自立晚報，1993 年），頁 74
　　　　～75。

表 2-9　臺灣省歷屆女性縣市長候選人名單

	縣市別	候選人姓名
第一屆	嘉義縣	張許世賢（註：冠夫姓）
第二屆	—	—
第三屆	—	—
第四屆	—	—
第五屆	桃園縣	黃玉嬌
	臺南市	翁余森櫻
第六屆	桃園縣	黃玉嬌
	嘉義縣	許世賢
第七屆	嘉義縣	張文英
第八屆	—	—
第九屆	嘉義縣	林麗蓮
	高雄縣	余陳月瑛
第十屆	高雄縣	余陳月瑛
	澎湖縣	許素葉
	臺中市	許榮淑
	嘉義市	張博雅

資料來源：董翔飛，《中華民國選舉概況（下篇）》（臺北市：中央選舉委員會，1984年 6 月），頁 413～504；中央選舉委員會，《民國七十四年省市議員選舉紀要》（臺北市：中央選舉委員會，1986 年 6 月），頁 249～257。

　　由以上戒嚴時期中央及地方民意代表歷屆選舉分析可知：一、應選名額較多的民意代表選舉，婦女當選的比例較高，其中尤以地方民意代表較中央民意代表高；二、各縣市民選行政首長，婦女參選及當選比例低；三、女性參選實力強，加上個人與家族力量的團聚，使得絕大多數女性當選人皆超過婦女保障名額數；四、從中央到地方，部分女性參政經驗豐富，曾當選過二種或二種以上的中央及地方民意代表，甚至是地方行政首長，如謝娥、李緞等，尤以許世賢參政資歷最為完整。

第三節　解嚴後婦女參政權利的爭取

一、中央民意代表選舉

　　隨著臺灣政治發展的演進，在 1987 年解嚴後，以及終止動員戡亂時期，使得憲政回歸正常體制，不僅開放黨禁、報禁等自由改革，地方自治選舉也透過修憲程序有了法治化的依據，從中央民意代表到各級地方公職人員選舉陸續展開，女性對於政治參與的層面逐漸擴大，更進一步的突破，促使婦女參政比例逐年提升。

　　解嚴後，臺灣政治民主化過程歷經階段性的改變，爲應當時國家發展需要，李登輝繼任總統後，首要重大政治改革即是解決 1947 年以來，未再改選的「萬年國會」問題。1988 年 11 月 7 日制訂「第一屆資深中央民意代表自願退職條例」草案，1989 年 1 月 26 日立法院通過；1991 年 12 月 30 日完成第一屆資深中央民意代表退職。同年，國民大會於 4 月 21 日三讀通過制定「中華民國憲法增修條文」，並廢止「動員戡亂時期臨時條款」。同年 4 月 30 日，李登輝總統於宣告動員戡亂時期於 5 月 1 日零時起終止，意謂臺灣不再視中共政權爲叛亂團體，結束對北京政府的敵對態度。同時，在戡亂時期所延伸的許多特別法，將一併廢除，臺灣政治邁向憲政常軌，各項中央及地方公職人員選舉也陸續展開。〔註44〕

（一）國民大會代表選舉

　　國民大會代表原先具有民意代表之性質，每六年應改選一次，後因政府遷臺，中央民意代表無法辦理改選，故總統依據「動員戡亂時期臨時條款」授權規定，制定相關法規辦理各次增額（補）選舉，使得第一屆國大代表約有四十餘年不曾改選。直至 1991 年底，依據第一屆國民大會第 2 次臨時會制定憲法增修條文規定，方才產生第二屆國民大會代表；而依據大法官會議第二六一號解釋，第一屆資深中央民意代表應於 1991 年 12 月 31 日全部退職完畢。第二屆應選出 325 人，共有 627 人參選。

　　第三屆國民大會代表於 1996 年 3 月 23 日選出，任期 4 年，並增設議長、副議長各 1 人，總計有 432 人參選，共選出 234 人；其中，女性計有 79 人參

〔註44〕薛化元，〈選舉與臺灣政治發展（1950～1996）──從地方自治選舉到總統直選〉，《近代中國》135（2000 年 2 月），頁 44～47。

選，比例佔 18.3％，女性當選人有 43 人，佔 18.4％。相較於男性參選及當選比例 81.7％、81.6％，女性在參選及當選比例仍低。第三屆國民大會代表任期至 2000 年 5 月 19 日。第四屆國民大會代表選舉則依 2000 年 4 月 25 日公布之憲法增修條文第一條規定中止辦理，並將其職權大幅縮減，其集會僅限於立法院提出憲法修正案、領土變更案，或提出總統、副總統彈劾案時，於三個月內採比例代表制選出，國民大會於選舉結果確認後十日內集會，集會以一個月為限，而國民大會代表任期與集會期間相同，即俗稱「任務型國民大會」。因此，2005 年 5 月 14 日選舉所產生的任務型國民大會代表，僅用以複決 2004 年 8 月立法院所提出的修憲案，是首次使用比例代表制的選舉，同時也是最後一屆的國大代表選舉，總計應選 300 人，男性 210 人，女性 90 人。其中各政黨所分配名額中應有婦女名額比例約佔 1/4，分別為中國國民黨 24.8％、民主進步黨 24.4％、臺聯黨 23.8％、親民黨 22.2％、其餘政黨及個人佔 4.8％。〔註45〕

（二）監察委員選舉

第一屆監察委員在大陸選出後，便無改選，直到 1977 年開始舉辦增、補選；而在戒嚴時期所增、補選出的女性監察委員比例為 22.2％。1992 年 5 月第二屆國民大會集會，通過憲法增修條文，規定監察院設監察委員 29 人，任期六年，其監察委員產生，改由總統提名，經國民大會同意任命，不再經由地方議會選舉產生。第二屆監察委員亦依此規定，共計三位女性當選，比例為 10.3％，並自 1993 年 2 月 1 日開始行使職權，第三屆仍依照第二屆方式辦理，1999 年第三屆女性監察委員人數比例為 10.7％。2000 年 4 月，第三屆國民大會第五次會議，再次修正憲法增修條文，將監察院監察委員、院長、副院長任命同意權，轉由立法院立法委員行使，即監察院監察委員、院長、副院長，將由總統提名，經立法院同意任命。2004 年底，陳水扁總統提名之監察院正、副院長人選與監察委員遭到國親聯盟於立法院程序委員會凍結，無法排入議事程序，導致監察院正、副院長與監察委員長達三年多都處於缺位狀態。〔註46〕

〔註45〕中央選舉委員會國民大會代表選舉（100.01.19）http://2005assembly.nat.gov.tw/zh-tw/index.htm
〔註46〕中華民國監察院（2010.11.15）http://www.cy.gov.tw/intro.asp?bar1=1&bar2=5

　　因此，解嚴後於 1993 年與 1999 年所同意任命的第二屆、第三屆女性監察委員人數相較於第一屆，比例大幅降低，由 19.2%降爲 10.7%，女性監察委員比例大約維持 10%，相對於男性約 90%而言，其比例仍低。2008 年馬英九總統就任後，提名七位女性監察委員，打破歷年人數紀錄，並在政黨平衡原則下，除了親民黨外，主要政黨皆被提名，相較於歷屆提名，成爲主要特色。（參表 2-10 歷屆監察委員人數）

表 2-10　監察委員人數性別比較表

屆別	年	監委人數（比例%）		合計
		男性	女性	
第一屆	1949	84（80.8%）	20（19.2%）	104
第一屆（增額）	1977	49（77.8%）	14（22.2%）	63
第二屆	1993	26（89.7%）	3（10.3%）	29
第三屆	1999	25（89.3%）	3（10.7%）	28
第四屆	2008	22（75.9%）	7（24.1%）	29

資料來源：

1. 黃長玲，〈婦女與政治參與〉，收於財團法人婦女權益促進發展基金會，《臺灣婦女權益報告書》（臺北市：財團法人婦女權益促進發展基金會，2003 年 3 月），頁 248。
2. 監察院全球資訊網 100.11.09
   http://www.cy.gov.tw/sp.asp?xdUrl=./di/statist/dbnew.asp&ctNode=914

（三）立法委員選舉

　　民國 75 年所選舉出的增額立法委員，其任期至民國 78 年止，此次選舉是解除戒嚴及開放黨禁後的首次公職人員選舉，並合併三項公職於同時舉行。因此，不論是增額立法委員參選或是地方省市議員及縣市長選舉，參與的政黨及候選人數，總計共 101 人當選，男性 88 人，女性 13 人。〔註47〕修憲以後，1992 年 12 月 19 日第二屆立法委員選舉，具有民意基礎的新國會正式形成，中央民意代表全面改選的改革正式落幕。〔註48〕由表 2-11 可知，第

〔註47〕呂芳上，〈民主政治制度的建立〉，收於李國祁總纂、呂實強主纂，《臺灣近代史・政治篇》（臺灣省南投縣：臺灣省文獻委員會，1995 年 6 月），頁 558～560。

〔註48〕薛化元，《選舉與臺灣政治發展（1950～1996）——從地方自治選舉到總統直選》，《近代中國》135（2000 年 2 月），頁 44～47。

二屆至第六屆立法委員選舉女性參選人數由 36 人逐屆增加第五屆 83 人，至第六屆候選人數不增反減，此因立法委員名額縮減所造成，而女性當選人數情形亦是如此，由第二屆 12 人增加至第五屆 39 人，第七屆則減少至 17 人；其相對於男性候選比例，女性三至七屆分別為 12%、16.1%、18.2%、16.8%、20%，當選比例為 14.8%、19.9%、22.2%、18.2%、21.5%，顯示女性參與立法委員選舉有提高的趨勢。（參圖 2-1 臺灣地區第 2-7 屆女性立委選舉候選、當選比例趨勢）

表 2-11　第 2～7 屆女性立委參選概況表

屆別／選舉別		第二屆		第三屆		第四屆		第五屆		第六屆		第七屆	
		候選	當選	候選	當選	候選	當選	候選	當選	候選	當選	候選	當選
區域		35	12	38	18	63	34	81	37	62	30	57	16
原住民	平地	1	0	1	1	1	1	1	1	1	1	1	0
	山地	0	0	1	0	0	0	1	1	2	1	2	1
總計		36	12	40	19	64	35	83	39	65	32	60	17

資料來源：中選會選舉資料庫網站 99.11.15。http://210.69.23.140/cec/cechead.asp

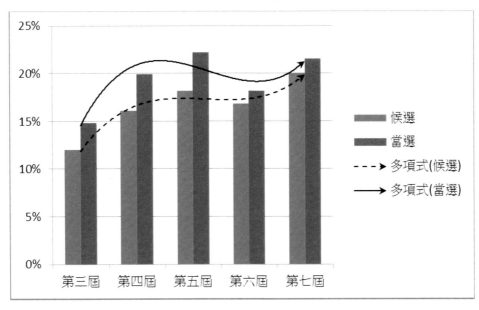

圖 2-1　臺灣地區第 2～7 屆女性立委選舉候選、當選比例趨勢

資料來源：據表 2-11 製

二、民選總統

1994 年 7 月 29 日，國民大會完成三讀，通過「總統選舉方式將改由中華民國自由地區全體人民直接選舉之，自民國 85 年第九任總統、副總統選舉實施」的條文。1996 年 3 年 23 日，臺灣舉辦首次總統的民選，搭配總統、副總統參選人，包括代表國民黨的李登輝與連戰、代表民進黨的彭明敏與謝長廷，以及退出國民黨代表無黨籍的林洋港與郝柏村、陳履安與王清峰等四組候選人。選舉結果，由國民黨籍李登輝、連戰當選第一屆的民選總統、副總統。

2000 年 3 月，代表民進黨的陳水扁、呂秀蓮，以 39% 相對多數的選票，擊敗代表國民黨的連戰、蕭萬長 23.1%，以及退出國民黨的宋楚瑜與張昭雄 36.84%，臺灣首次出現政黨輪替，改由民進黨執政。2004 年代表民進黨的陳水扁與呂秀蓮尋求連任，與國民黨提名的連戰、宋楚瑜競選，選舉結果民進黨籍候選人以 6,471,970 票擊敗國民黨籍候選人 6,442,452 票，得票率 50.11% 比 49.89% 些微票數由陳水扁、呂秀蓮連任成功。2008 年國民黨與民進黨分別提名馬英九、蕭萬長與謝長廷、蘇貞昌參選，其中並無女性候選人參與其中，選舉結果由馬英九、蕭萬長當選。（參表 2-12 民選總統選舉概況表）

因此，在民選總統中，雖然尚未出現女性總統候選人，但在 1996 年第一次總統直選中，副總統候選人即有女性參與其中，王清峰具有律師身份背景，長期關懷慰安婦議題與陳履安搭配參選副總統、總統的競選，雖未獲當選，但卻成爲臺灣首位女性副總統候選人。2000 年總統選舉中，五組候選人中即有兩位女性副總統候選人，分別爲朱惠良與呂秀蓮，選舉結果，長期推動婦女運動關懷女性權益的呂秀蓮，當選副總統，成爲臺灣首位女性副總統。〔註 49〕以婦女參政的角度而言，從民選副總統王清峰與朱惠良的參選到呂秀蓮當選副總統，所代表的意義在於女性參政層級的提高，以及長期婦女運動中爭取婦女權益的成果。

〔註49〕黃長玲，〈婦女與政治參與〉，收於財團法人婦女權益促進發展基金會，《臺灣婦女權益報告書》（臺北市：財團法人婦女權益促進發展基金會，2003 年 3 月），頁 212～252。

表 2-12 民選總統選舉概況表

屆別（年）	總統				副總統			
	候選人數		當選人數		候選人數		當選人數	
	男	女	男	女	男	女性姓名	男	女性姓名
第 9 屆（1996）	4	0	1	0	3	王清峰	1	0
第 10 屆（2000）	5	0	1	0	3	朱惠良、呂秀蓮	0	呂秀蓮
第 11 屆（2004）	2	0	1	0	1	呂秀蓮	0	呂秀蓮
第 12 屆（2008）	2	0	1	0	2	0	1	0

資料來源：中選會資料庫網站（99.11.12）http://210.69.23.140/cec/cechead.asp#

三、民選省長、直轄市長選舉與精省

（一）省長、直轄市長民選

　　1994 年 12 月 3 日，臺灣完成有史以來首次的省長，及北、高兩直轄市長的民選，由國民黨的宋楚瑜當選首屆民選省長，民進黨的陳水扁與國民黨的吳敦義，分別當選北、高兩市市長。臺北和高雄兩直轄市於 1998 年前均未有女性參選，直至 2002 年第三屆北、高市長選舉，首度有女性參選，由張博雅以無黨籍身份參選高雄市長選舉；而第四屆則有臺聯黨籍周玉蔻與民進黨籍陳菊分別參選臺北市、高雄市長選舉；在高雄市長選舉方面，陳菊以 379,417票，擊敗國民黨籍黃俊英 378,303 票，兩者僅差 1,114 票，其得票率分別為 49.41％與 49.27％，成為臺灣首位女性直轄市長。（參表 2-13 省（直轄市）長選舉男女候選、當選人數）

表 2-13 臺灣地區省（直轄市）長選舉男女候選、當選人數

屆別（年）	省（市）長	候選人姓名		當選人姓名	
		男	女	男	女
第一屆（1994）	省長	蔡正治、朱高正、宋楚瑜、吳梓、陳定南	0	宋楚瑜	0
	臺北市	紀榮治、趙少康、陳水扁、黃大洲	0	陳水扁	0

	高雄市	吳敦義、施鐘響、張俊雄、鄭德耀、湯阿根	0	吳敦義	0
第二屆（1998）	臺北市	馬英九、陳水扁、王建煊	0	馬英九	0
	高雄市	吳建國、鄭德耀、謝長廷、吳敦義	0	謝長廷	0
第三屆（2002）	臺北市	李應元、馬英九	0	馬英九	0
	高雄市	施明德、黃天生、黃俊英、謝長廷	張博雅	謝長廷	0
第四屆（2006）	臺北市	李敖、謝長廷、宋楚瑜、郝龍斌、柯賜海	周玉蔻	郝龍斌	0
	高雄市	黃俊英、林志昇、羅志明、林景元	陳菊	0	陳菊

資料來源：政治大學選舉研究中心（99.11.15）http://vote.nccu.edu.tw/cec/vote4a.asp

（二）省議員選舉與精省

解嚴後，省議員選舉自第八屆至第十屆女性省議員候選人數大約維持 28 ～32 人，其當選人數則由第八屆 13 人增加至第十屆 16 人，以女性當選率而言，由 46.4%提升到 50%，相對於男性當選比例則有逐屆增加的趨勢，由 16.9 %增加至 20.3%。此外，從中壢事件至解除戒嚴，歷經政治環境急遽變遷的時期，省議員選舉最明顯的變化，即是黨外省議員當選人數增加，女性省議員亦是如此，例如第六屆省議員中，桃園縣黃玉嬌、雲林縣蘇洪月嬌、高雄縣余陳月瑛，以及高雄市趙綉娃均獲當選；至第八屆黨外女性省議員包括蘇洪月嬌、黃玉嬌、余玲雅，以及新竹市莊姬美。女性省議員不管在參選人數，亦或是當選人數及其比例，均是逐年增加，而第八屆女性省議員更全憑實力未依靠婦女保障名額當選，再加上女性當選者教育程度提高，對婦女參政而言，是一種正面的改變，更是一項突破。〔註50〕由表 2-14 第 8～10 屆女性省議員連任表可知，其中不乏有女性自戒嚴至解嚴連任四次，如張郭秀霞、謝許英、黃玉嬌、蘇洪月嬌、苗素芳、余愼等人，顯示女性在省議員任內對於地方建設具有貢獻因而獲得民意基礎，始能獲得選民連任支持。

隨後政府鑑於臺灣省與中央政府在人口及管轄的土地有重疊問題，導致資源分配的嚴重扭曲及浪費，1996 年 12 月，總統李登輝召集朝野人士舉開國家發展會議，達成「凍省」的共識。1997 年 7 月 18 日，第 3 屆國民大會三讀通過「中華民國憲法增修條文」，完成「精省」的法定程序。1998 年 12 月 1

〔註50〕梁雙蓮、朱浤源，〈從溫室到自立——臺灣女性省議員當選因素初探〉，《近代中國婦女史研究》1（1993 年 6 月），頁 111～112。

日，臺灣省長、省議會走進歷史，臺灣的地方行政也由原來的省市、縣市、鄉鎮市三級制，變爲縣市、鄉鎮市二級制，省的名稱、層級仍然保留，惟省長、省議員不再民選，省的職權虛級化。〔註51〕改制後的省諮議會定位爲與臺灣省政府平行、對等的諮詢、監督及服務性機關，而憲法增修條文第七條第二項明訂第十屆臺灣省議會議員及第一屆臺灣省省長任期至 1998 年 12 月 20 日止並自任期屆滿日起停止辦理選舉〔註52〕，改制後的省諮議會，置諮議長、諮議員，由行政院長提請總統任命，1999 年 1 月所公佈實施的〈地方制度法〉規定的省諮議會組織，設置諮議員任期 3 年，爲無給職，其人數由行政院參酌轄區幅員大小、人口多寡及省政業務需要定爲 5 至 29 人，並設有諮議長 1 人。〔註53〕綜觀戰後至解嚴後精省前，臺灣婦女參與省議員選舉活動，由圖 2-2 歷屆臺灣省議員女性候選、當選比例趨勢可知，女性參與人數有增加趨勢，顯示女性參與政治活動的積極性。

表 2-14　臺灣省第 8～10 屆女性省議員連任表

第八屆	吳文妃	臺灣省議會第八屆議員
	莊姬美	臺灣省議會第八屆議員
	王玲惠	臺灣省議會第八屆議員
	洪周金女	臺灣省議會第八屆議員
	呂秀惠	臺灣省議會第六、七、八屆議員
	黃秀孟	臺灣省議會第七、八、九屆議員
	余玲雅	臺灣省議會第七、八、九屆議員
	張郭秀霞	臺灣省議會第五、六、七、八屆議員
	謝許英	臺灣省議會第五、六、七、八屆議員
	蘇洪月嬌	臺灣省議會第六、七、八、九屆議員
	黃玉嬌	臺灣省議會第六、七、八、九屆議員
	苗素芳	臺灣省議會第六、七、八、九屆議員
	余　愼	臺灣省議會第七、八、九、十屆議員

〔註51〕 李昌麟，〈我國「精省」前後地方制度之研究〉，收於臺灣省諮議會《「臺灣民主的興起與變遷——人物與事件」第三屆學術研討會論文集》（臺灣省臺中縣：臺灣省諮議會，2008 年 10 月），頁 63～86。

〔註52〕 林栢顯，《臺灣省議會組織沿革及省諮議會之成立》（臺灣省南投縣：臺灣省文獻委員會，2000 年 6 月），頁 339～340。

〔註53〕 李昌麟，〈我國「精省」前後地方制度之研究〉，收於臺灣省諮議會，《「臺灣民主的興起與變遷——人物與事件」第三屆學術研討會論文集》，頁 63～86。

	周慧瑛	臺灣省議會第九、十屆議員
	張蔡美	臺灣省議會第九、十屆議員
	張溫鷹	臺灣省議會第九、十屆議員
	楊瓊瓔	臺灣省議會第九、十屆議員
	游月霞	臺灣省議會第九、十屆議員
	曾蔡美佐	臺灣省議會第九、十屆議員
第九屆	許素葉	臺灣省議會第九、十屆議員
	余玲雅	臺灣省議會第七、八、九屆議員
	黃秀孟	臺灣省議會第七、八、九屆議員
	蘇洪月嬌	臺灣省議會第六、七、八、九屆議員
	黃玉嬌	臺灣省議會第六、七、八、九屆議員
	苗素芳	臺灣省議會第六、七、八、九屆議員
	余 慎	臺灣省議會第七、八、九、十屆議員
	程惠卿	臺灣省議會第十屆議員
	鄭金玲	臺灣省議會第十屆議員
	盧秀燕	臺灣省議會第十屆議員
	周清玉	臺灣省議會第十屆議員
	侯惠仙	臺灣省議會第十屆議員
	蘇治洋	臺灣省議會第十屆議員
	葉宜津	臺灣省議會第十屆議員
	趙良燕	臺灣省議會第十屆議員
第十屆	周慧瑛	臺灣省議會第九、十屆議員
	張蔡美	臺灣省議會第九、十屆議員
	張溫鷹	臺灣省議會第九、十屆議員
	楊瓊瓔	臺灣省議會第九、十屆議員
	游月霞	臺灣省議會第九、十屆議員
	曾蔡美佐	臺灣省議會第九、十屆議員
	許素葉	臺灣省議會第九、十屆議員
	余 慎	臺灣省議會第七、八、九、十屆議員

資料來源：1. 臺灣省議會秘書處，《臺灣省議會成立五十週年紀念專刊》（臺灣省台中縣：臺灣省議會秘書處，1996 年 4 月），頁 172～211。
2. 陳翠蓮，《臺灣全志‧卷四政治志‧民意機關篇》（臺灣省南投縣：臺灣文獻館，2007 年 10 月），頁 329～332。
3. 臺灣省諮議會歷屆議員查詢（100.1.23）http://www.tpa.gov.tw/big5/Councilor/Councilor.asp?cid=2&urlID=20

表 2-15　臺灣省第 8～10 屆省議員選舉概況表

屆別 （年）	候選人數			當選人數		
	男	女	計	男	女	計
第 8 屆（1985）	130	28	158	64	13	77
第 9 屆（1989）	127	30	157	64	14	77
第 10 屆（1994）	144	32	176	63	16	79

資料來源：林栭顯，《臺灣省議會組織沿革及省諮議會之成立》（臺灣省南投縣：臺灣省文獻委員會，2000 年 6 月），頁 270～331；中選會資料庫網站（99.11.12）http://210.69.23.140/cec/cechead.asp#

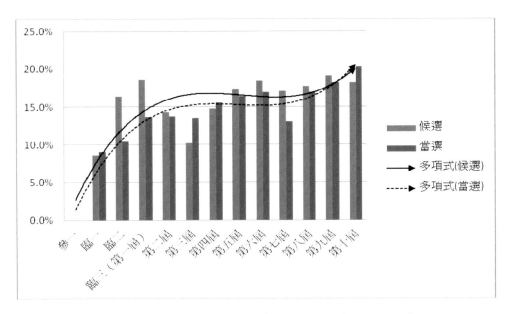

圖 2-2　歷屆臺灣省議員女性候選、當選比例趨勢
資料來源：據表 2-5、2-15 製

四、地方選舉

　　1997 年精省之前，地方民意代表選舉，由於法律規範的不同，導致地方民意代表選舉的婦女保障名額有所差異，北、高兩市議員選舉的婦女保障名額約為七分之一，但縣市議員及鄉鎮市民代表選舉的婦女保障名額約為十分

之一。精省後，1998 年通過〈地方制度法〉，則統一規範，使得地方民意代表選舉的婦女保障名額約為四分之一至七分之一之間。〔註54〕

（一）縣市長選舉

自戰後實施地方自治以來，第一屆至第九屆縣市長選舉，共產生 184 位男性縣市長，未有女性當選的情況。僅有第一屆女性候選人許世賢參選嘉義縣長，陸續又有黃玉嬌、翁余森櫻、張文英、林麗蓮、余陳月瑛等女性參選各地區縣市長選舉，但均未當選；直至第十屆縣市長選舉時，則由余陳月瑛與張博雅分別當選高雄縣長與嘉義市長。解嚴後，第十一屆更產生三位女性縣長，分別為彰化縣周清玉、嘉義市張文英、高雄縣余陳月瑛，顯示女權意識提高與在臺灣的政治參與面的擴大。〔註55〕由表 2-16 可知，縣市長男女候選人數比例，女性候選比例分別為 8.7%、11.7%、6.3%、11.4%、11.8%、13.0%，相對於男性比例仍低；而女性當選比例則為 14.3%、4.3%、13%、8.7%、8.7%、17.6%，其中以第十四屆當選比例最高。再者，第十五屆嘉義市長當選人黃敏惠以國民黨身份打破嘉義市無黨籍市長慣例，另連任至第十六屆；而第十六屆嘉義縣長則由民進黨提名張花冠當選，成為嘉義縣首位女性縣長，因此第十六屆嘉義縣長、嘉義市長均由女性擔任。另由表 2-17 臺灣省第 11～16 屆女性縣（市）長當選名單可知，自 1989 年的縣市長選舉，歷屆女性參選人數雖有所增加，但在全國二十一個縣市中，女性當選縣市長的人數並未超過三人。若以政黨屬性而言，國民黨對於縣市長提名直到 1997 年才首度提名女性參與縣市長選舉，如 1997 年提名黃秀孟參選臺南縣長，2001 年提名葉金鳳參選彰化縣長，但均未能當選。此外，2001 年的縣市長選舉中，彰化現有五位候選人中，其中四位為女性，分別為國民黨籍葉金鳳、親民黨籍鄭秀珠、民進黨籍翁金珠，以及無黨籍陳婉貞，選舉結果由翁金珠當選，成為四名女性候選人同時角逐縣長職位的縣市。〔註56〕除了嘉義市的張博雅、張

〔註54〕黃長玲，〈婦女與政治參與〉，收於財團法人婦女權益促進發展基金會，《臺灣婦女權益報告書》（臺北市：財團法人婦女權益促進發展基金會，2003 年 3 月），頁 212～252。

〔註55〕呂芳上，〈民主政治制度的建立〉，收於李國祁總纂、呂實強主纂，《臺灣近代史‧政治篇》（臺灣省南投縣：臺灣省文獻委員會，1995 年 6 月），頁 508～514。

〔註56〕黃長玲，〈婦女與政治參與〉，收於財團法人婦女權益促進發展基金會，《臺灣婦女權益報告書》，頁 218。

文英、陳麗貞之外，其餘當選的女性縣市首長大多爲民進黨籍，直至 2005 年
嘉義市長由國民黨籍黃敏惠當選，嘉義市由無黨籍改由國民黨主政時代。但
女性政治人物在單一行政區的首長選舉中，仍然受限於政黨提名、資源有限，
以及社會對女性掌握權力尚有保留等等因素，顯示女性在單一行政區的首長
選舉上，仍然缺乏較好的參選機會及認同。〔註57〕

表 2-16　臺灣省第 11～16 屆縣（市）長選舉概況表

屆　別 （年）	候選人數			女性候選 比例（％）	當選人數			女性當選 比例（％）
	男	女	合計		男	女	合計	
第 11 屆 （1989 年 12 月 2 日）	63	6	69	8.7	18	3	21	14.3
第 12 屆 （1993 年 11 月 27 日）	68	9	77	11.7	22	1	23	4.3
第 13 屆 （1997 年 11 月 29 日）	75	5	80	6.3	20	3	23	13.0
第 14 屆 （2001 年 12 月 01 日）	78	10	88	11.4	21	2	23	8.7
第 15 屆 （2005 年 12 月 03 日）	67	9	76	11.8	21	2	23	8.7
第 16 屆 （2009 年 12 月 05 日）	47	7	54	13.0	14	3	17	17.6

資料說明：女性候選比例計算式：女候選人數/候選人數合計

　　　　　女性當選比例計算式：女當選人數/候選人數合計

資料來源：中選會資料庫網站（99.11.12）http://210.69.23.140/cec/cechead.asp#

表 2-17　臺灣省第 11～16 屆女性縣（市）長當選名單

屆別（年）	縣市別	姓　名
第 11 屆 （1989 年 12 月 2 日）	彰化縣	周清玉
	嘉義市	張文英
	高雄縣	余陳月瑛
第 12 屆 （1993 年 11 月 27 日）	嘉義市	張文英

〔註57〕洪玉鳳，〈女性參政者形象塑造與政治行銷關係之研究〉（臺灣省臺南縣：長
　　　　榮大學經營管理研究所碩士論文，2003 年 7 月），頁 42～48。

	桃園縣	呂秀蓮
第 13 屆 （1997 年 11 月 29 日）	台中市	張溫鷹
	嘉義市	張博雅
第 14 屆 （2001 年 12 月 01 日）	彰化縣	翁金珠
	嘉義市	陳麗貞
第 15 屆 （2005 年 12 月 03 日）	雲林縣	蘇治芬
	嘉義市	黃敏惠
第 16 屆 （2009 年 12 月 05 日）	雲林縣	蘇治芬
	嘉義縣	張花冠
	嘉義市	黃敏惠

資料來源：中選會資料庫網站（99.11.12）http://210.69.23.140/cec/cechead.asp#

（二）縣市議員選舉

　　相對於中央公職人員與地方行政首長選舉，地方縣市議員屬應選席次較多的民意代表公職選舉，女性當選人數的比例相對較高，且女性在地方的民意代表（北、高、各縣市議員）較中央的民意代表（國大代表、立法委員）當選比例高。〔註58〕由表 2-18 臺灣省第 11～17 屆縣（市）議員選舉概況表可知，女性由 1986 年第十一屆的候選比例 14.2%，逐屆提高至 2009 年第十七屆 25.8%，顯示女性積極參與地方民意代表選舉；另女性當選人數比例相對於男性，第十一屆至第十三屆均維持 15.2%，自第十四屆起至第十七屆由 16.9% 提升至 27.4%。此外，以性別當選率而言，歷屆女性當選率相較於男性亦較高，如第 11 屆男性當選率 56.2%，女性當選率 60.8%，參選比例顯示有上升趨勢（參圖 2-3）。因此，對於女性直接參與政治而言，縣市議員選舉往往成爲其建立地方民意的基礎，提供了日後絕佳的選舉機會。

〔註58〕 洪玉鳳，〈女性參政者形象塑造與政治行銷關係之研究〉（臺灣省臺南縣：長榮大學經營管理研究所碩士論文，2003 年 7 月），頁 42～48。

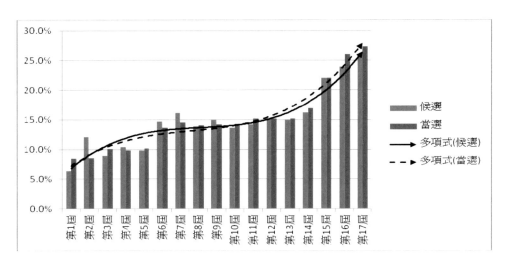

圖 2-3　臺灣省歷屆縣（市）議員女性候選、當選比例趨勢

資料來源：據表 2-7、2-18 製

表 2-18　臺灣省第 11～17 屆縣（市）議員選舉概況表

屆別 （年）	候選人數			女性候 選比例 （％）	當選人數			女性當 選比例 （％）
	男	女	合計		男	女	合計	
第 11 屆 （1986）	1,263	209	1,472	14.2	710	127	837	15.2
第 12 屆 （1990）	1,478	265	1,743	15.2	714	128	842	15.2
第 13 屆 （1994）	1,525	266	1,791	14.9	714	128	842	15.2
第 14 屆 （1998）	1,636	316	1,952	16.2	740	151	891	16.9
第 15 屆 （2002）	1,603	454	2,057	22.1	699	198	897	22.1
第 16 屆 （2005）	1,285	404	1,689	23.9	667	234	901	26.0
第 17 屆 （2009）	694	241	935	25.8	430	162	592	27.4

資料來源：中選會資料庫網站（99.11.12）http://210.69.23.140/cec/cechead.asp#

由中央及地方公職人員各項選舉顯示，解嚴後臺灣政治回歸憲政體制，女性在各級選舉的參與雖然有明顯提升，但在當選率卻始終難以突破更高的比例，以致女性在政治空間的代表性，依然無法反映在全國半數人口的比例情形。換言之，戰後臺灣婦女對政治性質職位的參與比例雖逐年提升，但相對於男性而言比例並不高，從政治學的角度分析，參與機會、能力與動機分別爲影響女性參與政治的重要因素。

在參與機會方面，即是社會是否給予婦女參與政治活動的機會；根據我國〈憲法〉第 7 條、第 17 條、第 18 條及第 134 條規定，婦女除了在法律上有實質的保障外，更爲確保婦女在政治上有一定比例的代表，而有婦女團體代表的規定；在法律制度面上並未受到任何不平等待遇，反而受到憲法特別加以保障。

在參與能力方面，政治參與與教育程度成正相關，從婦女的教育程度而言，戰後初期臺灣婦女從事政治活動，其教育程度普遍提升，已具備有政治參與的實力。在參與動機方面，是主要影響婦女參選比例不高的原因，如各縣市長選舉中無女性當選人即可證明；其原因在於社會觀念仍不鼓勵婦女問政有關，尤其是執政黨的支持與否佔重要地位。從歷年婦女參與公職競選的結果，凡能獲得執政黨提名，必能穩獲當選；反之黨外的婦女候選人參選態度較爲積極，如出身地方反對派政治勢力的家族，或是政治受難者的家屬，往往能引起相當選民的支持，不依賴婦女保障名額的優待，而以最高票當選，其競爭力不遜於男性。〔註 59〕

自臺灣實施地方自治以來，女性參政的歷史較男性爲短，女性在參政方面即受到憲法的保障，舉凡省議員、縣市議員、鄉鎮市民代表均設有婦女保障名額，此一規定在初期實施主要是提攜並鼓勵婦女參政。〔註 60〕因此，在中央或地方民意代表等多席次的選舉，因規定每四席中應有一席爲婦女保障名額，除鼓勵婦女積極參與選舉政治外，亦以此確保婦女的參政權。婦女保障名額固然有保障婦女參政權利，但也容易造成婦女保障名額的同性競爭，或其他相關問題產生，部分學者更認爲婦女保障名額制度落伍、欠缺公平性，

〔註 59〕梁雙蓮，〈臺灣婦女的政治參與現況與發展〉，頁 188～197。
〔註 60〕梁雙蓮，〈婦女與政治參與〉，收於姜蘭虹、徐正光，《性別角色與社會發展學術研討會論文集》（臺北市：國立臺灣大學人口研究中心婦女研究室，1980），頁 307～321。

建議廢除。〔註61〕婦女保障名額制度，無論是政黨提名或加入婦女團體參與競選，雖可代表婦女爭取權利，但實質上政黨或婦女團體組織提名時，可能考量政黨內部人事的佈局，並非眞正以女性參政權益爲出發點。反觀單一名額的地方縣市首長選舉，因當選人僅有一名，並無所謂保障名額限制，女性在與男性候選競爭下，解嚴後參與意願較戒嚴時期高，當選比例也隨之提升。

　　由歷屆女性縣長參選人及當選名單中可知，兩性在地方選舉的政治參與差異，大致有兩種可能，一爲資源能力的差異問題，二爲興趣意願取向的問題。女性政治參與程度若較男性爲低，則反映出女性無法參與，或是不願參與，兩者之間在政治參與的意涵和成因有所不同。一方面女性無法參與，在於缺乏政治參與所需要的資源條件，而資源條件往往取決於個人客觀的社會結構如政黨、派系，以及情境因素，個人的教育程度、收入、職業等社會經濟地位，也會影響個人可支配運用的政治資源，如公民參與所需的技能，可自由運用的時間，以及可投注於政治活動的經濟實力，進而影響個人政治參與的差異，女性正式因爲情境與結構因素的不利，而無法參與政治。另一方面，兩性政治參與的差異也來自女性本身的不願意，亦即個人或群體的認知態度問題，受到性別角色社會化的影響，使得女性在社會中轉化爲被動性的政治角色，對政治較無興趣或不願參與政治活動。〔註62〕

　　因此，在戒嚴期間黨外女性候選人，便具備較爲積極的參選動機及態度，但除了少數黨外婦女具有堅強的個人政治魅力獲得選民支持外，大多數的婦女參與政治，仍是出身地方反對派政治勢力的家族，或爲政治受難者的家屬，代夫出征等，而獲得民意的支持與同情，高票當選，婦女的地位仍爲從屬角色，爲戒嚴時期婦女參政的侷限。時至解嚴後，各項公職選舉活動眾多，婦女參與競選的人數比例也逐年增加，獨立自主、專業問政逐漸成爲女性參政者的主要特質。從黨國體制走向民主的過程，女性參政者逐漸擺脫過去的悲情、草根性、傳統女性等角色，並開始走向積極，具高度自主性，專業能力強，兼具柔性的特質，對於參政女性應主動擺脫過去從屬角色的限制，不再依附於男性的影子之下，成爲現代女性參政者當選的主要條件。

〔註61〕　不詳，〈扼殺婦女參政權悖離民主〉，《中國時報》，2006 年 8 月 15 日，雲林新聞 C2 版。

〔註62〕　楊婉瑩，〈政治參與的性別差異〉，《選舉研究》14：2（2007 年 11 月），頁 60
　　　　　～61。

第三章　許世賢與蘇洪月嬌參政背景比較

　　戰後臺灣婦女受到國家政府、政黨組織、報章媒體，以及知識份子的鼓舞，女性開始突破傳統意識型態觀念，逐漸走出家庭之外，參與公共政治事務。女性在選舉政治活動中，憑藉個人政治實力，逐漸嶄露頭角，女性參政的發展過程，應被放入大時代環境背景中討論，才能顯示其意義。另外，戰後臺灣不少婦女在參與政治方面有傑出表現，其個人的政治生命史研究，也代表戰後臺灣政治變遷中，國家政黨政策與女性參與角色的轉變，女性透過政治選舉活動，各自發展出屬於自我的政治舞台。隨著臺灣政治環境階段性的改變，以婦女參政的個案，作為比較的對象，可以瞭解戰後臺灣婦女參政在時代變遷中的角色與發展歷程。因此，挑選在政治參與方面具有傑出表現的婦女個案進行比較，將瞭解婦女實際參政角色的主體性與被動性，以及多元複雜的政治環境中，政治發展的同質性與參政類型的異質性。故本章將以許世賢與蘇洪月嬌兩位女性從政者作為比較對象，不同的出生年代、教育背景，以及政治際遇，進行政治參與類型理論與不同區域政治發展的比較，說明在戒嚴、白色恐怖、解嚴各階段不同時期的變遷發展，不僅牽動臺灣政治歷史的發展，也影響著兩位婦女個案在嘉義、雲林地方區域的個人政治生涯發展與轉變；然而兩位女性參政者豐富的參政經驗，並非依靠運氣，一步登天，相對應的是個案家庭出生背景支持及後天努力，一步一腳印所造就出來的成果，實為婦女參政的典範。

第一節　生平背景與政治理念

一、家庭背景與求學經歷

（一）許世賢：出身臺南望族

　　婦女參政個案的許世賢，臺南市人，生於 1908 年（明治 41 年）4 月 1 日，卒於 1983 年 6 月 30 日。父親許煥章爲前清秀才，母親陳富，家中排行次女，姊爲許壬癸，州立臺北第三高女畢業，兄許粲然。自幼修習古聖先賢詩文，漢文造詣極深。〔註1〕七歲進入臺南州立女子公學校（今臺南市成功國小）就讀，接受日本現代式教育。1920 年，考入臺南第二高等女學校就讀，成爲該校招收的第一屆臺灣女學生。在臺南第二高女求學期間，由於受到家學影響，其思想具有強烈之民族意識，對臺灣人被侮辱、扭曲之事特別敏感，也造就了她對一切不合理的事都要反抗的獨特性格。〔註2〕除此之外，許世賢更經常在學校校刊中撰寫文章，表現出個人思想；在同儕中，許世賢不僅學科成績優異，其個人獨特風格，亦成爲眾人欽慕的對象。由於許世賢受父親因病去世影響，自小立志當一位懸壺濟世，爲人除去病痛的醫生，1925 年許世賢以第一名優異成績自高等女學校畢業，便進入東京女子醫專就讀。〔註3〕日本求學期間，許世賢便已展現出對政治活動的濃厚興趣，課餘經常參加學校的辯論會，甚至更利用週末閒暇時，趕場聆聽日本各級議員選舉的政見發表會，觀察政治活動。〔註4〕因此，從醫專時代的許世賢，便可看出過人的才智與獨立思考的能力，並且對政治參與產生濃厚的興趣。

〔註 1〕日治時期以前，「孩童七、八歲時，皆入書房，蒙師坐而教之；先讀三字經或千字文，既畢，乃授以四子書，嚴其背誦，且讀朱註，爲將來考試之資」；日治時期以後，臺灣教育改施以日式殖民地教育，但一般人民私下仍暗中延請宿儒，利用原有之書院、書房等設施傳授祖國文化，因此幼齡孩童讀漢文者眾多。郭嘉雄，〈清代臺灣書院沿革初稿〉，《臺灣文獻》38：2（1987 年 6 月），頁 201～202。

〔註 2〕許世賢的抗議範圍甚至擴大到抗議老師教學不好。曾經因爲有位年紀大的日本老師，教歷史課一點也不起勁，許世賢便向校方抗議，請校長自己來教，使校方很頭疼。由於當時楠校長爲一明理之人，最後將該位歷史老師轉爲不擔任課程的教師。」潘立夫，〈許世賢當仁不讓〉，《政治家》24（1982 年 3 月），頁 8。

〔註 3〕黃玉珊，〈訪問張博雅：爲民服務，義無反顧〉，收於施淑青、蔡秀女編，《世紀女性‧臺灣第一》（臺北市：麥田出版社，1999 年 11 月），頁 167。

〔註 4〕林濁水，〈撤退就是投降：許世賢決心再爲嘉義市民服務〉，《政治家》20（1982 年 1 月），頁 20。

　　1930 年，回臺後於州立臺南醫院內科服務，擔任實習醫師；1932 年後，應兄長之請擔任德泰醫院院長，其後自行開設世賢醫院擔任院長，為臺灣早期少數的女醫師。〔註5〕1933 年，許世賢經由友人介紹，與同年齡的嘉義市醫師張進通結婚。〔註6〕婚後第二天，兩人隨即赴日本九州帝國大學醫學部附屬醫院攻讀博士學位，張進通於 1938 年獲得醫學博士學位；許世賢則攻讀藥理學、產科及婦科，於 1939 年獲得醫學博士學位，時年 31 歲，成為全臺首位女性醫學博士。由於當時兩夫婦皆獲得博士學位，因此素有「鴛鴦博士」之美譽。在日本九州帝國大學繼續鑽研醫學期間長女張貴英、次女張博英、長子張博彥相繼出生；而長子博彥不幸於 1939 年因病逝世，1941 年許世賢與夫張進通返臺，於嘉義市開設醫院，許世賢負責婦產科診療，夫張進通則負責內科，給予貧民免費施醫給藥，並以「二人為天，夫婦兩人同時執業行醫，為順天應人」，名為「順天堂」。〔註7〕因此，「順天堂醫院」成為許世賢日後懸壺濟世的地方，也是許家班縱橫地方政壇的發源地。1945 年，次子張博明早產出生，三天後夭折，由於長子、次子相繼過世，許世賢婚後共育有四女。

　　許世賢自日本習醫返臺期間，日人曾利用許世賢知名度欲招攬其擔任婦女保防防護團長，許世賢以堅決的態度拒絕；因此，從她在青少年時代，在思想上、情感上，和當時具有風骨的臺灣知識份子一樣，具有高度的民族意識。在日本修讀博士期間，已了解醫師出身的孫中山先生在中國以民主共和為號召，進行革命，深獲中國人的擁護，並獲得國際間極高的評價，許世賢也在此時孕育她醫人醫國的宏願，獲得博士學位返臺時，曾帶回一部三民主義及孫中山遺像，卻在海關檢查時被日本人沒收，而孫中山遺像則被懸掛在家中廳堂，孫中山學說便成許世賢日後在政治上的寄託。〔註8〕

〔註5〕嘉義市玉山文化協會編輯，《許世賢博士紀念集》（臺灣省嘉義市：財團法人張進通、許世賢文教基金會，1997 年 8 月），頁 6。

〔註6〕張進通 1908 年出生，嘉義縣溪口鄉人，生父母為張水、游菊，養父母為張禮、劉省、黃秋桂。當時人盛行收養子，主要是為自己本身從事危險工作；另一因素則是藉由投資他人兒子有傑出表現，而希冀自己兒子能跟進求學。1933年張進通自日本九州帝國大學醫學部畢業，同年即與許世賢結婚。施淑青、蔡秀女編，《世紀女性‧臺灣第一》，頁 161；吳文星，《日治時期臺灣的社會領導階層》（臺北市：五南圖書公司，2008 年 5 月），頁 148～152。

〔註7〕嘉義市玉山文化協會編輯，《許世賢博士紀念集》，頁 40。

〔註8〕李賜卿，〈悼念「媽祖婆」許世賢女士〉，《自由鐘》37（1983 年 8 月），頁 22～26。

（二）蘇洪月嬌：出生雲林北港

婦女參政個案蘇洪月嬌，1931 年 4 月 15 日出生臺南州北港郡（今北雲林北港鎮仁安里），卒於 2004 年 8 月 30 日。父親洪中土於戰後經營漢和料理店。〔註9〕自幼生長在富裕的家庭裡，從祖父時代開始，便草創雲林縣小火車交通事業，直到父親洪中土都不曾衰落，後來由於公路交通的興起才沒落。〔註10〕蘇洪月嬌在回憶早年家庭生活時，認為在她三十一歲以前，以及嫁入蘇家後，丈夫蘇東啟叛亂案尚未被判刑前，她根本不知道人間疾苦。〔註11〕由此可知，蘇洪月嬌家境富裕，可謂生長在養尊處優的環境中，婚前是一個與政治毫無淵源的家庭，極度受到父母的寵愛與教養；婚後，家庭生活和諧並與政治有高度關係。

1937 年，洪月嬌進入北港南陽公學校就讀（現為南陽國小），功課名列前茅，連年擔任級長。課餘之暇，與同學撿拾破銅爛鐵秤斤變賣後，將所得金錢全數交由老師做為國防獻金之用。畢業後，於 1943 年考取嘉義女子高等學校。〔註12〕當時該校有一風氣即是大部分畢業生非醫生不嫁，蘇洪月嬌則對醫學抱著極大的興趣，並無花費太多時間在交異性朋友上，生活中除了練習網球運動，代表學校參加比賽外，一切以升學為目標。1947 年蘇東啟自中國返回臺灣，當時蘇洪月嬌每日搭乘由祖父所創辦北港糖廠五分仔車通勤上下學，自雲林北港至嘉義上學途中與蘇東啟相識；而後因停駛，致使蘇洪月嬌每日改以徒步方式沿著鐵軌走四小時往返。

蘇洪月嬌對於婚姻很有自己的想法，不願意盲目結婚，儼然有舊時代新女性的觀念，再加上當時仍專心於課業，並未認真考慮過自己的婚姻大事。蘇洪月嬌對於婚姻的態度，一向不相信媒妁之言，相當排斥兩人看一眼就論及婚嫁的婚姻，也不相信天下除了醫生之外，沒有好男人。她心目中理想的對象，應該是兩人從相識、相知到相守，必須完全建立在互相了解的基礎上，

〔註9〕黃武雄，〈蘇洪月嬌女士事略〉，《國史館館刊》，復刊第 37 期（2004 年 12 月），頁 249。

〔註10〕不詳，〈蘇洪月嬌——飽經政治歷練〉，《政治家半月刊》29（1982 年 5 月），頁 6～8。

〔註11〕不詳，〈蘇洪月嬌——飽經政治歷練〉，《政治家半月刊》29（1982 年 5 月），頁 7。

〔註12〕陳儀深訪問、王景玲紀錄，〈蘇洪月嬌女士訪問記錄〉，《口述歷史——蘇東啟政治案件專輯（第 10 期）》（臺北市：中央研究院近代史研究所，2000 年 12 月），頁 16～17。

才進一步結爲連理。〔註 13〕不過，當時對於婚姻仍以媒妁之言、父母之命爲主，蘇洪月嬌認爲和蘇東啓的婚姻，是姻緣天註定。〔註 14〕兩人相識後，由於雙方均出身名望的家庭，蘇洪月嬌，在因緣際會下最後仍透過相親的方式，與長八歲的蘇東啓於 1949 年訂婚，〔註 15〕使得學校課程因此中斷，隔年兩人隨即結婚，蘇洪月嬌時年 19 歲。〔註 16〕婚後從夫姓並育有六名子女，分別爲蘇治灝、蘇治洋、蘇治芬、蘇治宇、蘇勳璧、蘇治原，蘇洪月嬌除照顧六名幼兒外，對於家庭生活瑣事事必躬親，打理一切日常事務，包括飼雞、養鴨、種菜等農作飼養，由富裕千金轉變爲傳統家庭主婦。

婚後的蘇洪月嬌中斷求學，但好學心使然對於吸收新知識與政治事務仍有極大的興趣，常跟隨蘇東啓參與地方選舉改進座談會，積極參與政治活動，受到夫婿蘇東啓影響極深。由於蘇東啓早年留學日本，畢業於日本中央大學法科，完成學業後奉派至日本駐泰國公使館擔任專員；抗戰期間，蘇東啓曾暗地經越北、雲南等重山峻嶺到達重慶，參與抗戰。抗戰勝利後，臺灣結束日本殖民統治，蘇東啓爲實現其服務鄉梓的抱負與理想，便離開行政長官公署秘書處事務科職位，〔註 17〕回到北港扶朝里家鄉管理田產。1947 年，被地方人士推介出而擔任北港鄉公所總務課課長；期間曾在李萬居的協助下，加入中國國民黨。他懷抱著對政治的熱情，在 1951 年，便投入參選第一屆雲林縣縣議員選舉，當時因受到婦女保障名額規定限制，蘇東啓得票數雖爲當選名額之內，最後仍因受到婦女保障名額的林蔡素女擠出當選名單而落選，首次受到民主政治選舉運動的洗禮。〔註 18〕

1953 年，蘇東啓繼續參選雲林縣議員選舉，因爲有了前次競選的經驗，再加上在地方上甚得民意，選舉結果以最高票當選。蘇東啓自第二屆當選雲

〔註 13〕陳儀深訪問，王景玲紀錄，〈蘇洪月嬌女士訪問記錄〉，頁 18～19。

〔註 14〕許純瑋，〈省議會時期的蘇洪月嬌〉，國立彰化師範大學歷史學研究所碩士論文，2010 年 1 月，頁 12。

〔註 15〕蘇東啓，1920 年出生於雲林縣北港鎮，父蘇老居，母蘇許閩，家中排行第七，高中畢業於東京關東中學，後於日本駐泰國大使館擔任口譯工作。蘇洪月嬌，《政治與我：省議會四年的回顧》（臺灣省臺北縣：四維公司，1981 年 10 月），頁 1。

〔註 16〕陳儀深訪問，王景玲紀錄，〈蘇洪月嬌女士訪問記錄〉，頁 17。

〔註 17〕臺灣省行政長官公署檔案載明蘇東啓以擅離職守之原因逕予解雇，《行政長官公署檔案》編號 066 冊，頁 52～58。

〔註 18〕吳嘉邦，〈我所認識的蘇洪月嬌〉，《政治家半月刊》13（1978 年 9 月），頁 45～46。

林縣議員後，連選連任至第五屆，直至蘇東啓案件發生被捕前，十餘年的縣議員政治生涯中，幾乎所有時間都用於排解民困與替選民奔波，由於蘇洪月嬌自幼即具備對公益事業服務的熱忱，每當蘇東啓無法負荷眾多又複雜的民眾請託案時，蘇洪月嬌便代替蘇東啓出面解決，〔註 19〕在排解地方民眾的請託案中扮演相當重要的角色。後因蘇東啓支持李萬居參選省議員，在其任內投票給李萬居，受到國民黨的壓制，因而退出國民黨，轉而加入青年黨。〔註 20〕蘇洪月嬌對於政治的參與受到蘇東啓影響，於 1958 年參加第六屆雲林縣北港鎮鎮民代表選舉，並藉由婦女增選名額當選，並連任第七屆，從此開啓其參政之路。1960 年蘇東啓以黨外身分與國民黨提名之林金生角逐雲林縣長，由於國民黨的操控選舉，蘇東啓獲得九萬多票，與當選人僅差 6,000 多票，仍然落選。〔註 21〕1961 年，蘇東啓因雷震案受到牽連被捕入獄，最後判處無期徒刑，蘇洪月嬌也因「知情不報」，遭判處近三年的有期徒刑。〔註 22〕出獄後的蘇洪月嬌更積極延續夫婿蘇東啓的政治理念，代夫從政先後擔任二屆雲林縣議員與連任四屆省議員。

　　由表 3-1 可知，許世賢與蘇洪月嬌均出生於日治時期，早年時期家境優渥，並受到良好的教育，往後在不同的家庭生活境遇與求學經歷開始分歧，許世賢 25 歲時與張進通結婚，婚後兩人偕同至日本九州大學進修，同爲醫生並具有博士學位的高學歷，回臺後於嘉義市開設診所，經濟無虞；反觀蘇洪月嬌 19 歲即因婚姻而中斷求學，夫婿蘇東啓爲從政者，蘇洪月嬌成爲蘇東啓的政治協助者，後因政治案件夫妻均被捕入獄，蘇洪月嬌出獄後扛起家庭經濟重擔。由此可知，許氏與蘇洪氏兩人不同的出生背景先後走上從政之路，分別代表不同的參政類型，許世賢其參政動機以組織婦女會作爲參政起點，是爲「代婦從政」類型；蘇洪月嬌則受夫婿蘇東啓參政影響，後因牽涉政治案件，因而「代夫從政」，兩者參政類型分屬不同女性參政角色。在家庭婚姻方面，許氏與蘇洪氏婚後各育有四女二男，反映舊時代傳統中多子多孫的觀念，但許世賢長子張博彥，則因病年幼過世，次子張博明亦於出生後三天內

〔註19〕 吳嘉邦，〈我所認識的蘇洪月嬌〉，頁 45～46。

〔註20〕 陳儀深，〈臺獨叛亂的虛擬與真實——1961 年蘇東啓政治案件研究〉，《臺灣史研究》10：1（2003 年 6 月），頁 143～144。

〔註21〕 蘇洪月嬌，《政治與我——省議會四年的回顧》（臺灣省臺北縣：四維公司，1981 年 10 月），頁 2～3。

〔註22〕 陳儀深訪問，《口述歷史——蘇東啓政治案件專輯》，頁 27。

夭折，故並無子嗣。因此，許世賢與蘇洪月嬌做為婦女參政的個案研究比較，在大時代環境背景中，看出兩者在參與選舉政治活動、個人政治理念主張、與家庭婚姻生活的積極態度與處理方式，反映出個人的生命奮鬥歷程。

表 3-1　許世賢與蘇洪月嬌參政比較表

	許世賢		蘇洪月嬌	
起迄年	1908.04.01～1983.06.30，肝癌病逝，享年 76 歲。		1931.04.15～2004.08.30，淋巴癌病逝，享年 74 歲	
學歷	臺南女子公學校 臺南州立第二高等女學校 日本東京女子醫專 日本九州帝國大學醫學博士		北港南陽公學校 臺南州立高等女學校	
經歷	嘉義市婦女會理事長 省立嘉義女子中學代理校長 三青團嘉義分團幹事		雲林縣北港朝天宮董事 總統府國策顧問	
參政類型	代表婦女從政		代替夫婿從政	
親歷事件	228 事件		蘇東啓案	
夫	25 歲與張進通結婚		19 歲與蘇東啓結婚	
省議會稱號	與李萬居、郭國基、郭雨新、吳三連、李源棧，合稱「五龍一鳳」		與黃玉嬌，合稱「南北雙嬌」	
政治家族	由許世賢建立的「許家班」		由蘇東啓建立的「蘇家班」	
家族延續	張文英、張博雅		蘇治洋、蘇治芬	
政黨屬性	國民黨→無黨籍		青年黨→無黨籍→民進黨	
子女	長女張貴英 次女張博英 長子張博彥（早逝） 三女張文英 四女張博雅 次子張博明（早逝）		長子蘇治灝 長女蘇治洋 次女蘇治芬 三女蘇治宇 四女蘇勳璧 次男蘇治原	
參選經歷	當選	制憲國民大會代表（第一候補） 嘉義市第一屆市參議員 第二屆臨時省議員 第三屆臨時省議員	當選	第六屆雲林縣北港鎮民代表 第七屆雲林縣北港鎮民代表 第六屆雲林縣議員 第七屆雲林縣議員 第六屆臺灣省議員

	（第一屆省議會）		第七屆臺灣省議員
	第二屆省議會議員		第八屆臺灣省議員
	第三屆省議會議員		第九屆臺灣省議員
	第六屆嘉義市長（縣轄市）		
	第一屆立法委員		
	（第1次增額）		
	第一屆立法委員		
	（第2次增額）		
	第九屆嘉義市長（縣轄市）		
落選	臺灣省參議員	落選	立法委員
	第一屆嘉義縣長		第十二屆雲林縣長
	第一屆臨時省議員		第三屆立法委員
	第六屆嘉義縣長		

資料來源：作者自行整理

二、民主政治理念與態度

（一）政治理念與言論主張

　　婦女參政個案中的許世賢與蘇洪月嬌，參與各項政治選舉活動，其個人之政治理念主張成爲其競選政見的主要利器之一。因此，兩人對於選舉均強調過程的公平、公開、公正。在個人言論主張方面，許世賢多於民意代表期間以提案發表爲主，因所處時代背景不同，較少有個人言論於黨外雜誌刊登；而蘇洪月嬌之個人言論，除於提案質詢外，再加上個人言論內容較爲激烈，常引發不少衝突，官司不少，個人言論及省政質詢內容常發表於各黨外雜誌。然探究兩者言論刊載篇幅差異如此懸殊，其原因在於許氏與蘇洪氏兩者言論刊載背景，一則代間差異，由於許世賢當時年齡已七十三歲，正邁入老年期，言論發表未如正值壯年期之蘇洪月嬌，使得黨外週刊言論刊載篇數少於蘇洪月嬌；再則與戒嚴時期言論出版自由遭到執政當局嚴格管制有關，許多黨外雜誌遭到查禁，言論自由也多受限制，除公開質詢提案，個人言論發表多遭箝制，而至戒嚴後期，人民多追求民主自由，黨外人士亦多有發表政治民主言論，致使解嚴前，黨外雜誌言論較戒嚴初期多。

表 3-2　許世賢與蘇洪月嬌言論刊載

作者	日期	標題	出處
許世賢	1980/03/25	美麗島高雄事件與軍法審判或司法審判	《這一代雜誌》17 期，頁 46
	1980/02/01	「臺灣地區公職人員選舉罷免法」試擬案	《亞洲人》1 期，頁 10
蘇洪月嬌	1978/02/01	我的看法與做法	《今日府會雜誌》1 期，頁 19
	1978/02/01	個人的一小步，臺灣民主的一大步	《今日府會雜誌》1 期，頁 20
	1981/11/10	我的見解與信念	《民主陣線》4 期，頁 54
	1982/05/15	爲爭人民福祉，看月嬌問政	《名人》2 期，頁 29
	1981/08/01	國中教師甄選的弊端	《自由鐘》13 期，頁 44
	1981/10/01	青少年犯罪與教育風氣	《自由鐘》15 期，頁 12
	1982/01/01	吐盡心頭血句句爲臺灣	《自由鐘》18 期，頁 65
	1982/04/01	當前教育問題癥結與改進之道	《自由鐘》21 期，頁 37
	1982/12/01	值得重視的道路問題	《自由鐘》29 期，頁 51
	1984/01/01	還給農民公道	《自由鐘》42 期，頁 21
	1984/01/01	爲確保人權進言	《自由鐘》42 期，頁 45
	1979/06/15	雲林政壇傳奇人物－－許哲男	《青雲雜誌》1 期，頁 55
	1979/07/15	嚴懲賣官鬻爵以整紀綱－－林務局人事升遷紅包，爲能有這樣的駭人聽聞乎？	《青雲雜誌》2 期，頁 28
	19790/8/15	陳情書	《青雲雜誌》3 期，頁 37
	1980/05/30	請制定一部高瞻遠矚的選舉法典	《青雲雜誌》7 期，頁 44
	1980/05/30	談議員的免責權－－就教於民政廳長	《青雲雜誌》7 期，頁 46
	1980/05/30	臺灣農業及林業問題的探討	《青雲雜誌》7 期，頁 49
	1980/06/30	建立穩健長遠的財稅金融政策	《青雲雜誌》8 期，頁 37
	1980/06/30	該是全盤檢討交通問題的時候了	《青雲雜誌》8 期，頁 47
	1980/0801	農民住宅貸款何以乏人問津	《青雲雜誌》9 期，頁 25
	1980/08/01	談百年樹人的大計與方針	《青雲雜誌》9 期，頁 37
	1980/09/15	消民怨，振人心！振衰起疲，此其時矣！	《青雲雜誌》10 期，頁 29
	1980/09/15	爲中華民族子孫百代打定基礎－－唯民主法治才是民族生存出路	《青雲雜誌》10 期，頁 41

1980/11/25	請拿出誠意來辦理選舉	《青雲雜誌》11 期，頁 38
1981/10/16	蓄意製造流言	《政治家半月刊》16 期，頁 13
1979/01/01	我們抗議，議員質詢權受到嚴重侵犯！！	《夏潮》34 期，頁 18
1983/01/10	為土銀貸款案嚴正聲明	《深耕》25 期，頁 46
1978/07/15	對新總統新內閣的期待	《這一代雜誌》11 期，頁 47
1978/10/15	臺灣不是苟安的避難所	《這一代雜誌》14 期，頁 38
1978/12/15	為增額中央民意代表選舉獻言	《這一代雜誌》16 期，頁 52
1980/03/25	對政府溝通的淺見	《這一代雜誌》17 期，頁 24
1984/10/15	只打黨外‧不打國民黨？	《發展週刊》9 期，頁 64

資料來源：慈林教育基金會典藏臺灣社運史料資料庫（2010.12.19）
http://chilin.lib.ntu.edu.tw/RetrieveDocs.php

　　由表 3-2 可知，兩人之個人言論風格差異極大，從各黨外雜誌中所整理出兩人言論發表之文章中，許世賢針對美麗島事件應給予司法審判或軍法審判發表個人看法，另一發表於《亞洲人》雜誌，則是以特載刊出「臺灣地區公職人員選舉罷免法」試擬案全文，許世賢除參與選舉將其個人政治理念發表於政見中，較少透過報刊雜誌刊登個人相關言論；相較於蘇洪月嬌言論，其內容除了為個人所引發衝突事件作解釋外，大致可分為省政質詢內容刊載，個人政治主張與見解、爭取農民權益、教育社會問題、言論免責權、選舉辦法等，主要發表刊載於《青雲雜誌》、《自由鐘》，以及《這一代雜誌》等黨外雜誌。由於蘇洪月嬌個人言論常訴諸黨外報刊雜誌，因此建立起個人政治界知名度，但也因此成為報章媒體的評論對象。

　　另一方面，針對許世賢與蘇洪月嬌所刊載的言論內容中，大部分以選舉問題為主。在臺灣，選舉是實現民主政治的不二法門，許世賢認為選舉雖實行已久，但由於民主素養不足，當時並未訂出一部符合「堅守民主陣容」所應有的選舉罷免法。由於許世賢曾參與多次的地方及中央選舉，對於選舉過程所產生的弊端極為瞭解。因此，許世賢將其個人所累積的選舉政治實務經驗付諸行動，在擔任立法委員期間，以個人本身參與政治選舉的經驗，並考察當時社會現實的需要，與黃順興、康寧祥兩位黨外立委，針對選舉罷免法提出一份具體可行的「臺灣地區公職人員選舉罷免法試擬案」。〔註23〕

〔註23〕 許世賢、黃順興、康寧祥，〈臺灣地區公職人員選舉罷免法試擬案〉，《亞洲人》
　　　　 1：1（1980 年 2 月），頁 10。

　　由於當時的政治體制無法迎合時代的需要，相對於中央民意機構的政治功能和政治活力受到限制，以及省縣自治通則遲遲無法通過，使得地方自治缺乏法律基礎。許世賢認爲在當前的政治環境中，亟需訂定一部能爲全民所遵循的選舉罷免法，在顧及憲法尊嚴的前提下，符合民主潮流與客觀需求兩原則下，根據實際的政治選舉經驗，以及與法學專家基於學理的討論，提出選舉罷免法試擬案，由該案的提出便可瞭解許世賢歷年參與選舉的政治理念與作風，試擬案總計十六項要點說明，如表 3-3。

表 3-3 「臺灣地區公職人員選舉罷免法」試擬案要點說明

1	取消候選人資格檢覈、最高年齡之限制，只作最低年齡之限制
2	設立全國性主管選舉罷免監察之常設機構，由各政黨及無黨派人士共同組成委員會，任何政黨所屬委員不得超過半數，委員須超出黨派之外，依法公正執行選舉罷免監察事務。
3	兼有婦、職團體選舉權及區域選舉權者，除於投票日前三十日向其所屬團體聲明參加各該婦、職團體選舉外，應參加區域選舉。
4	選舉人名冊及領票簽章情形，候選人得請求影印。
5	候選人除規定現役軍人、警察、辦理選舉事務人員不得聲請登記外，不限制學生在內。
6	選區之劃分或調整變更由各級選舉罷免委員爲之，並送立法院、省、市議會通過。
7	放寬選舉活動時間，並按各級選舉之性質訂定明確的競選活動期限。
8	提供公共場所作爲候選人私辦政見發表會之用。
9	擴大公費選舉部分，提供電視、廣播、報紙給各候選人作政見發表。
10	大眾傳播工作刊載或播放選舉報導及評論之自由不得受到任何個人或機關團體之妨害但大眾傳播工具亦不得濫用自由，妨害選舉之公正。
11	各政黨及無黨派之政治團體若能推舉各該項選舉應選名額十分之一以上之候選人者，得申請設置聯合競選辦事處及助選員，以政黨或政治團體名義舉辦競選活動，同一政黨或同一政治團體之候選人得互相助選。
12	每一個投（開）票所監察員由各政黨及無黨派候選人就選舉人名冊中，選任一人派任之。
13	選舉人投票採用電子投票機方式或圈選選票投入投票箱的方式，惟投票箱應以透明材料製造，並置於監察員都能看到的地方。
14	罷免程序透明化，對提議、連署、主辦機關、審核程序均作詳細規定。
15	軍公教人員、新聞從業人員非法助選或妨害選舉有明確之罰則規定。
16	選舉、罷免訴訟改爲二審終結。

資料來源：許世賢、黃順興、康寧祥，〈臺灣地區公職人員選舉罷免法試擬案〉，《亞洲人》1：1（1980 年 2 月），頁 10～11。

　　其中第一項「取消候選人資格檢覈、最高年齡之限制，只作最低年齡之限制」。許世賢在參與嘉義市長連任時，曾遭以行政命令加以限制，於此建議取消最高年齡限制，所持的理由爲：「過去選舉法規定訂候選人最高年齡、學歷限制皆屬違背憲法，現今教育普及、民智開化，學歷限制已無必要」〔註24〕；再者，第二項提及「設立全國性主管選舉罷免監察之常設機構，由各政黨及無黨派人士共同組成委員會，任何政黨所屬委員不得超過半數，委員需超出黨派之外，依法公正執行選舉罷免監察事務」，許世賢認爲唯有如此，才能確保選務工作的超然公正，杜絕黨政機關干預選舉的弊端。〔註25〕

　　當時擔任省議員的蘇洪月嬌也爲此提出「請制定一部高瞻遠矚的選舉法典」，由於當時選舉罷免法正在立法院熱烈的審議中，成爲全國民眾所關注的焦點問題，蘇洪月嬌認爲身爲立法者，應秉持著爭千秋不爭一時的高瞻遠矚理念，爲未來百年民主大計建立紮實的根基。更進一步指出自 1949 年中央政府退守臺灣，再加上動員戡亂戒嚴時期的實施，中央民意代表本身大部分都沒有實際參與選舉，而且本身又不必接受所立之法的約束，〔註26〕造成選舉罷免法案錯誤漏洞百出，使得選舉過程失去公平正義性，因此堅決提出選舉罷免法的修正案。爲此，蘇洪月嬌以多年的參政經歷，針對選舉罷免法，提出十項意見建請省政府反映給立法院。其中第一點「動員戡亂時期公職人員選舉罷免法草案分爲七章，共一百十一條。但此一作爲政治競賽規則的選舉罷免法，必須要切合比賽的實況，能不偏不倚的執行裁判的工作，始能實現眞正公平、公正、公開的選舉」、第四點「主辦指揮監督全部一手包辦，失去了超然性原則，應該組成一個包括學者和社會公正人士在內的超然、公正，不受任何政治干預的選舉罷免主辦機關，以達成在野人士共同的心願。而青年黨於民國四十六年便已提出此項要求。」，內容提及選舉過程之透明化，最後更於第十點提出「省長和直轄市長也應列入選舉罷免法規，以視公正」。〔註27〕由此可知，許世賢與蘇洪月嬌所提出選舉罷免法個人的意見，均是奠基於歷

〔註24〕許世賢、黃順興、康寧祥，〈臺灣地區公職人員選舉罷免法試擬案〉，《亞洲人》1：1（1980 年 2 月），頁 10。

〔註25〕許世賢、黃順興、康寧祥，〈臺灣地區公職人員選舉罷免法試擬案〉，頁 10～18。

〔註26〕蘇洪月嬌，〈請制定一部高瞻遠矚的選舉法典〉，《青雲雜誌》7（1980 年 5 月），頁 44～45。

〔註27〕蘇洪月嬌，〈請制定一部高瞻遠矚的選舉法典〉，《青雲雜誌》7，頁 45。

年多次的參政經驗，尤其在動員戡亂時期，中央民意代表無法定期改選之際，兩者分別擔任中央與省級民意代表，許世賢於立法院中實際參與立法，而蘇洪月嬌則在省議會發揮監督政府職責提出建言，對於選舉各自以親自參與的實際經驗，爭取人民權益，兩人分處不同層級之民意代表，所提出的個人政見與主張卻有相同之處，認爲選舉必須公平、公正、公開，否則不僅不能達成民主政治的目標，反而可能造成社會的動盪不安，成爲共通的政見與主張。

隨後，於 1980 年 5 月 14 日公佈實施〈戡亂時期公職人員選舉罷免法〉，取消在 1971 年（民國 60 年）臺灣省各縣市公職人員選舉罷免規程的修正對公職人員年齡限制之規定，此一法令爲針對郭雨新與許世賢兩人年齡均已超過六十一歲而欲競選縣市長所頒佈的行政命令，此一新法頒佈，也使得日後許世賢屆齡七十四歲能由立法委員身份再度回到嘉義，參選第九屆嘉義市長選舉，以完成十年前因年齡限制未能連任之心願。〔註28〕

（二）政治態度

1、許世賢：積極參與選舉

許世賢參與多項中央與地方選舉，自認是經常落選的人，也常安慰落選的女性候選人，並將個人參政的主要政見與主張，予以實際立法加以實行，而影響其他女性參政者。許世賢認爲「做民意代表不應該分階級，雖然我做一個省議員、立法委員，也是和一個普通百姓一樣，民眾的要求就是我的要求」。〔註29〕此外，許世賢以本身積極參與選舉的經驗，鼓勵女性參政，認爲：「我也不是常勝的候選人，我的女兒每次出來選也都一再落選，爲了臺灣的民主，我就是戰鬥到死，也要不斷地競選」。〔註30〕因此，許世賢的個人政治作風，即是時常鼓勵後進積極參與選舉，認爲選舉的「勝敗是運氣，兵家常事，用不正當的手段當選，不值得人尊敬、羨慕。」、「我一生競選，一定是不靠買票，都是平時服務的成績來爭取，當選是選民贊同我，落選是選民認爲我努力不夠。」〔註31〕對於選舉，許世賢始終遵守不買票、不賄選，公平、

〔註28〕 紀展南，《嘉義媽祖婆──許世賢傳奇》（嘉義市：張進通許世賢基金會，2007 年 6 月），頁 316～317。

〔註29〕 蘇洪嬌娥口述、吳怡然紀錄，〈許世賢──臺灣地方自治史上的女強人〉，《民主人》12（1983 年 7 月 16 日），頁 14～15。

〔註30〕 蘇洪嬌娥口述、吳怡然紀錄，〈許世賢──臺灣地方自治史上的女強人〉，《民主人》12，頁 14～15。

〔註31〕 蘇洪嬌娥口述、吳怡然紀錄，〈許世賢──臺灣地方自治史上的女強人〉，《民

公開、公正原則參選，許世賢曾言：「十元、百元不貪，不算不貪；千元、萬
元不貪，也不算不貪；百萬元、千萬元不貪，才算眞正不貪。……假如有人
跟我說：這是秘密，我告訴你，你不要告訴別人；我便回說：如果這是秘密，
你就留著，不要跟我說」。〔註32〕許世賢個人的政治作風，從其一生所謹守的
名言便可以瞭解，許世賢以服務地方與清廉的形像獲得選民選票的認同及地
方民眾的信任。許世賢的政治主張從其問政的質詢內容便可清楚瞭解，以1975
年12月許世賢競選連任增額立法委員爲例，她強調是受選民託付，爲民喉舌，
提出競選政見，內容包括：（1）恢復聯合國會員籍以確保國際地位；（2）國
家外交與國民外交；（3）起用臺籍人才；（4）打破特權，實施民主政治；（5）
多用臺語，電臺及電視新聞應使廣大人民瞭解全意；（6）政黨法：早日立法
或通令實施；（7）省縣自治通則：立法以重憲法；（8）失業保險：以保社會
安全；（9）農會法：漁會法：重新修改以重民權；（10）農產物保證價格（包
括果蔗谷）以安農民並利外匯。〔註33〕從其競選政見及其當選後所提出之質
詢，針對第四、六、七點，許世賢指出作爲立憲民主國家，政府及人民應該
依照憲法規定辦理，以維護國家法治體制；然而在現行的體制，似乎無法全
面改選在中國大陸行憲時代所選出的中央民意代表，因而導致全國民眾爭相
指責。許世賢認爲「在臺半年以上居住者，均以爲當地選民及有被選舉之規
定，如此法規爲何不能施行中央級民意代表，永不改選似乎說不通，請當局
要鐵面無私，實行憲法之立意，不要對人不對事，以護國家之健全良好制度
以符民意」。〔註34〕顯見許世賢認爲良好健全的國家應以民意爲基礎，而人民
應有集會結社之自由，因而提出民主政治應重政黨政治，而政黨法應有早日
立法之必要。許世賢建議：「因我國以『戡亂時期』禁止人民集會之自由，若
無政黨法立法施行，人民組黨即違法，爲之當局看法如何？合法組黨，比違
法集團在管理上有法源根據」，〔註35〕認爲政府應制訂政黨法來合法組黨，以
代替人民違法集會，在民主政治上制衡關係或外交，內政改革，必能發揮其
作用，對國家有利並無損失，對民主政治必有好處，對民主政治宣傳上亦有
利於國家地位。另一方面，許世賢強調選舉的民主性，不僅在於其制度化與

主人》12，頁14～15。
〔註32〕紀展南，《嘉義媽祖婆──許世賢傳奇》，頁341。
〔註33〕紀展南，《嘉義媽祖婆──許世賢傳奇》，頁271～276。
〔註34〕紀展南，《嘉義媽祖婆──許世賢傳奇》，頁272～273。
〔註35〕紀展南，《嘉義媽祖婆──許世賢傳奇》，頁273～274。

法治化，也強調其性別的公平化，因此由許世賢歷年參與的選舉活動而言，不僅以身作則，實際參與各項中央及地方政治選舉活動，更引領女性，鼓舞參與，成為女性參政的先驅模範。

2. 蘇洪月嬌：爭取基本人權

蘇洪月嬌認為憲政是民主政治的具體形式，世界尚未有民主國家而不行憲政之事，而公正的輿論則是一個社會不能缺少的，不能沒有批評和要求改革的力量，這是維持一個社會健康與和平改革不可或缺的力量。再加上民意代表需有群眾性，應以超越黨派地域的界線，以民眾的利益為國家利益，多數人的意見才是國家政策為優先考量。因此，提出六項政治理念，包括：（1）實行憲政；（2）促早日解除戒嚴令，堅決主張保障人權；（3）公正的輿論；（4）正視社會缺點；（5）民意政治；（6）尊重我們的新生代。〔註36〕蘇洪月嬌更將其個人政治理念付諸行動，參與第六屆省議員時，填寫選舉公報時，揭櫫其政治理念於競選精神中，其內容主張：〔註37〕

1. 促早日解除戒嚴令，堅決主張保障人權。

2. 青年一代的價值已超越了黨派、地域的界限，而是更超然的理想和道德，偏窄的黨性已經不再能有效的拘束追求更高境界的新生代。

3. 一個社會不能缺少公正的輿論，不能沒有批評和要求改革的力量，這是維持一個社會健康進步與和平不可或缺的動力，沒有它，社會必然僵化，政府必然腐化，接踵而來的整個局面，也必然惡化而難以收拾。

4. 一個努力於掩飾社會弱點的人，絕不是一個真正的愛國者。

5. 黨和政府是根據民眾的意見來辦事，而不是要民眾聽黨的指示來辦事。

蘇洪月嬌認為在民主政治和確實反映民意的前提下，發揮民意代表責無旁貸的權力和義務，要確實走入群眾，代表群眾為群眾講話，尤其是在選舉期間更深切體認到近二十年來，民意代表鑑於國難當頭，力謀與政府合作，呈現府會一家親的現象，降低了民意代表監督政府的職權，無法收到民主政治的實效，民意代表是政府與人民之間的橋樑，必須要有群眾性，建議政府應重視民意。再者，蘇洪月嬌發現普遍接受九年國民義務教育的新生代出現，

〔註36〕蘇洪月嬌，〈我的看法與作法〉，《今日府會雜誌》1（1978年2月1日），頁19。

〔註37〕蘇洪月嬌，《我的奮鬥》（臺灣省雲林縣：作者自印，1978年12月），頁12～13。

使得傳統的派系觀念被打破，鼓舞了人民心中的民主意願，而爲了尊重身爲國家主人翁的人民意願，國民黨應徹底實行民主政治，早日解除戒嚴，加速實行憲政的腳步，並建立公正的輿論，提倡民意政治，認爲只有人民的利益才是國家的利益。因此，蘇洪月嬌爲追求社會之公平正義，建議（1）促請政府降低田賦，加速農村建設，促進農業現代化；（2）促進政府將「計畫收購」改採「收購計畫」以解農困；（3）由勞保擴大爲實施全民醫療保險，以照顧低收入者的生活；（4）都市與鄉鎮的發展，促請政府等值重視；（5）恢復就業考試，促進機會平等；（6）建設廢除無限期向用戶徵收電錶水錶租金；（7）早日完成公正無偏祖的選舉立法。由其選舉公報中的建議，可瞭解蘇洪月嬌對於地方建設、農村發展，以及選舉制度極爲重視，不僅在參選時提出政見，更於當選後歷屆省議員質詢或提案中，極力推展呼籲政府重視人民權益之相關事項。

第二節　參政動機與型態

一、許世賢參政動機

（一）籌組婦女組織：代表婦女從政

　　許世賢與夫婿張進通自日本返回臺後，於嘉義市自行開設順天堂醫院。戰後，許世賢將對祖國的情懷與對孫中山的景仰結合，加入國民黨，一展在政治上的抱負。以許世賢而言，戰後加入國民黨，她認爲：「國民黨是孫中山先生創立的，他的思想基礎是三民主義，所以加入國民黨是很自然的事」〔註38〕1946年2月3日嘉義市婦女會成立，許世賢擔任秘事長，爲臺灣最早成立的地方性婦女團體，成爲她參政的第一步，許世賢回憶最初組織婦女會過程，提及：

> 關心政治是知識份子的普遍現象，我並沒有想到自己也會站到第一
> 線來參政；這應該從嘉義市婦女會的組織開始談起，嘉義市婦女會
> 是臺灣第一個先成立的婦女會，在日本投降的第二年，民國三十五
> 年二月三日成立。我在大家的敦促之下組織起來的，成立後我擔任
> 秘書長。〔註39〕

〔註38〕林濁水，〈撤退就是投降：許世賢決心再爲嘉義市民服務〉，《政治家》20（1982：1/1），頁21。
〔註39〕林濁水，〈撤退就是投降：許世賢決心再爲嘉義市民服務〉，《政治家》20，頁21。

當時剛成立不久的嘉義婦女會，面對的是存在已久的不合理社會制度和現象，例如公私娼問題、家庭暴力問題等，許世賢認爲婦女如果沒有職業訓練擁有一技之長，或是接受良好教育，就無法在社會謀生，無謀生之力，就無經濟來源，家庭地位低下，無法完全獨立自主。〔註40〕因此，嘉義市婦女會宣導建議女性要接受教育習得一技之長，更建議政府廢除公娼，以及不合時宜的社會制度，並安排適合工作使其獨立生活自主。

　　1946 年 5 月 16 日，臺灣省黨部舉行省婦女會成立大會，許世賢擔任該會常務理事並代表嘉義市婦女會出席。隨後又兼任嘉義縣選舉監察小組，擔任召集人。1951 年 1 月 12 日於今嘉義市中央圓環噴水池旁的嘉義縣黨部舉行嘉義縣婦女會改組成立大會，許世賢被推選爲理事長，領導嘉義地區女權運動的推展工作。由於憲法規定婦女具有保障名額，當時嘉義縣議會獲得五名女性議員的保障名額，許世賢極力鼓吹嘉義縣婦女界參與競選縣議員，但卻只有四名女性願意參加，許世賢認爲女性應積極參與政治，以提升女性之權益與地位。對於當時擔任民政廳長的楊肇嘉所言：「虧你一直在爭取女權，五個婦女保障名額要給妳們，妳們竟然只有四個出來……」，〔註41〕爲此許世賢以親自競選第一屆嘉義縣長作爲示範，許世賢以超越時代的思維與突破傳統觀念的作風，宣示女性是可以競選縣市長。

　　1951 年 10 月 23 日，嘉義縣婦女會召開理監事會議，一致推舉理事長許世賢參選第一屆臨時省議員選舉，由於是間接選舉，再加上許世賢堅持不買票的作風，而落選。自 1950 年至 1957 年許世賢連續擔任第一屆至第三屆嘉義縣婦女會理事長，許世賢在擔任婦女會理事長期間，除積極推展婦女運動與爭取女性權益外，更率領婦女會會員投入敬軍服務行列，〔註42〕並舉辦手藝講習班、洋裁講習班與烹飪訓練班，鼓勵女性參與地方工作與活動，習得一技之長，奠定嘉義地區婦女地位與參政的基礎。〔註43〕其夫婿張進通則於 1952 年 12 月，擔任中華民國紅十字會臺灣省分會嘉義縣支會長，〔註44〕兩夫

〔註40〕紀展南，《嘉義媽祖婆──許世賢傳奇》，頁 92～93。
〔註41〕紀展南，《嘉義媽祖婆──許世賢傳奇》，頁 153。
〔註42〕黃天福，〈敬悼許故市長世賢博士〉，《鐘鼓鑼》1：7（1983 年 7 月），頁 1；嘉義市玉山文化協會編輯，《許世賢博士紀念集》，頁 23～26。
〔註43〕紀展南，《嘉義媽祖婆──許世賢傳奇》，頁 154～156。
〔註44〕48 趙璞、林家駒主修，賴子清、賴明初纂修，《嘉義縣志・卷三政事志》（臺灣省嘉義市：嘉義縣政府，1981 年 11 月），頁 158~159；民國四十六年，張進通、張錦燦、廖學智、簡興外等十一人，發起重新組織「嘉義縣張廖簡姓

婦對於地方事務的關心不餘遺力。

　　1945 年 11 月 2 日臺灣省行政長官公署派韓聯和擔任臺南州接管委員會主任委員；11 月 8 日，公署頒發〈臺灣教育接收辦法〉，規定對各級學校校長教員儘量考選本省人士擔任，許世賢因此被聘爲省立嘉義女子中學校長，負責接收事宜，〔註 45〕正式奉派接收省立嘉義女子中學執掌校務，〔註 46〕於任內創辦高中部，奠定日後嘉義女中的基礎，足以顯示許世賢的行政處理能力。〔註 47〕嘉義女中的接收順利，足以展現許世賢的行政才華及民主作風，另一方面也可瞭解到許世賢個人的感召力及說服力，足以動員地方資源。因此，許世賢由地方婦女會組織開始從政之路，認爲男女生而平等，不應受到不該有的歧視，努力爭取女權，鼓勵女性要參與政治活動，要參政才能提高婦女權益，〔註 48〕除鼓勵女性參與政治外，個人本身也親自參與政治選舉，以女性身份爲婦女代言發聲，實屬代表婦女從政之參政類型。

（二）參政經歷

　　許世賢從政經驗豐富，由地方到中央民意代表，進而回歸地方擔任行政首長，深耕嘉義市，其參與選舉的經驗，不僅代表個人的參政勇氣，也間接鼓舞婦女積極參政的動力。許世賢早期於 1946 年 1 月臺灣開始實施地方自治之際，許世賢便開始投入縣市參議會和鄉鎮長選舉，其選舉方式採間接選舉舉行，1946 年 3 月 24 日許世賢以一女性身兼醫師、博士、校長等頭銜，順利當選爲嘉義市參議員，與邱鴛鴦同時成爲嘉義市女性參議員，但因「縣參議

宗親會」，於翌年正式成立，並由張進通擔任理事長。趙璞、林家駒主修，賴子清、蔡水震纂修《嘉義縣志・卷二人民志》（臺灣省嘉義市：嘉義縣政府，1980 年 8 月），頁 175～176。

〔註45〕除許世賢被推薦爲嘉義女中校長外，黃文爲嘉義中學校長，劉傳來爲嘉義農校校長。趙璞、林家駒主修，賴子清纂修，《嘉義縣志・卷十光復志》（臺灣省嘉義市：嘉義縣政府，1978 年 5 月），頁 300。

〔註46〕臺灣省行政長官公署公報，春字號 35.02.13，頁 7；根據《重修臺灣省通志・卷六文教志學校教育篇》記載，自 1945 年 12 月至 1946 年 4 月，許世賢接收代理嘉義女中校長期間，其後由杜宇飛接任校長一職。劉寧顏總纂，李雄揮、程大學、司琦編纂，《重修臺灣省通志・卷六文教志學校教育篇》（臺灣省南投縣：臺灣省文獻委員會，1993 年 4 月），頁 645。

〔註47〕吳錦明、沈豐茂主修，邱奕松纂修，《嘉義縣志・卷四教育志》，頁 395；潘立夫，〈許世賢當仁不讓〉，《政治家》24（1982：3/1），頁 9。

〔註48〕紀展南，《嘉義媽祖婆——許世賢傳奇》，頁 92。

員選舉條例」明文規定公職只能擇一而任，〔註49〕許世賢便放棄嘉義女中校長的職務，38 歲正式走入政壇成爲嘉義市參議員，推動地方事務改革與幫助婦女解決困難，從此建立地方政治的民意基礎。

　　1946 年 4 月 15 日臺灣省參議員選舉在嘉義市部分，分配名額爲一名，參與候選人數則有十六人，許世賢與夫婿張進通亦同時登記爲候選人，最後由劉傳來當選，黃文陶爲嘉義市第一候補。此次選舉許世賢雖未當選，但就實質意義而言，不僅身爲女性市參議員參與選舉競爭已屬難得，對於戰後臺灣政治民主化發展過程，在婦女方面更具有示範作用。5 月 16 日，許世賢代表嘉義市婦女會，參加臺灣省婦女會成立大會並擔任執行委員；〔註50〕10 月 31 日制憲國民大會代表選舉，許世賢登記參選臺灣省婦女團體代表，選舉方式採間接選舉，最後由謝娥以二十四票當選爲制憲國民大會婦女代表，許世賢僅以四票當選爲第一候補。〔註51〕然而，對許世賢而言，臺灣省參議員選舉的落選與制憲國大代表的失利，並未帶來太大的衝擊，反而使許世賢在嘉義市參議員中，奠定地方民意的基礎與從政決心，在日後臺灣的中央及地方各項公職選舉中，均可看見許世賢積極爭取席位的表現。

　　1947 年 2 月 27 日，專賣局官員因查緝私煙而導致「二二八事件」的發生。事件發生時，許世賢身爲市參議員受民眾所託付，和潘木枝、陳澄波等多位嘉義市參議員，赴嘉義水上機場進行多次談判，並向政府提出要求，卻反遭當局歸罪爲無理要求。〔註52〕在鎮壓過程中，不少參議員因此而遭到槍決，許世賢則前往機場談判時死裡逃生，據和她同時擔任市參議員的賴淵平夫人邱鴛鴦女士回憶說：「當時參議員曾組團去機場和駐軍談判，見情況不好，同時有一位曾受到許世賢恩惠的外省人遞給她一張紙條，通知她趕緊逃命，許

〔註49〕在該條例第二條規定：「現任本縣區域內之公務員，停止其被選舉權，惟各級公立學校校長不適用」；但於補充說明中註十五規定：「公立中小學校校長，受有俸祿，爲公務員，雖得當選爲縣參議員，仍應擇一職，不得兼任」，另第三十九條規定：「省轄市參議員之選舉，准用本條例之規定」。歐素瑛主編，《戰後臺灣民主運動史料彙編（五）：地方自治與選舉》（臺灣省臺北縣：國史館，2001 年 12 月），頁 27、30、42。

〔註50〕紀展南，《嘉義媽祖婆──許世賢傳奇》，頁 93。

〔註51〕李筱峰，《臺灣戰後初期的民意代表》，頁 37～38；當時許世賢亦登記區域候選人臺南縣區（轄臺南縣、臺南市、嘉義市），該選區初選候選人共十八名。臺灣省行政長官公署秘書處，《臺灣省行政長官公署公報》冬字，頁 431。

〔註52〕謝德錫，〈醫界女傑·政壇英雄：許世賢〉，收於財團法人臺美文化交流基金會，《島國顯影》（臺北市：創意力文化公司，1995 年 7 月），頁 303。

世賢才倖免於難」。﹝註53﹞許世賢連夜攜幼女張博雅避難外地，﹝註54﹞自此消聲匿跡一段時間後，才又再度復出。

1951 年 4 月 15 日許世賢競選嘉義縣長，成爲臺灣首位女性縣長候選人。此次的縣長選舉，曾有人譏諷她：「女性不可能選縣長」，許世賢在毫無準備的情況下出馬競選證明女性也可以選縣長。最後由林金生當選爲嘉義縣首屆民選縣長，許世賢雖參選失敗，但她卻證明了男女有平等參選的權利。﹝註55﹞11 月 18 日競選第一屆臨時省議會議員，雖未當選，但許世賢始終堅持「不作弊、不賄選」理念。﹝註56﹞除此之外，許世賢更常在婦女會鼓勵婦女出來參選，她說：「英國有一個人，不論選什麼都出來選，只要臉皮裝厚一點，落選也不要緊」﹝註57﹞，成爲許世賢所堅持的政治抱負。

另外，許世賢除積極參與政治活動外，對於地方醫療救濟亦不遺餘力，亦於順天堂醫院，免費爲貧苦病患醫治，除捐錢救濟病人外，外出義診更不計其數，許世賢曾言：「我的病院……，不是賺錢的醫院，都是半服務性質。我嫁到張家，雖然自己是醫生，爲了政治，很少爲張家賺錢，反而花了不少錢，……」﹝註58﹞，對於醫療許世賢秉持著仁心仁術的精神，尊重人身的尊嚴與生命權，無分男女老幼貧富貴賤，絕不放棄任何救治的機會，一人身兼婦女會理事長、嘉義市參議員、順天堂醫院副院長角色，排解地方政治及醫療事務，﹝註59﹞而贏得地方民眾給予的「嘉義媽祖婆」稱號，其女張博雅回憶嘉義市民對許世賢媽祖婆稱譽的由來：「媽祖婆的名稱在十幾年前就有人這麼稱呼，也是是基於體會到先母（許世賢）對人情事裡一向公正無私、慈悲

﹝註53﹞ 潘立夫，〈許世賢當仁不讓〉，《政治家》24（1982 年 3 月），頁 10。

﹝註54﹞ 根據筆者於 2001 年 3 月 24 日訪問紀展南醫師（許世賢女兒張博雅之夫婿），紀醫師表示當天許世賢前往談判並未進入，隨後某情治單位人員因得知消息，乃通知許世賢緊急逃離，此人因感念曾受許世賢恩惠不忍其喪命而秘密通知，事後便帶著年僅六歲念幼稚園的張博雅逃到臺北寄住旅館，而當時曾一度住在警政單位（不詳）附近，據表示當時許世賢是基於警政單位不曾料想她會有如此大膽的作法。

﹝註55﹞ 臺灣新文化服務社編，《臺灣省首屆民選縣市長暨縣市議員特輯》（臺北市：臺灣新文化服務社，1952 年 3 月），頁 232；黃嬰，〈許故市長懷思錄〉，收於臺灣省文獻委員會採集組主編，《耆老口述歷史（17）：嘉義市鄉土史料》（臺灣省南投縣：臺灣省文獻委員會，1997 年 7 月），頁 282。

﹝註56﹞ 謝德錫，〈醫界女傑‧政壇英雄：許世賢〉，頁 303。

﹝註57﹞ 謝德錫，〈醫界女傑‧政壇英雄：許世賢〉，頁 303

﹝註58﹞ 蘇洪嬌娥口述、吳怡然紀錄，〈許世賢——臺灣地方自治史上的女強人〉，頁 15。

﹝註59﹞ 紀展南，《嘉義媽祖婆——許世賢傳奇》，頁 107。

爲懷，懸壺濟世，堅守公是公非的做事原則，市民對先母的信心變成信仰，因此有此稱呼」。〔註60〕由此可知，許世賢在順天堂醫院的善行義舉，以及擔任嘉義市參議員爲民喉舌，不僅贏得地方上的尊稱，也奠定日後在地方選舉上的民意基礎。

　　1954年第二屆臨時省議會議員選舉，許世賢參加競選，此次的選舉改採普選方式，許世賢得以順利當選。自此之後，許世賢成爲省級地方民意代表，爲民喉舌，在擔任省議員期間，質詢時不畏威權的言論主張，使得許世賢在連續三屆的省議員選舉中，獲得選民的肯定與支持，也證明了她所堅持的理念是正確的，並積極參與日後各項選舉活動。從表3-4可知，許世賢對於政治具有高度的參與興趣，屢敗屢戰，累積豐富的選舉經驗，不僅豐富了個人的政治生涯，其積極參與政治選舉的程度，也成爲臺灣女性參政良好的典範。許世賢由醫師角色轉而參與政治，實現個人政治抱負；從政前先充實自己具備專業知識及一技在身，以應付詭譎多變的政治生態，強化個人的政治能力，使得從政後在歷次選舉過程中「婦女保障名額」形同多餘，成爲日後婦女參政仿效的典範。

　　許世賢早年從政經驗從1954年6月到1968年6月，連續當選四次省議員，其政見獲得選民認同，其聲望也在嘉義市奠定基礎。1960年《自由中國》雜誌社發行人雷震倡議籌組「中國民主黨」，許世賢率先響應，和青年黨的夏濤聲，以及省議員李萬居、郭雨新、吳三連、高玉樹爲列名的七位常委之一，後因雷震被捕，組黨也因此胎死腹中，許世賢轉而將心力關注到嘉義市政的發展。隨後，由地方行政首長轉戰中央民意代表，競選立法委員，爲地方爭取福利，並爲嘉義市升格付出心力，在嘉義市爲許家班奠下選舉不敗的基礎。

表3-4　許世賢參政經歷

時間		選舉職稱	當選與否	
			是	否
1946年	3月24日	嘉義市參議員	✓	
	4月15日	臺灣省參議員		✓
	10月31日	制憲國民大會代表		✓

〔註60〕不詳，〈候選人系列介紹──張博雅：決心繼承先母遺志〉，《鐘鼓鑼》1：10（1983年10月），頁34～35。

1951 年	4 月 15 日	第一屆嘉義縣長		✓
	11 月 18 日	第一屆臨時省議員		✓
1954 年	5 月 2 日	第二屆臨時省議員	✓	
1957 年	4 月 21 日	第三屆臨時省議員（第一屆省議會）	✓	
1960 年	4 月 24 日	第二屆省議員	✓	
1963 年	4 月 28 日	第三屆省議員	✓	
1968 年	1 月 21 日	第六屆嘉義市長（縣轄市）	✓	
	4 月 21 日	第六屆嘉義縣長		✓
1972 年	12 月 23 日	增額立法委員	✓	
1975 年	12 月 20 日	增額立法委員	✓	
1982 年	1 月 16 日	第九屆嘉義市長（7 月 1 日升格爲省轄市）	✓	
1983 年	6 月 30 日	病逝於嘉義市長任內		

資料來源：董翔飛編著，《中華民國選舉概況（下篇）》（臺北市：中央選舉委員會，1984 年 6 月），頁 1～55、413、449~460、788、836。

二、蘇洪月嬌參政動機

（一）政治案件受難者：代夫從政

1950 年蘇洪月嬌嫁入蘇家後，受蘇東啓參政影響，早年更投入雲林縣北港鎮第六、七屆鎮民代選舉，成爲最初踏入政壇的第一步。1961 年當時身爲青年黨籍第五屆雲林縣議員蘇東啓因案遭逮捕，連帶蘇洪月嬌以「知情不報」亦遭逮捕，夫妻雙雙入獄。直至 1964 年蘇洪月嬌先行出獄，以代「夫」出征名義，投入第六屆雲林縣議員選舉，透過曾擔任過參議會副議長的李萬居申請候選人資格檢覈通過，正式參選。選舉結果，蘇洪月嬌以最高票當選，首開以政治案件受刑人身份投入地方選舉，並連任至第七屆雲林縣議員。

1976 年夫婿蘇東啓假釋出獄，出獄後一年，由於遭判刑褫奪公權無法參與政治選舉，蘇家並無參加競選之意，當時雲林縣黨外人士蔡誅已決定角逐省議員選舉，由於蘇東啓與蔡誅兩人在擔任縣議員期間，私交甚篤，與蔡連德、薛萬，合稱爲縣議會「四大金剛」。蘇東啓轉而積極爲蔡誅省議員選舉助選，不料正當競選開始，蔡誅因病突然去世，雲林縣省議員選舉臨時改由妻子蘇洪月嬌代夫參選，正式投入第六屆省議員選舉，夫婿蘇東啓因案無法參

選，卻意外成爲蘇洪月嬌參選的動機。〔註61〕1977 年 10 月 14 日，蘇洪月嬌
填寫候選人選舉公報資料，倡言競選精神、政治主張與建議，在其競選精神
中清楚說明其參選動機：

> 吾夫蘇東啓競選縣長後，不久即坐牢十五年，我和出生才四月之幼
> 兒被禁三年。東啓在這段時間可說身在獄中，心在故鄉，以舉家坐
> 牢合二十一年。惟寧鳴而死，不默而生，是我們不變的信念。月嬌
> 繼東啓一向之心志，渾身燃燒著對鄉土的一股熱愛之情，願全縣父
> 老賜我以這份光榮，俾能將我民主政治的聖火，高舉於省議會的殿
> 堂。〔註62〕

蘇洪月嬌以「繼東啓一向之心志」代夫出征投入省議員選舉，10 月 28 日
雲林縣選務所以公函通知資料內容違背選舉法令規定，應自行修改，否則不
予刊登。蘇洪月嬌則於 10 月 31 日以報告書聲明抗議不同意修改，未被接受，
最後選務所將蘇洪月嬌所提之「競選精神」全部刪除。另針對競選的宣傳文
宣，蘇洪月嬌將 1961 年 9 月 18 日蘇東啓被捕後，10 月 16 日《民主潮》雜誌
以社論討論「關於蘇東啓被捕事件」作爲競選省議員宣傳的資料，內容主要
說明蘇東啓究竟因何被捕，逮捕蘇東啓手續是否合法，並希望儘速宣布案情
眞相，應予公開審理以維法治尊嚴。〔註63〕蘇洪玉嬌對於選務所刪除其競選
精神不合理的作法，妨害人權言論，此與當選後極力爭取言論自由有關。

另一方面，競選期間蘇洪月嬌苦無競選經費，到處募款，而由省政府所
經營的臺灣新生報更在競選前三天（11 月 6 日）將蘇東啓案刊登舊事重提，
意圖製造選舉紛亂。第六屆省議員選舉結果，國民黨囊括三席，其餘兩席由
黨外競選連任的張賢東與女性候選人蘇洪月嬌當選，尤其是蘇洪月嬌以第二
高票擊敗同爲黨外實力雄厚蟬聯的女性候選人黃陳瑟。此次省議員選舉蘇
月嬌毅然出馬參選，部分得力於蘇東啓昔日縣議員時所奠下的民意基礎，再
者妻代夫職亦獲得不少同情票，遂告高票當選，使得當時政壇對蘇洪月嬌刮
目相看。〔註64〕蘇洪月嬌於 1977 年競選第六屆臺灣省議員當選後，前後連任
第七、八、九，共四屆省議員。

〔註61〕蘇洪月嬌，《我的奮鬪》（臺灣省雲林縣：作者自印，1978 年 12 月），頁 9～
　　　　10、43～44。
〔註62〕蘇洪月嬌，《我的奮鬪》，頁 12。
〔註63〕蘇洪月嬌，《我的奮鬪》，頁 13～16。
〔註64〕蘇洪月嬌，《我的奮鬪》，頁 85。

（二）參選經歷

　　1982 年黨外人士爲 11 月 14 日所舉行的縣、市長，以及省、市議員地方選舉，首度正式向外界公開推薦候選人參選，嘗試建立起黨外人士從政的規範制度，象徵的政治意義深遠，對於日後黨外參與選舉及政黨政治制度作準備。另一方面，此次爲黨外初次舉行推薦制度，過程並非十分完美，招致各地黨外人士對此方式略有所批評，甚至有因不滿意推薦人選而違紀參選，蘇洪月嬌即是一例。

　　蘇洪月嬌在歷屆省議員選舉中，均以青年黨籍參選，但因長期與黨外合作，而被視爲黨外的一份子。不過在此次推薦制度中，蘇洪月嬌並未受到黨外人士提名，而後自行參選。蘇洪月嬌未被提名導因於蘇洪月嬌於 1980 年國民大會選舉時，因不顧黨外人士勸解，推出次女蘇治洋，與另一位黨外候選人黃麻角逐，導致兩人雙雙落選；再加上監察委員選舉時，傳聞蘇洪月嬌接受監委當選人周哲宇利益，引發黨外主流派不滿，受到黨外陣營指責「缺乏團隊精神」、「家族包辦政治」，故在推薦會上黨外提名黃良平與李三雲取代蘇洪月嬌參選雲林縣省議員席次，此舉意謂將蘇洪月嬌排除在黨外，在受到黨外陣營強大的壓力下，蘇洪月嬌以青年黨籍參選，選舉結果當選第七屆省議員，以黨外而言蘇洪月嬌即係未經推薦而告當選者，被視爲黨外違紀參選而當選的特例。〔註 65〕

　　選舉結束後，蘇洪月嬌正式表明立場，回歸青年黨，並說明未來將以青年黨籍人士身份從政。另一方面，當時蘇洪月嬌以青年黨籍身份擔任雲林縣黨部主任委員，但遭到雲林縣六十名黨員的反對，認爲蘇洪月嬌於選舉時未表明是青年黨員，聯名給青年黨主席李璜表示不滿，蘇洪月嬌對於青年黨內部成員的指責，認爲是有心人士使青年黨內部分化不能團結，並說明在選前曾請示黨中央，黨中央指示以「當選爲重」，因此取得黨中央的默許，在黨籍欄中留空白。〔註 66〕

　　至於蘇洪月嬌與黨外合作，進行籌組公政會雲林分會事宜，而宣布退出青年黨，被認爲蘇洪月嬌要求脫離青年黨，主要原因在於要加入公政會，並

〔註 65〕　不詳，〈70 年國民黨、黨外十大新聞——黨外首創推薦制度〉，《縱橫》2：5
　　　　　（1982 年 1 月），頁 7～16。
〔註 66〕　不詳，〈蘇洪月嬌擔任雲林縣黨部主任委員〉，《政治家》33（1982 年 7 月），
　　　　　頁 37。

取得公政會雲林分會的頭銜。但實際上，蘇洪月嬌個人認為多年來加入青年黨，政治抱負一直無法施展，再加上 1981 年曾向青年黨主席李璜建議：「青年黨臺灣省黨部應設在臺中，並在各重要縣市成立縣市委員會，進行『清黨』工作，加強黨員黨性調查，吸收優秀的新黨員，才不致被其他無黨籍人士指其為『廁所裡的政治花瓶』」〔註67〕，由於青年黨的經費主要是由國民黨編列反共抗俄宣傳費補助，按月支領，為此青年黨內部分派系爭權奪利，黨外人士黃信介以「廁所裡的花瓶」來形容青年黨，〔註68〕而蘇洪月嬌所提出的這項要求並未受到重視加以實行，認為個人抱負無法施展，於 1986 年 2 月 3 日正式向青年黨中央黨部提出脫黨的要求。〔註69〕蘇洪月嬌在政治作為上，長期以來受到社會大眾矚目，提出退出青年黨，認為青年黨改造無望，於 1986 年 2 月 6 日發表成立黨外公政會雲林分會聲明書，其中提及：

> 月嬌早年追隨民主前輩加入青年黨，從事民主運動，無奈受執政黨多方分化打擊，以至青年黨力量日蹙，我雖努力經營，亦無法彌實缺憾。多年來的奮鬥，所作所為大抵與黨外運動相符，且有過而無不及，這次為順應民意，為求民主運動之團結，壯實民主運動，僅聲明脫離青年黨與民主運動同志攜手合作為民主運動共同努力。〔註70〕

一般認為蘇洪月嬌退黨在於成立黨外公政會雲林分會，而以青年黨身份將會阻礙其在雲林黨外的領導權，不利政治資源的累積。然就青年黨內部而言，常被認為是國民黨的友黨有名無實，缺乏基層實力，在歷次選舉中獲票率僅達三成。〔註71〕因此，蘇洪月嬌當選連任省議員，也表示本身極具地方民意基礎，但對於黨籍參選問題，蘇洪月嬌始終徘徊在黨外與青年黨之間，如何獲得選民的認同，黨籍問題成為影響蘇洪月嬌當選與否的關鍵，以及參選時亟欲解決的問題。

退出青年黨後，1993 年蘇洪月嬌擔任省議員期間，以民主進步黨籍參選第十二屆雲林縣縣長，同時與兩位中國國民黨籍候選人陳錫章、廖泉裕競爭，選舉結果廖泉裕獲得 151,897 票，得票率 49.64%，蘇洪月嬌獲得 143,459 票，

〔註67〕不詳，〈蘇洪月嬌決心脫離青年黨〉，《雷聲》1：4（1986 年 3 月），頁 31。
〔註68〕陳儀深訪問，王景玲紀錄，〈蘇洪月嬌女士訪問記錄〉，頁 23。
〔註69〕不詳，〈蘇洪月嬌決心脫離青年黨〉，《雷聲》1：4（1986 年 3 月），頁 31。
〔註70〕不詳，〈蘇洪月嬌宣布脫離青年黨〉，《第一線》7（1986 年 3 月），頁 58。
〔註71〕不詳，〈蘇洪月嬌徘徊歧路口〉，《臺北檔案週刊》6（1986 年 3 月），頁 1。

得票率 46.88%，僅差 8,438 票而落選，成為差距最少而落選的候選人。〔註72〕
（參表 3-5 第 12 屆雲林縣長選舉候選人得票概況）

表 3-5　第 12 屆雲林縣長選舉候選人得票概況

地區	姓名	推薦政黨	得票數	得票率	當選否	是否現任
雲林縣	陳錫章	中國國民黨	10,654	3.48%		
	蘇洪月嬌	民主進步黨	143,459	46.88%		
	廖泉裕	中國國民黨	151,897	49.64%	Y	Y

資料來源：政治大學選舉研究中心（2010.09.27）http://vote.nccu.edu.tw/cec/vote3.asp?
pass1=F1993A0000000000aaa

　　1994 年省議員任期屆滿後，1995 年退出民進黨的蘇洪月嬌，以唯一無黨
籍女性候選人身份參選第 3 屆雲林縣區域立委，並與中國國民黨籍候選人廖
福本、林明義、吳修榮、許舒博，民進黨籍廖大林、林國華，新黨藍照慶角
逐，最後僅獲得 14,075 票落選。2000 年首次政黨輪替，由民進黨執政，蘇洪
月嬌由總統陳水扁受聘為總統府國策顧問，其參選經歷豐富，更培植下一代
承繼政治衣缽，在第九屆省議員任期屆滿後，由其女兒蘇治洋當選第 10 屆臺
灣省議員，進入議會問政；而蘇治芬亦承繼母親政治風格，分別當選第五屆
立法委員、第 15 屆、第 16 屆雲林縣縣長。蘇洪月嬌參政經歷由雲林縣議會
到臺灣省議會，其民意基礎建立在地方上。（參表 3-6 蘇洪月嬌參政經歷）

表 3-6　蘇洪月嬌參政經歷

時間（年）	選舉職稱	當選與否	
		是	否
1958	第六屆雲林縣北港鎮民代表	✓	
1961	第七屆北港鎮鎮民代表（後因當選縣議員辭職）	✓	
1964	第六屆雲林縣議員	✓	
1968	第七屆雲林縣議員	✓	
1977	第六屆臺灣省議員（獲雲林縣第一高票當選）	✓	
1981	第七屆臺灣省議員	✓	
1985	第八屆臺灣省議員	✓	

〔註72〕陳儀深訪問、王景玲紀錄，〈蘇洪月嬌女士訪問記錄〉，《口述歷史》10（2000
　　　年 12 月），頁 34～36。

1989	第九屆臺灣省議員	✓	
1993	雲林縣長（代表民進黨）		✓
1995	立法委員（退出民進黨）		✓
2000	民進黨執政，受聘為總統府國策顧問		

資料來源：陳儀深訪問、王景玲紀錄，〈蘇洪月嬌女士訪問記錄〉，《口述歷史》10
　　　　　期（2000 年 12 月 1 日），頁 34～36；江大樹、陳仁海，《臺灣全志卷四
　　　　　政治志・選舉罷免篇》（臺灣省南投縣：臺灣文獻館，2007 年 10 月），
　　　　　頁 51、94、97、102。

　　由許世賢與蘇洪月嬌的出生背景與參政動機可以瞭解，兩位女性的教養
與訓練，顯示出女性正當的主張與邁向解放，以個人本身的主張力量去改變
法律、社會傳統觀念、風俗、習慣、大眾意見等，對於婚姻家庭的解放與子
女的養成，造就政治第二代，培植政治家族，延續其政治理想，擺脫「女人
永遠是女人」的束縛，〔註73〕然而許氏與蘇洪氏作為參政個案比較的代表性，
在於無論戒嚴時期抑或是解嚴後的政治環境，家庭與教育問題成為重要的關
鍵所在，再加上女性獲得的觀念來自原生家庭，許世賢與蘇洪月嬌出生背景
均為中上家庭，教育觀念開放，家庭經濟條件優渥，足以供應個人學習成就
的追求，以個人本身的努力與理念參與政治活動，帶動女性參政風潮。〔註74〕

　　女性參與政治的重要性，不僅可以提升本身的社會地位，其意義在於參
與公眾事務可以使個人成就發揮極致。因此，女性的經濟地位雖然會隨著家
庭出身而改變，不論在過去或現在，經濟代表女性地位進步的基本因素，但
女性若是在政治能有所突破對於其社會地位是有推進的作用，在戒嚴時期參
與政治活動有許多婦女是孤軍奮鬥，努力於達成個人的解放，但婦女真正解
放，必須是集體的，許世賢與蘇洪月嬌長期推動民主政治，瞭解到女性必須
以團體的力量，參與政治選舉活動，以提升女性社會地位，而許世賢與蘇洪
月嬌正是透過參政的經歷，鼓勵婦女積極參與政治成為新女人，做為女性參
政的典範，兩位女性的政治成就並非一蹴可成的，而是累積多元面向的因素
所造就的成果。

〔註73〕張妙清、陳雪飛譯，張妙清、賀戴安著，《登上顛峰的女性》（香港：三聯書
　　　　店，2009 年 6 月），頁 255～267。
〔註74〕歐陽子、南珊譯，西蒙・波娃著，《第二性——女人》（臺北市：晨鐘出版社，
　　　　1981 年 11 月），頁 122～125、214～215。

第三節　參與黨外運動型態分析

一、女性參政型態分析

　　早期黨外女性從事政治活動最負盛名即是省議會「五龍一鳳」的許世賢，不僅創下無數第一的紀錄，亦影響其後的蘇洪月嬌、黃玉嬌、余陳月瑛等，成為第一代黨外女性從政者，從政經驗豐富，地方聲望與民意基礎深厚。許世賢在民主政治風氣尚未開化前，以及女性參與政治意識不足之下，所展現的個人魅力風格是相當明顯的，並非以組織宣傳或意識型態取勝，可作為女性參政先驅的代表者；而蘇洪月嬌則開受刑人家屬競選之先鋒，在議場上的個人特殊風格展現下，與黃玉嬌並稱「南北雙嬌」。

　　在臺灣幾十年的黨外民主運動中，一直不斷有婦女在臺前、幕後為推動民主付出心力，她們屬於黨外運動的另一半，經常是男性的主要支持者，而在政治災難後，總是由婦女獨立負擔起維持家庭的責任，黨外女性的角色與參選心態變化主要是以美麗島事件作為分水嶺，事件發生前後對於女性參政的影響也大相迥異。美麗島事件後，家屬團結起來，互相關心、扶持，凝聚婦女力量，從事民主政治改革，受刑人家屬紛紛以受難者、被壓迫者的姿態出現，冀求在法庭外，由選票來取得群眾的同情與判決，包括姚嘉文妻子周清玉，以十五萬票最高票當選國代；張俊宏妻子許榮淑連任兩屆立委；林義雄妻子方素敏亦當選立委，但長老會高俊明妻子高李麗珍，在參選立委則出乎意料高票落選。由此可知，以受刑人家屬身份參選，成為黨外競選的策略之一。因此，黨外女性參政大致可區分幾種型態：〔註75〕（一）受刑人家屬：早期蘇洪月嬌是以其夫蘇東啓政治案件的訴求而進入省議會，其女蘇治芬亦曾出來競選。美麗島事件發生後，代夫出征，如：許榮淑（立委）、方素敏（立委）、周清玉（國代）、高李麗珍（競選立委高票落選），象徵意義大於實質意義。當時擔任臺北市議員陳水扁因「蓬萊島案」判刑八個月徒刑確定後，其妻吳淑珍亦代夫出征，參選臺北市增額立法委員選舉，高票當選；（二）黨外黨工：以美麗島受刑人之一的陳菊首開其端，楊祖珺、賁馨儀、曾心儀、蕭裕珍、田秋堇、史非非、范巽綠等，代表新生代女性對黨外運動的參與與投入；（三）地方派系或家族勢力：此一型態，以高雄余陳月瑛（立委）、余玲

〔註75〕李寒冰，〈黨外女將浮沈錄透視黨外女將的角色與功能〉，《民主平等》4（1985年4月），頁59～63。

雅（省議員）、黃余秀鸞（立委）等所建立的余家班最為著名。另外，嘉義市許世賢所建立的「許家班」，則由其三女張文英、四女張博雅先後繼承政治家族資源；而趙綉娃在其父親趙善標助選下當選省議員，亦是典型的家族庇蔭，其特徵在於地方色彩濃厚，黨外組織的意識型態並不強烈，主要是以地方勢力為基礎；（四）特立獨行或個人魅力：許世賢、省議員南北雙嬌之黃玉嬌、流亡海外的陳婉真、曾擔任《夏潮》總編輯蘇慶黎、美麗島事件受刑人的新女性主義者呂秀蓮等，均是以個人風格魅力取勝。

　　由上述四種女性參政型態，更可歸納出依夫型、政治家族型、獨立型三類女性的政治參與模式。依夫型的女性政治菁英主要是政治受難者家屬，政治家族型的女性政治菁英，因少有憑藉個人條件參選，基本上所扮演角色仍是從屬性質，蘇洪月嬌即是一例，婚後即是受到夫婿蘇東啓參與政治影響，在耳濡目染之下，開始參選雲林縣北港鎮民代表，蘇東啓案發生後，代夫參選，投入臺灣省議員選舉，進而發展出個人政治舞台，因此蘇洪月嬌早期投入政治，其參政類型屬於依夫型。女性參政的獨立型則較會隨民主化發展而增加，許世賢即是屬於此一類型，早年組織嘉義婦女會，倡導女權，並以身作則投入各項地方選舉活動，鼓勵婦女參與政治，許世賢對於政治參與的主動性，不僅具有引領婦女積極參與政治，更憑藉個人實力在地方上建立起個人政治勢力。〔註76〕事實上，由許世賢與蘇洪月嬌兩位女性從政者實際案例發現，女性參政類型中的政治家族型，會隨著依夫型與獨立型發展成熟後，將逐漸由第二代女性承接其政治資源，進而形成政治家族類型。不過，婦女參與政治活動，無論是屬於哪一類型，從女性自主的角色而言，受刑人家屬代夫參政，本質上仍然是女性依附於男性的色彩，女性候選人不以個人能力特質或意識型態為訴求，反而凸顯女性柔弱者的形象，相對於以個人風格魅力、獨立自主的女性參政者而言，將產生負面的效果。因此，若婦女本身政治意識不夠濃厚，或是對政治意識不夠強烈，對於提昇民主品質和強化議會功能是不具有任何助益的；再者，以受難者家屬身份參政，亦不是女性從政的正途，事實上已扭曲女性在政治中所應擔當的角色與身份，〔註77〕在台灣政治民主發展中，也應擺脫此一角色參政的途徑。

〔註76〕洪玉鳳，〈女性參政者形象塑造與政治行銷關係之研究〉（臺灣省臺南縣：長榮大學經營管理研究所碩士論文，2003 年 7 月），頁 42～48。

〔註77〕李寒冰，〈黨外女將浮沈錄透視黨外女將的角色與功能〉，《民主平等》4（1985 年 4 月），頁 59～63。

二、黨外女性參政代間差異

　　婦女參政依不同型態也產生代與代之間的差異，使得黨外女性參政代間差異極大，大致可分為老、中、新三代。老生代從事黨外政治運動達二十年以上，包括許世賢、余陳月瑛、蘇洪月嬌、黃玉嬌等。中生代女性黨外參政者，在黨外運動組織化後投入選戰，包括美麗島事件發生前的陳菊、陳婉真、呂秀蓮、蘇慶黎，以及美麗島事件發生後，以受刑人家屬身份為號召的許榮淑、周清玉、方素敏、高李麗珍等。新生代黨外女性參政者背景單純，包括曾心儀、蕭裕珍、貢馨儀等，大多以黨外黨工退居於幕後，第三代黨外女性參政者，將活躍於議場，為中生代黨外女性的接棒人。

　　早期第一代黨外女性參政者許世賢，積極參與政治選舉活動，一再強調女權，認為：「查某人不應讓查甫人瞧不起，一定要自立自強，做出一番事，讓查甫人也知道查某人的優點、長處」。〔註78〕此外，黨外女性與一般家庭女性一樣，必須兼顧起家庭，照顧丈夫、子女、公婆，而丈夫、兄弟參與政治工作，必須多承擔一份責任，在幕後作為支援的角色。美麗島事件發生後，黨外女性更勇敢的走出悲情，繼續完成父兄、丈夫未走完的政治路途，例如許榮淑、周清玉、藍美津、吳淑珍、林黎琤、楊雅雲等，她們具備有男性的戰鬥力更有女性堅韌的特質，成為臺灣民主的娘子軍。藍美津主張：「參與政治不是男人的專利，咱女人也要勇敢站出來，共同來分擔民主的苦難，承擔著民主的責任，願望咱這塊臺灣蓬萊島，會變成一個真真正正的美麗島！」〔註79〕

　　由此可知，黨外女性參政與代間型態雖有不同，走出家庭之外，投入政治活動，卻是共通的特色。因此，在群眾運動的街頭演講中，已經見到許多女性在關心和支持，表示黨外女性已經全面覺醒，積極參與政治；而個案中的許世賢與蘇洪月嬌分屬個人及受難者家屬參政的代表，在戒嚴時期是屬於第一代女性參政者與國民黨的對抗，以個人色彩、家族派系取勝，後來逐漸形成黨外家族化。解嚴後，臺灣的政治發展，尤其在美麗島事件發生後，黨外女性菁英逐漸潰散，代之而起的是受難者家屬派，女性以悲情的從屬角色，作為代夫或是代父從政的參政訴求，失去女性主動參政的自主權，也使得女性積極參政受到牽絆，無法確實提高婦女參政的意願，相對地女性問政層次

〔註78〕蘇洪嬌娥口述、吳怡然紀錄，〈許世賢——臺灣地方自治史上的女強人〉，《民主人》12（1983年7月），頁15。
〔註79〕不詳，〈臺灣人的媳婦藍美津〉，《蓬萊島週刊》52（1985年7月），頁32～33。

也因此受到限制。相反地，女性若走出悲情，以自身積極的態度投入政治，其參與政治的層面亦隨之擴大，如呂秀蓮、陳菊，在美麗島事件後，同屬受難者，出獄後透過參政落實個人的政治理念，完全達到個人參政的自主權，使得女性參政層面逐漸擴大。

　　戰後婦女政治的參與，是透過選舉發生影響力，並積極介入改變目前女性的政治生態圈，臺灣的婦女參政類型在戒嚴時期有許多著名政治家族團體，在必要時會推出相關淵源的女性參與政治選舉，以延續家族利益，形成代「父」從政型態；或因受執政者迫害的政治受難者家屬出面參政，形成代「夫」從政型態；或單純以女性個人身份爲婦女爭取權益發聲，則屬代「婦」從政型態。個案中的許世賢與蘇洪月嬌，在參政類型中分屬代婦從政與代夫從政型態，兩位女性參政者的參政經歷豐富，出類拔萃，除了得力於大時代環境的政治潮流外，其本身所具備的能力條件和積極參與政治的理念，更是促使女性參政正面向上的動力。兩位女性的參政經歷豐富，尤以省議員期間連任四屆最爲矚目，其中許世賢更於嘉義市長選舉中奠定地方民意基礎，而蘇洪月嬌則深耕雲林縣，長期爲雲林縣民爭取權利，更在地方上培養政治第二代。蘇洪月嬌參政以基層鎮民代表爲基礎，後因蘇東啓案件而開始代夫從政，開啓其參政之路，相較於許世賢由籌組婦女組織作爲參政起步，兩者所關心的焦點各有異同，但作爲婦女參政奮鬥的個案模式，是值得研究的。

第四章 為民喉舌——質詢問政與議案內容比較

　　戒嚴時期省議會為主要政治競爭場域，許世賢與蘇洪月嬌早年參與政治即獲得地方民眾支持，兩人連續擔任四屆省議員，上下接承分屬不同屆期，兩人在省議會期間因個人質詢內容焦點不同，言論犀利，在議會樹立敢言的個人形象風格；在議會質詢提案中，更為地方建言，爭取人民權益不宜餘力，使許世賢與蘇洪月嬌分別在議會贏得「五龍一鳳」與「南北雙嬌」稱號。另外，在黨外組黨的政治理念方面，許世賢早年加入國民黨，蘇洪月嬌則加入青年黨，許世賢在擔任省議會期間宣布退黨，以黨外身份問政，對於黨外組黨事件，許世賢為直接參與組黨事宜，而蘇洪月嬌雖無直接參與，但其夫蘇東啟卻參與中國民主黨組黨籌備，在程度上組黨與 1961 年蘇東啟政治案件有所關連。因此，個案中的許世賢與蘇洪月嬌作為黨外女性身份問政，分屬不同參政類型，參政經歷同中求異，自省議員身分後各自發展參與中央與地方選舉活動；而在省議會期間，兩者問政質詢風格則是異中求同，對於維護人民基本權益的原則及作法是一致的。

第一節　競選過程及其政見

一、許世賢：從臨時省議會到省議會

　　許世賢在競選省議員過程中，由於臺灣成立省參議會在 1946 年 5 月 1 日，當時省參議員選舉由各縣市議員集會方式，採無記名投票選舉，需得出席選

舉人過半數之選票才爲當選，當時嘉義縣候選人十六人參與選舉，其名額爲一名，而此次投票係爲間接方式選舉，許世賢因此受限而無法順利當選。〔註 1〕選舉失利後，許世賢在嘉義市擔任市參議員時期，歷經二二八事變，沈寂一段時間後，才積極投入其他地方政治的選舉。1951 年 11 月許世賢參選第一屆臨時省議員選舉，其選舉方式仍採間接選舉，由各縣市議會議員選舉產生（當時縣市參議會已改爲縣市議會）。〔註 2〕許世賢當時以國民黨員身份參與競選，此淵源於戰後中央政府接收臺灣時，許世賢曾經加入三民主義青年團，擔任嘉義分團幹事會幹事，〔註 3〕使得國民黨的提名制度成爲許世賢初期省議員選舉當選的有利因素之一。但由於當時臺灣政治上買票風氣興盛，各候選人彼此之間私下收受，再加上制度因間接選舉方式的缺陷，其選舉結果許世賢僅獲得二位男性縣議員支持，因而無法順利當選。〔註 4〕選舉失利後，許世賢積極準備下一屆臨時省議會議員選舉。

直至 1954 年第二屆臨時省議員選舉乃由人民直接投票產生，不僅較原先由縣議會選出者強，亦較具民意基礎。嘉義縣分配有 4 個名額，其中婦女保障名額 1 名，在國民黨提名嘉義縣部分，採「男提名，女自由競選」方式，當時女性自由競選有許世賢，以及現任女議員張李德和欲尋求連任，許世賢則向國民黨部表示參選的意願，卻遭到拒絕，成爲許世賢與國民黨分歧的開端，當時許世賢於嘉義市已建立起良好的地方民意基礎，在登記截止日，許世賢決定違紀參選。當時省議員雖有婦女保障名額，〔註 5〕但選舉結果許世賢

〔註 1〕 1946 年 4 月 15 日，據此選舉方式產生 30 名省參議員，並於 5 月 1 日正式成立省參議會，由黃朝琴當選議長，李萬居當選副議長；惟此種選舉方式僅適用於每縣市選出省參議員一名者，若應選舉兩名以上參議員之縣市，則以內政部釋復，採無記名連記辦法。劉寧顏總纂，林東昌、廖財聰編纂，《重修臺灣省通志‧卷七政治志議會篇選舉罷免篇》（臺灣省南投縣：臺灣省文獻委員會，1992 年 7 月），頁 132～133。

〔註 2〕 臺灣新文化服務社編，《臺灣省首屆民選縣市長暨縣市議員特輯》（臺北市：臺灣新文化服務社，1952 年），頁 271。

〔註 3〕 鍾逸人，《辛酸六十年：二二八事件二七部隊部隊長鍾逸人回憶錄》（臺北市：自由時代出版社，1988 年 6 月），頁 296～297、335～336。

〔註 4〕 潘立夫，〈許世賢當仁不讓〉，《政治家》24（1982 年 3 月），頁 10。

〔註 5〕 臨時省議員的當選，一縣市如省議員滿四名，應有婦女保障名額一名。因此，規定有婦女保障名額之縣市，以得票較多者爲當選，如所得之票數，婦女無人能當選時，婦女候選人所得票數單獨計算，以較多者爲當選，補足規定的婦女名額。劉燕夫，《臺灣選舉實務》（臺北市：中國地方自治學會，1958 年 11 月），頁 31。

並不依靠保障當選，完全展現出地方政治參與的實力。換言之，許世賢由地方轉任省級民意機關的關鍵，在於此次選舉採直接公民普選，其實力並未依靠婦女保障名額及黨內的提名，而以自由競選方式爭取選民選票，足見許世賢政治的實力是建立在地方基礎上。當選後，許世賢專心致力於省議員問政，然國民黨對於許世賢違紀參選部分並未立即開除黨籍，反而認為許世賢為黨員樹立良好風範，再加上地方黨部尋求連任陋規，缺乏對地方民情的實際了解，以致忽略許世賢的實力，認為錯在地方黨部，而非許世賢本身。〔註6〕在第二屆臨時省議會期間，許世賢因質詢「李茂松停職一案」，違背黨意，於1956年聲明退出國民黨以表示抗議；許世賢聲明退出國民黨後，沒有黨紀的束縛，充分發揮言論主張，成為當時省議會黨外的主力議員之一，直至第二屆臨時省議會議員之任期於1957年6月2日屆滿。〔註7〕1957年4月21日為第三屆臨時省議會選舉投票日，許世賢欲競選連任，當時參選提出七項政見：一、推行法治、保障人權，迅速建立陪審制度；二、義務教育應延長到中學，以利教育機會均等；三、普查全省單季田，迅速普設抽水機，以利增產；四、提高公務人員待遇，肅清貪污；五、確立衛生機構，防止醫療糾紛，確立醫師法；六、興工設廠，輔導就業，確立失業保險制度；七、繼辦女警，防止車禍，以利治安，以策交通安全。〔註8〕許世賢對於保障人權提倡教育機會均等獲得選民支持順利當選連任，成為嘉義縣唯一女性省議員。

　　另外，第三屆臨時省議會因省議員要求提出正名，行政院於1959年6月24日頒佈命令，將「臺灣省臨時省議會」之名稱，去除「臨時」二字，〔註9〕改為「臺灣省議會」，成為第一屆臺灣省議會，而由原第三屆臨時省議會所選出之議員繼續銜接，其任期至1960年6月1日為止。〔註10〕第三屆臨時省議

〔註6〕管叔夷，〈「火鳳凰」許世賢〉，《雷聲》117（1986年6月），頁57～62。
〔註7〕臺灣省議會秘書處編，《臺灣省議會三十五年》（臺灣省臺中縣：臺灣省議會秘書處，1981年5月），頁貳-28～29。
〔註8〕黃維正，〈嘉義「媽祖婆」許世賢蓋棺論定──她的從政生涯、政績和政治思想〉，《前進週刊》15（1983年7月9日），頁4～13。
〔註9〕當時『臨時』似乎是暫時性的不能真正的代表民意，議員對此頗為不滿，時有怨言。行政院於是在臨時省議會第三屆第五次大會會期中發布命院令：『臺灣省臨時省議會之名稱應改為臺灣省議會，其職權仍舊照現行規定。臺灣省臨時省議會組織規程之名稱，應同時改為『臺灣省議會暫行組織與規程』，並自第三屆第五次大會改稱為臺灣省議會第一屆第一次大會。臺灣省諮議會沿革：http://www.tpa.gov.tw/index_a1.htm（2010.09.17）。
〔註10〕劉寧顏總纂，林東昌、廖財聰編纂，《重修臺灣省通志・卷七政治志議會篇選

會（第一屆省議會）嘉義縣選出的許世賢在省議會質詢時，與五位黨外省議員李萬居、郭國基、吳三連、郭雨新、李源棧，時稱「省議會五虎將」，由於在省議員中六位質詢言論主張最爲強烈，因此合稱「五龍一鳳」。〔註11〕

　　1960 年 4 月第二屆省議會選舉，許世賢因前屆質詢「李茂松案」聲明退出國民黨，以黨外身份參選，並以本身曾擔任省議員的實際經歷，針對教育、人權與選舉制度方面，提出十大政見作爲競選連任，其內容包括：一、確立陪審制度，以防止冤獄；二、擁護憲法，確保人民權利自由；三、舉行省長民選也符合憲政，實施民主自治；四、減少中央協助款以利興學；五、廢止國小二部制，經費由中央或省負擔；六、通盤計畫水電建設，勿以縣市貧富爲條件；七、改善社會風氣，應確立教學處分制度，設立特種學校，以培養國民道德；八、公營事業價格之調整，勿以單獨自行，應配合公教人員之待遇及國民所得，以安定民生；九、辦理選舉要機會均等，民主政治要民爲貴；十、廢止緊縮獎勵消費政策，以繁榮農工商發展。〔註12〕選舉結果，許世賢依靠個人實力獲得 26,798 票，並非由婦女保障名額當選。第二屆省議員名單中，黨外省議員中總計十五人當選，「五龍一鳳」除吳三連未競選連任外，李萬居、郭雨新、李源棧、郭國基均以最高票連任省議員，許世賢得票數也在五位當選人中名列第四，在省議會的勢力依舊可觀。〔註13〕

　　由此可知，連任當選的許世賢在退出國民黨後，和省議會「五虎將」結合更爲緊密，黨外人士高玉樹參選臺北市長當選，以及楊金虎進踞高雄市，地方黨外勢力從南到北匯聚，在競選中組合助選，無形中成爲反對的政治團體，並開始籌組政黨事宜，於是反對黨從點到線的聯合已具初步規模。

舉罷免篇》，頁 162、300～301；郎裕憲、陳文俊編，《中華民國選舉史》，頁533。

〔註11〕「五龍一鳳」爲戰後臺灣省議會中反對勢力最具代表性的人物，也是臺灣地方勢力中本土政治菁英的代表。薛化元指出「五龍一鳳」對地方自治的主張是站在追求地方自治的法致化，批評上級機關對下級自治權限的侵奪，反對「以黨領政」下，國民黨的強勢主導作爲更對省議會本身地位及省議員職權的保障採取力爭的態度。薛化元，〈一九五〇、六〇年代臺灣（臨時）省議會在野勢力政治主張之研究——以「五龍一鳳」爲中心〉國科會計畫編號：NSC88-2411-H004-004，頁 30。

〔註12〕黃維正，〈嘉義「媽祖婆」許世賢蓋棺論定——她的從政生涯、政績和政治思想〉，《前進週刊》15（1983 年 7 月 9 日），頁 4～13。

〔註13〕花松村主編，《臺灣鄉土全誌・第一冊（臺灣總說、臺灣省）》（臺北市：中一出版社，1996 年 5 月），頁 667～668。

　　1963 年 4 月 28 日第三屆省議員選舉，嘉義縣應選五名國民黨提名四位，黨外四人參選，許世賢仍以黨外身份參選，為唯一女性，並連任成功，但第三屆省議會也是黨外聲音逐漸減弱的開始，當時黨外當選議員有許世賢、李萬居、郭雨新、李源棧、李秋遠、余陳月瑛、李烏棕、吳一衛、楊玉城、葉炳煌、李炳盛、許新枝、張豐緒等十三位，其中李炳盛、許新枝及張豐緒三位後來加入國民黨籍，分別當選監察委員、桃園縣第六屆縣長、屏東縣第五屆、第六屆縣長；再加上李萬居病逝及楊玉城因故去職，使得黨外聲音開始減弱，黨外議員逐一的退出，許世賢以黨外身份在省議會孤軍奮鬥逐漸產生無力感，而眼見省議員的風骨大不如前，〔註14〕再加上本身已屆臨五十九歲，擔任省議員十二年的政治生涯，更讓她認清省議員職權有限，有「狗吠火車」力不從心的感嘆。此時，許世賢毅然決然退出省議員選舉，同時也退出全國性的政治活動，返回嘉義從事市長的選舉活動。因此，在第三屆省議員任期未結束前，便參選第六屆嘉義市（縣轄市）市長選舉，〔註15〕1968 年當選第六屆嘉義市長後便辭去省議員（如圖 4-1），從此投入地方行政工作，將力量貢獻在嘉義市的建設上。

資料說明：原文為「辭職書 敬啟者 本人當選嘉義市長，依照規定不能兼任民意代表，謹請三月一日起請辭省議員職務，並請發給辭職證明書，五年來多承議長及各位同仁愛護並致謝意 此上 議長 謝 議員許世賢謹上 五十七年三月一日」
資料來源：臺灣省議會（1968-03-01）。〔議員許世賢當選嘉義市長請辭省議員職務，本會函請省政府查照轉報內政部備案。〕《數位典藏聯合目錄》。http://catalog.digitalarchives.tw/?URN=1895271（2009.09.02）。

圖 4-1　許世賢省議員辭職書

〔註14〕花松村主編，《臺灣鄉土全誌・第一冊臺灣總說、臺灣省》，頁 670～671。
〔註15〕黃維正，〈嘉義「媽祖婆」許世賢蓋棺論定——她的從政生涯、政績和政治思想〉，《前進週刊》15（1983 年 7 月），頁 4～13。

　　許世賢在競選省議員選舉的過程中，前後共擔任第二屆、第三屆臨時省議會（第一屆省議會）及第二屆、第三屆省議員，總計四屆的省議員，前兩屆為國民黨黨員，後兩屆以黨外身份自由質詢。直至第四屆臺灣省議會成立時，五龍一鳳只剩郭國基、郭雨新兩人勉撐殘局；第五屆時，五龍一鳳盡去，黨外民主運動陷入最低潮，是省議會最沈寂的時期。

二、蘇洪月嬌：連任四屆省議員

　　沈寂兩屆的臺灣省議會後，第六屆臺灣省議會再度出現言論犀利的女性問政者蘇洪月嬌，其競選過程艱困，卻是使當時國民黨提名之候選人連續落選的女性候選人。蘇洪月嬌自第六屆開始前後參選四次省議員選舉，其中三次則以青年黨籍參選，而第四次參選則明顯以黨外作為強打，蘇洪月嬌認為青年黨是弱勢，若以青年黨參選，將會損失黨外票源，但面對與夫婿蘇東啟長達三十六年的青年黨齡，對青年黨內部積弱不振，內心自覺沈痛。〔註16〕

　　不過，蘇洪月嬌在以青年黨籍身份參選時，連任三次省議員，均是在國民黨足額（五席）提名的情況下參選，每一屆選舉中都將國民黨所提名的人選，擠出當選名單之外。例如，1977 年第六屆黃陳瑟、1981 年第七屆蘇洪雪和、1985 年第八屆曾蔡美佐，是唯一使國民黨在省議員選舉中三連敗的女性候選人。

　　1977 年蘇洪月嬌於競選第六屆臺灣省議員選舉時，針對雲林縣長期以來的農業問題，提出十項政見及主張，其內容為：〔註17〕

　　（一）反對現行偏重都市發展，發展農村建設的政策，今天臺灣的經濟建設，雲林人付出了血汗，雲林人有權利要求分享成果。

　　（二）要求有關當局提供專款，全面修建海堤，保障人民及經濟利益。

　　（三）呼籲修正穀賤傷農的政策。工農為立國支柱，不可偏廢。政府對農產品利潤的核訂，極為偏低，甚或不及成本，要求中央提高為三成，以求和工商業者均享經濟成果。

　　（四）要求降低各醫院醫療費用，充實衛生所的人員和設備，舉辦農民漁民健康保險。

〔註16〕不詳，〈青委會訪問蘇洪月嬌女士〉，《青委會訊》12（1985 年 11 月），頁 14。
〔註17〕蘇洪月嬌，《我的奮鬥》（臺灣省雲林縣：作者自印，1978 年 12 月），頁 34～35。

　　（五）要求重視鄉村娛樂，三家電視臺的臺語節目，至少要佔一半時間，使勞苦功高的農民漁民得以欣賞看的懂得臺語節目。

　　（六）要求嚴肅地徹底檢討社區計畫失敗的事實。

　　（七）要求各級政府加強管制工廠廢水處理，以免繼續污染農作物、魚源，危害人體健康。

　　（八）反對無限期的向用戶徵收電錶水錶租金。反對水錶兩月一算的措施，恢復按月合算的原有辦法。

　　（九）要求提高行政效率，重視便民措施，遵守人民爲國家主人的眞理。

　　（十）解決農工商職學生出路問題，恢復就業考試，提高足夠的就業機會，爲本縣保留人才。

　　蘇洪月嬌以雲林縣長期存在的農業問題，提出個人主張與解決辦法，其競選政見主要涵蓋發展地方農業、爭取農民權益，以及農業相關建設爲主，獲得雲林縣農民的支持。隨後，蘇洪月嬌欲尋求連任第七屆台灣省議員時，更進一步提出雲林縣的七大建設目標，將其設定爲政見主題，成爲蘇洪月嬌能夠順利連任當選的主因，其政見內容包括：一、促進早日開發集集共同引水口，改善雲林農民灌溉用水、飲用水、工業用水，防止地盤下陷和海水倒灌；二、督促北港宗教綜合觀光遊樂區：銜接草嶺、湖山岩、天元山莊，馬鳴山成一觀光網（總工程費三十七億，不包括土地）；三、爭取開發外傘三頂洲，規劃十七項多功能用途，諸如深水碼頭、機場火力發電所、鹽田魚塭、海上公園、帆船遊艇、牧場等將農業縣脫胎換骨進入工業社會繁榮地方；四、促請成立農業部，檢討改善低農價政策；五、推動農民健康保險、降低農稅、推展農村副業；六、改善全縣運輸系統，使縣內各鄉鎮對外交通網暢通；七、促請撥用緊急救難基金、援助海水倒灌受害農田、魚塭。〔註18〕

　　從以上七點可知，蘇洪月嬌參選的訴求在於政府應有更大的魄力來落實省政建設，而其連任省議員的職責即在落實主張與建言，蘇洪月嬌以外傘頂洲開發案爲例，認爲該案對繁榮雲嘉南平原將有很大的幫助，雖然耗費巨大，但實質上對地方建設具有極大價值。最後選舉結果，蘇洪月嬌於北港區獲得44,817 票，另一國民黨女性候選人曾蔡美佐則獲得 43,403 票，蘇洪月嬌以多於 1,414 票之些微差距當選。〔註19〕

〔註18〕不詳，〈青委會訪問蘇洪月嬌女士〉，《青委會訊》12（1985 年 11 月），頁 16。

〔註19〕黃森松，〈雲林縣：蘇洪月嬌——第一位使國民黨「三連敗」的女將〉，《霧峰政論叢書》1（1985 年 12 月），頁 31～32。

　　但此次選舉也引發蘇洪月嬌與曾蔡美佐風波，出現省、縣議員資格問題，原因在於擔任省議員的蘇洪月嬌與雲林縣議員曾蔡美佐，在省議員競選期間，因政見會演講與散發的宣傳單內容，違反選罷法 92 條規定，經雲林地方法院判處有期徒刑 5 個月，褫奪公權 3 年、緩刑 4 年，出現省、縣議員資格認定風波。〔註20〕

　　直至 1989 年第九屆省議員選舉再度與曾蔡美佐競選，此次雲林縣選舉爆發國民黨地方黨員與地方勢力結合，使得選情複雜，選舉結果雲林縣由黃鎮岳、蘇文雄、蘇洪月嬌、曾蔡美佐四人當選。〔註21〕蘇洪月嬌連任四屆省議員期間，一向以獨特的作風在省議會中表現突出，質詢時敢言率直的個性，也與桃園縣的省議員黃玉嬌在省議會中分別被稱為「南北雙嬌」，兩人分別代表在桃園、雲林地區省議員，亦連任四屆省議員，在議會言論中敢於批判當局時政、措辭嚴厲，在地方上分別有龐大的群眾基礎，但蘇洪月嬌也因為言論犀利、作風強硬，得罪不少黨內、外省議員同僚，其在省議會與人爭執風波事件，也常躍上新聞報紙版面，其負面形象大受影響。〔註22〕因此，相較於許世賢平穩敢言的問政風格，蘇洪月嬌在省議會質詢期間卻是不斷有官司纏身。

　　由上述可知，許世賢與蘇洪月嬌在省議會競選期間及問政主張有截然不同的表現，兩者雖為女性參政，但參政的類型與歷程有其相異同之處。在擔任省議員屆期方面，許世賢競選連任第二屆、第三屆臨時省議會（第一屆省議會）及第二屆、第三屆省議會，其中第三屆臨時省議會更改為第一屆省議會，實際競選連任為四屆任期自 1954 年至 1968 年，總計 14 年；蘇洪月嬌則連續擔任第六屆至第九屆省議員，任期自 1977 年自 1994 年，長達 17 年。在黨籍方面，許世賢早期為國民黨籍議員，後因質詢李茂松案件宣布退黨；蘇洪月嬌擔任省議員期間，前三屆以青年黨籍身份參選，於第四屆時以黨外身份競選，戰後台灣的政治環境背景中，在戒嚴時期人民各項權利受到限制的情形下，兩位女性參政者身為民意代表，後期均以黨外身份問政，不受黨紀限制較能民喉舌，並且獲得地方民眾的支持兩人連續擔任四屆省議員。

〔註20〕不詳，〈雷達站〉，《雷聲》1：13（1986 年 5 月），頁 41。

〔註21〕江大樹、陳仁海，《臺灣全志卷四政治志・選舉罷免篇》（臺灣省南投縣：臺灣文獻館，2007 年 10 月），頁 101～102。

〔註22〕陳燕飛，〈南北雙嬌要國民黨好看！黃玉嬌＋蘇洪月嬌＝絕地大反攻〉，《民主平等》第 12 期（1985 年 9 月），頁 58。

第二節　質詢風波與提案內容分析

一、省議會質詢問政情形

（一）許世賢省議會質詢案

　　脫黨之後的許世賢，展開立場鮮明的黨外政治生涯，和當時的黨外男性議員李萬居、郭國基、郭雨新、李源棧、吳三連在省議會仗義執言，為民請命，不畏權勢，敢說敢言的作風，獲得讚揚。1959 年 12 月，許世賢在省議會中強烈提出三項質詢議題：（一）主張言論自由，呼籲修改出版法；（二）發起十七名議員聯名簽署罷免議長黃朝琴；（三）發起組設臺灣地方自治研究會，並擔任召集人。由此可知，許世賢在省議會開會期間的三項質詢議題，充分展現個人對於言論自由、維護議員權利，以及主張民主政治的強烈質詢風格，在省議會引發不少質詢爭執；除此之外，許世賢更積極推動民主運動與黨外人士結合，再加上雷震的《自由中國》雜誌與李萬居的《公論報》，在呼籲民主自由及兩種民間輿論報紙的相互呼應之下，黨外勢力漸成氣候，終於匯聚成為籌組「中國民主黨」的主要骨幹，後雖組黨失敗，許世賢仍繼續與李萬居、郭國基、郭雨新、高玉樹、楊金虎等九人組成巡迴助選團到各地助選，以無政黨組織形式，做政黨的實質輔選工作，使得黨外各縣市議員候選人能順利當選，如雲林縣蘇東啓、臺中縣王地、臺中市何春木、臺北市議會李賜卿、宋霖康等，皆以最高票當選。〔註23〕

　　1965 年，郭國基、郭雨新、李源棧、許世賢等人曾經針對中央民意代表全面改選問題，於臺灣省議會提出質詢。再者，許世賢對於李茂松案聲明退黨、楊玉城案強烈維護議員職權，充分顯現許世賢個人捍衛基本人權的主張。

1、「李茂松案」聲明退黨

　　許世賢於臨時省議會第二屆第四次大會時，曾針對嘉義縣長李茂松案向民政廳長連震東提出質詢而引發退黨事件。此一事件源於 1955 年（民國 44）年 5 月嘉義縣長李茂松，因處理縣立嘉義中學（今嘉義市立國民中學）火災後校舍重建工程招標案遭人檢舉涉嫌由陳音松居間向廠商林天賜、林金城索賄未遂。〔註24〕因此，1955 年 9 月 30 日監察院函文處理嘉義縣中建設校舍，

〔註23〕嘉義通訊，〈許世賢眾望所歸當選嘉義市長〉，《自由鐘》19（1982 年 2 月），頁 18～20。

〔註24〕顏尚文總編纂，賴彰能編纂，《嘉義市志・卷七・人物志》（臺灣省嘉義市：嘉義市政府，2004 年），頁 101。

藐視法令，涉嫌索賄，誣陷部屬，貽誤地方教育，違法失職，糾舉時任嘉義縣長李茂松，認爲嘉義縣長李茂松，以對職務上行爲爲期約賄賂罪嫌犯刑法第一百二十條第一項罪嫌，提起公訴。同年 11 月 16 日省政府將李茂松一案移送公務員懲戒委員會依法審議，並就辦理情形電復監察院；嘉義地方法院認爲嘉義縣長李茂松以對職務行爲作期約賄賂，判處有期徒刑一年，褫奪公權兩年。〔註25〕省政府方面認爲情節重大，11 月 19 日以行政命令將李茂松停職，12 月 1 日移交職務，並派任民政廳第五科科長代理縣長一職。〔註26〕1956 年臺灣省臨時議會第二屆第四次大會第三次會議的民政質詢中，有多位省議員針對此案向民政廳長連震東提出質詢，包括許世賢、郭雨新、吳三連、劉傳來等議員，強調停職案於法無據。許世賢提出：「縣市長出缺時，依本會通過法規規定代理縣長之任期，以兩個月爲限，但被停職者代理縣長之期限，則未規定，是否延長或是無期限的，是否須由本會同意，並通過其期限？」〔註27〕在議會質詢期間將焦點放在縣長停職後，代理縣長人選的合宜性及代理期限是否可延長或無期限，認爲此一作法有違地方民主自治精神，使得整起事件引發議會廣泛爭論。另一方面，嘉義縣長李茂松因案遭到停職，該案仍在最高法院審理，尚未判刑確定，李茂松仍有被選舉權，李茂松於上訴期間曾參加 1957 年第三屆縣長選舉，後以 3900 餘票差距敗給黃宗焜。

　　許世賢曾就「李茂松經資格審查合法，獲准參加競選嘉義縣長選舉一事」，針對當選後是否可就任，進一步向省府秘書長連震東（原任民政廳長）提出質詢，認爲既然准許李茂松競選嘉義縣長選舉，當選後是否可以就任尚未有明確答覆，對於省府的處理態度不予認同；許世賢認爲既然准許競選，若當選自然可以就任，不應當選後再來考慮，如此作法將罔顧人民權益。因此堅決提出：「如果不能就任，就應該取消他的資格，在審查時就不予通過，否則你對於可以做縣長的人何以予以停職而不予復職，嘉義縣民對此不能明白，紛紛提出質問，所以我特地提請前任民政廳長兼選舉監督的連秘書長解釋，好使嘉義民眾乃至省民明瞭。」〔註28〕許世賢認爲李茂松案未判罪先停

〔註25〕林健治計畫主持，臺灣省諮議會編著，《臺灣省參議會、臨時省議會暨省議會時期史料彙編計畫：許世賢女士史料彙編》（臺灣省臺中縣：臺灣省諮議會，2001 年 12 月），頁 383～384。
〔註26〕臺灣省臨時省議會秘書處編，《臺灣省臨時省議會公報》7 卷 5 期，頁 6068。
〔註27〕林健治計畫主持，臺灣省諮議會編著，《臺灣省參議會、臨時省議會暨省議會時期史料彙編計畫：許世賢女士史料彙編》，頁 380。
〔註28〕林健治計畫主持，臺灣省諮議會編著，《臺灣省參議會、臨時省議會暨省議會時期史料彙編計畫：許世賢女士史料彙編》，頁 431～432。

職不合乎民主法治精神，如果判定無罪，而將其停職需負責任並有補救措施；若判定有罪，亦非褫奪公權終身，仍有競選之權，當選後應可復職就任。對於此案省府秘書長連震東回覆「停職是根據監察法而停的，而競選資格是根據縣市長選舉辦法而許可的，兩者之間是有矛盾的」〔註29〕

　　許世賢針對李茂松案一連串的質詢，招來國民黨臺灣省黨部的內部誹議，並開會指示「黨籍議員不可以質詢李茂松案」，許世賢表示「李茂松一案」在司法判決尚未明確下即予以停職，有違地方自治真義，並非單純只為了黨紀，身為嘉義縣省議會議員代表，她有權針對事實加以質詢，前後三次聲明退黨。至於國民黨開除許世賢黨籍說法，許世賢曾說明：「我是自動脫黨的，但是國民黨卻說是開除」。〔註30〕許世賢退出國民黨後，強調個人本身為退出國民黨，而非遭國民黨開除黨籍，但由 1958 年 9 月 24 日中國國民黨臺灣省委員會決定書（47）臺紀字第 2131 號內容中瞭解，國民黨於省委會第三組提出「黨員許世賢不服從黨的命令及決議參加地方自治研究會」檢舉案中，其事實陳述「黨員許世賢任臺灣省議會議員，據報，該員在省議會第三次大會中不接受黨的命令，違反黨的決策，於 47 年 6 月簽署並總力支持反對修改出版法案，對黨的疏導拒不接受，8 月 5 日又擅自鼓動罷免省議會議長黃朝琴同志，平時與黨外議員相勾結，供給黨外議員對本黨及政府之攻擊資料，近日簽名參加反對本黨之『中國地方自治研究會』為發起人，不惜公開叛黨，請予議處，以維黨紀等情。」〔註31〕，最後決定開除許世賢黨籍，其理由說明為「許世賢平時在省議會中不接受黨的命令及黨團決議，違反黨的決策，且簽名為反對本黨之「中國地方自治研究會」發起人，事證明確，依黨章第五十六條第一、六兩款之規定」。最後，國民黨以「積極支持修改限制言論自由的出版法」、「發起十七個省議員簽署罷免省議長黃朝琴」、「擔任臺灣地方自治研究會的召集人」三項理由，宣布開除許世賢國民黨黨籍。許世賢退黨以後，由於沒有黨紀的束縛，以無黨無派的身份充分發揮言論質詢權，成為省議會黨外的主力議員之一，也成為首位退出國民黨的女性省議員。

〔註29〕林健治計畫主持，臺灣省諮議會編著，《臺灣省參議會、臨時省議會暨省議會時期史料彙編計畫：許世賢女士史料彙編》，頁 432。

〔註30〕林濁水，〈撤退就是投降：許世賢決心再為嘉義市民服務〉，頁 21；潘立夫，〈許世賢當仁不讓〉，《政治家》24：1982 年 3 月 1 日，頁 9。

〔註31〕李超群，〈何必「逼上梁山」啊！──國民為何開除省議員許世賢等黨籍〉，《自由中國》2：3（1959 年 2 月），頁 29。

2、「楊玉城案」捍衛省議員職權

另一質詢風波為第三屆省議員楊玉城因涉嫌貪污案，遭臺北地方法院檢察處傳喚，並於必要時將依法予以逮捕拘禁，時為第三屆第六次大會會議進行之際，引起在場多位議員發言。省議員徐堅提出關於議員楊玉城涉嫌之案件附議，建議該案應依法處理，並同意授權議長、副議長，逕向司法機關洽詢後裁決並提大會報告。〔註32〕針對此案許世賢指出，楊玉城一案，並未構成現行犯，主張議會應主持公正並發揮省議會之職權，並堅持議會期間除現行犯外，議員有不受逮捕之權利，認為議長對於臺北地檢處的逕行同意，使議員喪失權利與職責而強烈反對，強烈要求司法當局可利用開會期間，積極蒐集證據，俟閉會後認為有拘捕或拘禁之必要均為其自由，在開會期間不可使議員權益受損，並建議希望省議員楊玉城於開會期間儘量出席參與會議表決。許世賢認為：「楊議員也是一位代表民意，一十五萬人方能選出一位，同時楊議員之涉嫌案件並非重大案情，設若是重大早就被逮捕了，⋯⋯所以本會應儘一點職權並應該擁護同仁在議堂之發言權，⋯⋯何況，楊議員之涉嫌案件是否同意逮捕，應該請楊議員列席說明，究竟是何種程度，設若是重大者自應同意，不同意這樣做好，假定不能給予申辯機會，至少應召開秘密會議後才來同意，尚且楊議員乃是非現行犯⋯⋯。」〔註33〕因此，建議於閉會時再行逮捕，一為可利用此一時間進行深入調查，避免連續傳訊擾亂議會秩序；二為保障議員之發言權，於此更建議大會將楊玉城列席說明給予申辯機會。不過，會中部分議員卻持反對意見，認為「今日地檢處之公函並不一定要扣押，對其案情我們既非司法官自當無權過問，其次設使犯法無罪也有冤獄之賠償法，議員無犯法如隨便被拘押時，俟平反後議員當可以向司法挑戰，司法是獨立，今天既以正式公函徵求本會同意已經是夠客氣了，⋯⋯設若依據某議員之說至明年二月十一日才辦理，那麼已收押之六、七人就應扣押至明年，假定無犯法，在被傳訊後或者連同六、人之忠實公務員都可以帶回重圓」。〔註34〕最後，議長謝東閔依照議員徐堅之建議，決議通過「應依法辦理」

〔註32〕林健治計畫主持，臺灣省諮議會編著，《臺灣省參議會、臨時省議會暨省議會時期史料彙編計畫：許世賢女士史料彙編》，頁787。

〔註33〕臺灣省議會秘書處編，《臺灣省第三屆第六次大會專輯》，頁2986；林健治計畫主持，臺灣省諮議會編著，《臺灣省參議會、臨時省議會暨省議會時期史料彙編計畫：許世賢女士史料彙編》，頁788。

〔註34〕林健治計畫主持，臺灣省諮議會編著，《臺灣省參議會、臨時省議會暨省議會時期史料彙編計畫：許世賢女士史料彙編》，頁790。

及「同意授權議長、副議長，向司法機關洽詢後裁決，並提大會報告」。〔註
35〕許世賢在發言過程中，對於議長破壞議會組織規程，剝奪議員在開會期間
免於被逮捕的唯一權利，與當時在場議員言論持不同看法，堅持議員之尊嚴
與議會之公正的政治理念，是許世賢於議會質詢時一貫堅持的作風。

（二）蘇洪月嬌省議會質詢風波

蘇洪月嬌在擔任省議員期間，一向以獨特的作風在省議會中表現突出，
質詢時敢言率直的個性，也與黃玉嬌在省議會被稱為「南北雙嬌」，也因為言
論犀利、作風強硬，得罪各黨籍省議員，在省議會與人爭執的風波，也常躍
上新聞報紙版面，其形象也遭受波及，官司纏身，使得議會質詢過程中，發
生不少質詢衝突，包括自來水公司員工制服案、與廖泉裕互罵、臺中護校風
波，以及請辭風波等。

1、十四位黨外省議員集體請辭案

1985 年 5 月 16 日，十四位黨外省議員集體請辭的事件，導火線是與省府
組織法制化有關的預算案，第七屆省議會議員在審查民國 74 年度預算審查
時，對於非法的省政府委員及附屬二百個單位預算能順應民意，作適當合法
的調置，而省政府違法照列預算，黨外省議員決定要刪減多餘員額的預算，
但黨外省議員表決時不敵反對刪除此項預算的執政黨議員，表決失敗，黨外
議員為抗議違法之預算強行通過而導致辭職風波。〔註 36〕當時執政黨不斷以
追蹤報導方式，欲引導民眾對於黨外議員請辭意見不一、事後懊悔的印象，
而針對此一事件發生後，同年 5 月 27 日《民主天地週刊》刊出訪問十四位省
議員意見調查表，對於是否復職、組黨，表明自己的立場，由表 4-1 十四位黨
外省議員意見調查表可知，接受訪問的十四位黨外省議員中，除了周滄淵、
蔡介雄、陳啓吉、廖枝源四位省議員因當時報刊聯絡不上而無法回答外，蘇
洪月嬌、陳金德、謝三井、傅文政、簡錦益、游錫堃、林清松、黃玉嬌均直
接表達不復職；其中蘇貞昌則表示因辭職已生效，故無復職可言；另外，余
玲雅對於復職與否，表示將做選民調查，尚未作決定。至於組黨問題，十四
位黨外省議員中大多尚未有共識，認為黨外組黨時機尚未成熟。

〔註35〕臺灣省議會秘書處編，《臺灣省第三屆第六次大會專輯》，頁 2990。
〔註36〕呂進芳，臺灣省諮議會，《臺灣省參議會、臨時省議會暨省議會時期口述歷史
　　　　訪談計畫：黃鎮岳先生訪談錄》（臺灣省臺中縣：臺灣省諮議會，2001 年 12
　　　　月），頁 97。

表 4-1　十四位黨外省議員意見調查表

姓名	復職與否	組黨與否
蘇洪月嬌	不復職	我們願意組黨
陳金德	不復職	黨外省議員過去一直沒有談到組黨的問題。過去黨外運動很激烈的時候，黨外省議員並不熱烈。目前這階段，黨外省議員不可能組黨。
謝三井	不復職	組黨是個中華民國國民，每個黨外一份子都關心，都可以發表意見。問我省議員職權範圍內的事，我可以明白、直接表示。對於黨外省議員組黨的問題，我不便發表意見。
傅文政	不復職	黨外省議員目前還沒有談到組黨的問題。
蘇貞昌	就本次辭職事件，不管內政部作何解釋，本人認爲辭職已經生效，將不再回到省議會，亦無復職可言。	是否組黨，將視黨外運動而定。我們十四人，目前並未討論此一問題。
余玲雅	是否復職，我到現在還沒有決定。不是以一個人的步調，要看十四位當外省議員的決議。我要做選民調查，尊重民意。	黨外省議員目前還沒有談到組黨的問題。對於組黨的問題，黨外省議員沒有人表明態度。
簡錦益	不復職	「黨禁」，是國民黨違憲。限於省議員的職權，我們只能針對省政府的違法提出強烈的要求。目前黨外省議員還沒有探討到組黨的問題。
游錫堃	不復職	黨外省議員是否組黨，要十四個人開會來討論。黨外還有很多人，如果十四個人組一個黨，黨外不是會有很多黨？
林清松	不復職	我們在臺中飯店聚會時，有人提到黨禁的問題，這個問題太敏感，目前我們沒有能力組黨。爲了黨外的前途，如果黨外有人提出組黨，黨外省議員會跟進。
黃玉嬌	不復職	黨外省議員要不要組黨，這要看大家的意思。我們現在還沒有談到這個問題。

資料來源：民主天地週刊編輯室，〈復職？組黨？——訪問十四位黨外省議員〉，《民主天地週刊》13（1985 年 5 月），頁 30～31。

　　辭職事件發生後，當時內政部次長鄭水枝傳達中央指示「十四位無黨籍省議員辭職書無效」，十四位無黨籍省議員因意見不一致，對於重返議會舉棋不定。其中蘇貞昌、游錫堃及謝三井三位省議員表明辭意最為堅強，其餘無黨籍省議員則暫不表態，〔註37〕唯蘇洪月嬌於 6 月 2 日在雲林北港舉辦一場演講會，為其個人辭掉省議員一職作說明，演講會中蘇洪月嬌重申不回省議會之決心，蘇貞昌、謝三井，監察委員周哲宇、尤清，國民大會代表王兆釧、陳廷茂等人也極力稱讚其魄力。〔註38〕兩天後，6 月 4 日蘇洪月嬌接受國民黨議長高育仁、副議長黃鎮岳建議，率先返回省議會，而引發當時黨外人士及社會輿論攻訐，被指責身為公眾的政治人物，公開表明辭職立場，卻又倉促返回議會，辜負選民。然蘇洪月嬌解釋許多選民要求她繼續留在議會，為民主奮鬥，再加上議會議長高育仁、副議長黃鎮岳勸導她回去，才提前返回議會。〔註39〕

　　蘇洪月嬌對於本身重返議會的理由，她認為身為一個議員的進退應取決於選民。雲林縣情形和其他地方不太一樣，實在太窮，而蘇洪月嬌為唯一無黨籍的省議員，如果再辭職省議員職務，雲林地區的人民將會變的有冤無處訴。蘇洪月嬌說明其在 6 月 1 日演講會中，選民一直要求她再度回到省議會，因此歸納使蘇洪月嬌返回省議會最主要原因是民意。其次，蘇洪月嬌當初之所以要辭職，是為了「置之死地而後生」。蘇洪月嬌為喚回國民黨對省議會議員的重視與尊重，避免使民眾對「議會改革」抱持絕望。蘇洪月嬌最後毅然決然率先返回省議會，提出個人看法，認為：「據我們所知，經國先生對這件事相當重視，曾指示中央以和諧為重。可見改革的契機依然存在，只不過並非一蹴可及就是了。既然如此，再拖下去也不是辦法，所以這也是促使我回去的原因。」〔註40〕

　　由此可知，蘇洪月嬌認為此次辭職最大的意義，在於以和平方式促成政府改革民主政治的途徑；省議員是選民的代言人，不能意氣用事，原先辭職只是為了抗議有關省政府委員超額案的強行通過，而既然省政府已表示將重新檢討法規，為了選民的利益，蘇洪月嬌認為必須繼續執行職務，以監督省

〔註37〕蕭史，〈蘇洪月嬌的無奈──她為什麼第一個回到省議會？〉，《雷聲》64（1985年 6 月），頁 49～51。

〔註38〕不詳，〈蘇洪月嬌力求澄清〉，《薪火週刊》51（1985 年 8 月），頁 58。

〔註39〕不詳，〈蘇洪月嬌走回天堂〉，《縱橫週刊》（1985 年 6 月），頁 31。

〔註40〕蕭史，〈蘇洪月嬌的無奈──她為什麼第一個回到省議會？〉，頁 49～51。

政府的施政。〔註 41〕面對黨外政論雜誌對於她重返議會所做出的批評，認為不應以自己的價值觀及立場，任意對現任公職人員做人身攻擊，應以理性的態度、實際的政績，來贏得選民的支持與認同；蘇洪月嬌更提出個人看法，認為黨外政論雜誌對她採取負面的態度，在於從事當外政論工作的人年紀較輕，具有高度理想卻缺乏歷練，忽略理想與實際之間的差距，而對她本身產生誤解。另一方面，除了蘇洪月嬌重返議會外，其餘辭職黨外省議員包括蔡介雄、傅文政、陳金德、陳啓吉、余玲雅、林清松、黃玉嬌、周蒼淵、簡錦益、廖枝源十位議員則聯合發表參選聲明書，選擇投入第八屆省議員選舉，爭取更多黨外省議員的席次。〔註 42〕

然而，在民主國家類似杯葛情形是常有的事，內閣制國家解散國會則是讓民意再做一次的決定，而反觀省議會十四位黨外議員辭職事件，顯示出黨外維護憲法權威及黨外尊嚴之決心，為制衡監督、民主憲政所做的努力，其目標很明確，一是行政命令抵觸法律，另一是國民黨自行憲以來，擱置「省縣自治通則」，不肯建立地方自治體制。再者，辭職並非不能再選，黨外針對國民黨的違法統治，所採取的斷然措施，所爭取的是「省縣自治通則」儘速通過。〔註 43〕蘇洪月嬌對於事件的處理態度採取重返議會，從辭職到復職，由拒絕到妥協的過程，第一位重返議會，而遭眾人非議，其所考量的焦點在於法案的通過，至於重返議會，關鍵在於必須繼續執行省議員職務，尊重民意，監督政府施政。不過，黨外省議員集體辭職是臺灣政治的一大轉捩點，不僅加速「省縣自治通則」通過，省政府、省議會、縣市政府、縣市議會組織也才能合法化，使臺灣民主化、自由化，臺灣人民有權力參與選舉，使民意充分表達，還政於民。

2、臺中護校質詢風波

臺中護校風波，源起於 1978 年寒假，省立臺中護校學生陳賽玲返回馬祖家鄉，未依規定時間內返校註冊，而遭校方記一大過、二小過，消息傳出後引起教育界的議論，認為學校對學生因不可抗拒事情發生而耽誤返校時間，

〔註41〕不詳，〈我不入地獄誰入地獄？蘇洪月嬌重回省議會的原因〉，《民主平等》12
（1985 年 9 月），頁 60～61。

〔註42〕不詳，〈十位辭職無黨籍省議員發表參選聲明書〉，《八十年代週刊》6（1985
年 9 月），頁 48～49。

〔註43〕不詳，〈反體制？議會鬥爭？——黨外省議員集體辭職〉，《蓬萊島》46（1985
年 5 月 17 日），頁 39～41。

法理不外乎人情，學校卻不近人情，處理方式仍比照一般情況處理，有違師道良心。〔註44〕此一事件引起蘇洪月嬌於議會教育質詢期間向教育廳長梁尙勇提出質詢，指出學生返鄉過年，學生因風力過強不能如期返校，經提出證明，校方仍予以記過處分，認爲校長處分居住外島學生是爲不當，與教育原理相違背，教育廳長回覆「在這種情況之下，就是所謂的不可抗力啦，不可抗力，我們要本著愛護學生的立場，應該要原諒的」〔註45〕，表示對於該生處分實有不妥。事件發生後，臺中護校將該名學生改記一小過。

　　蘇洪月嬌對於校方認定學生未依規定時間內返校之處分處理態度不滿，認爲校方玩弄職權，爲此蘇洪月嬌於省議會質詢時列席台中護校校長備詢，另說明5月27日台中護校校長命令該生寫悔過書，學生悔過書內容敘及自己未依校方規定時間內返校之行爲有錯，希望不要將此一事件擴大，並感謝各界對她的關心，欲藉此將事件平息，而校方除要求該名學生於悔過書中簽名蓋章外，同時還要求該名學生的監護人寫悔過書。〔註46〕蘇洪月嬌於質詢時認爲，台中護校校長在處理此一學生事件時，其方式不盡人情，更無法理解的是還要連帶處分該生的監護人；除此之外，該名校長在處理相關類似的學生事件時，其作法及態度均不恰當，蘇洪月嬌質疑該名校長的適任性。隨後引起省議員江恩以補充質詢方式，反駁蘇洪月嬌的說法並表明支持臺中護校校長之立場，認爲臺中護校爲維護全校體制及校規，依規定懲處該名延遲返校之學生，處理過程並無不妥，同時指出陳姓學生未依規定返校亦坦承有錯，學校給予學生懲處於理有據，卻引起社會上極大的風波，而教育廳也針對此事件給該校指示要重行核議，省議員江恩質詢教育廳對台中護校施壓，此一根據爲何？再者，又列席台中護校酆校長至省議會備詢似乎是小題大作。〔註47〕因此，省議員江恩的補充質詢引起蘇洪月嬌的不滿，認爲江恩議員坦護臺中護校校長，因而爆發言語衝突，於會後遭江恩控告妨害名譽和公務，蘇洪月嬌欲反控江恩，但當時已失去告訴時效，乃由其夫蘇東啓反控江恩，使得後

〔註44〕蘇洪月嬌，《政治與我：省議會四年的回顧》（臺灣省臺北縣：四維公司，1981年），頁59。

〔註45〕臺灣省議會公報第六屆第一次定期大會39卷14期，1978年6月5日，頁1064～1070。

〔註46〕蘇洪月嬌，《政治與我：省議會四年的回顧》（臺灣省臺北縣：四維公司，1981年），頁84。

〔註47〕臺灣省議會公報第六屆第一次定期大會39卷14期，1978年6月5日，頁1068。

續議會衝突不斷。〔註48〕

　　此一質詢衝突風波後續延燒擴及省議會議員區域問題，以及質詢議程程序話題。由臺中市選出的省議員廖榮祺，由於堅決反對將臺中護校校長列席教育質詢，認爲「臺中護校是臺中市的學校，蘇洪議員是雲林縣選出的議員，最好不要黑卒仔吃過河」。〔註49〕此一質詢言論導致祝畫澄，洪振宗，林義雄，謝崑山等議員，陸續針對臺中護校問題分別質詢教育廳長及臺中護校校長。其中林義雄則對部分議員補充質詢提出謝絕，於議會中引發另一場議論風波。黃玉嬌於會中提出：「我們議員對官員的詢問，是要團結一致，不要起內鬨……，對官員質詢時，我們議員同仁最好不要唱反調……。」〔註50〕，希望議會中的議員能就議題質詢，砲口一致對外，不影響議會程序的進行。

　　不過，在質詢期間蘇洪月嬌以「賤人」、「差勁」、「羞羞臉」回應，隔日又在補充質詢時，指稱臺中護校校長爲「再嫁夫人，心理變態」等言語，〔註51〕而遭校長鄺夠珍向臺中地檢署控告蘇洪月嬌妨害名譽，認爲蘇洪玉嬌質詢時指出鄺校長缺乏愛心，而以「這位校長適不適宜當校長？這誤人子弟嘛！」及「她該不該留下來當校長」等語要求教育廳長將其調職，鄺校長據此認爲蘇洪月嬌妨礙個人名譽，而具狀於1978年12月5日向臺中地檢處提出告訴。〔註52〕另外，議員蔡介雄則曾將蘇洪月嬌於教育質詢時所言臺中護校校長「如此作風，把學生當犯人看待」、「校長本身係再嫁夫人，以何種心理來虐待學生」等，對於議員發言分寸問題質詢省政府主席林洋港，〔註53〕一連串民意代表言論免責權爭論問題，於省議會開會期間爭論不休，成爲質詢時的主要焦點內容。

　　蘇洪月嬌爲此認爲侵害議員行使質詢權，破壞議員之免責權，將會影響到各級民意代表依法執行職務；〔註54〕再者，蘇洪月嬌針對「地方議員應享

〔註48〕不詳，〈要求維護質詢權——蘇東啓控告江恩，地檢處後天開庭〉，《夏潮》6：
　　　　1、2（1979年2月），頁19。

〔註49〕蘇洪月嬌，《政治與我：省議會四年的回顧》，頁66。

〔註50〕臺灣省議會公報第六屆第一次定期大會39卷14期，1978年6月5日，頁1076。

〔註51〕不詳，〈要求維護質詢權——蘇東啓控告江恩，地檢處後天開庭〉，《夏潮》6：
　　　　1、2（1979年2月），頁19。

〔註52〕不詳，〈蘇洪月嬌妨害公務臺中地院判刑四月〉，《自立晚報》（1980年1月19
　　　　日），2版；蘇洪月嬌，《政治與我：省議會四年的回顧》，頁109。

〔註53〕臺灣省議會公報第六屆第一次定期大會41卷23期，1979年6月21日，頁
　　　　1076。

〔註54〕蘇洪月嬌，〈請維護議員的質詢權〉，《夏潮》第6卷第1、2期（1979年2月），頁7。

有言論免責權的問題」質詢民政廳廳長高育仁，指出「省議員在省議會開會所為言論及表決不負責任其範圍如何」，並以自身在省議會開會期間曾遭議會主席以「無理取鬧」言詞加以回覆為例，認為公務員和民意代表之間質詢應有言論免責權，否則彼此之間以「妨害公務」、「妨害名譽」互告，將引起無止境的官司纏訟。〔註55〕

蘇洪月嬌被控妨礙公務後，省議會議員同聲支援，認為若妨害公務罪名成立，將嚴重影響日後議員的質詢權，於是應蘇洪月嬌發起連署簽名，要求省議會議員為維護權益應出面表示抗議，〔註56〕並共同簽署公函「為蘇洪月嬌被控妨害公務一案，涉及侵犯本會同人言論免責權。特請本會公開表明態度，以維護同仁們應有之職權」，〔註57〕要求省議會就議員在議會開會期間內，言論的免責權表明態度，公開函中說明台中護校鄺夠珍校長依法雖無至議會接受質詢之義務，今僅因該名校長為陳姓學生事件案之重要關係人物，故應邀列席說明而已，因此臺中護校校長鄺夠珍至省議會並非依法執行公務，從而蘇洪月嬌之質詢，無論所用之言詞是否適當，亦絕無妨害公務之罪嫌。再加上省議員於議會中具有言論免責權，其在議會裏所為有關會議事項之言論，縱為不法亦不負責任，蘇洪月嬌於議會裏所為有關教育質詢之言論，對會外應屬免責，而不需負妨害公務之罪責，台中護校校長竟以此控告蘇洪月嬌妨害公務，此一舉動已嚴重侵犯議員應有之質詢權限，為維護民主憲政之成長及保障議員言論之免責權，省議會應提出公開聲明表明態度，另函請臺中地檢處審慎處理該案件，以維護省議員應有之質詢權限。〔註58〕

由連署信函中所訴求的內容可知，該訴訟案件所呈現的意義不僅只是蘇洪月嬌個人訴訟案件之糾紛，更是影響日後議員在議會質詢時的言論免責權益，而導致議員發言時為避免訴訟案件發生將緘默不語。因此，為避免司法權干涉立法權，維護議員之質詢權，乃公開表明支持態度，〔註59〕總計簽署支持的議員有58位，佔議員95%，而後又因簽署聲明引發否認簽名風波。〔註60〕

〔註55〕蘇洪月嬌，《政治與我：省議會四年的回顧》，頁139～141。

〔註56〕不詳，〈要求維護質詢權——蘇東啟控告江恩，地檢處後天開庭〉，《夏潮》6：1、2（1979年2月），頁19。

〔註57〕蘇洪月嬌，《政治與我：省議會四年的回顧》，頁108～110。

〔註58〕蘇洪月嬌，《政治與我：省議會四年的回顧》，頁108～110。

〔註59〕不詳，〈我們抗議，議員質詢權受到嚴重侵犯！！〉，《夏潮》6：1、2（1979年2月），頁18。

〔註60〕58位簽名要求省議會就蘇洪案表明態度的省議員中，蔡陳翠蓮即是其中一

最後，蘇洪月嬌妨害名譽及公務一案，經臺灣高等法院臺中分院判決，判處有期徒刑兩個月，得易科罰金。蘇洪月嬌個性強硬，面對法院判決態度堅決準備入監服刑，後透過黨政人員協調申請易科罰金而結束臺中護校質詢風波。〔註 61〕不過，蘇洪月嬌在四屆議會質詢期間，相較於許世賢而言，由於個人言論激烈，質詢衝突風波不斷，導致不少官司纏身。

二、提案及質詢內容分析

許世賢與蘇洪月嬌兩人均在省議會期間連任四屆，質詢期間發生不少衝突，而統計兩人任期間提案項目分別為 298 項及 549 項，其中不含共同提案項目，議會質詢問政極具個人風格，兩人提案質詢焦點亦各有不同。（參表 4-2 許世賢、蘇洪月嬌質詢項目統計）

表 4-2　許世賢與蘇洪月嬌質詢項目統計

類別　姓名	民政	教育	財政	交通	建設	農業	合計
許世賢	141	45	45	26	24	17	298
蘇洪月嬌	171	9	29	48	167	125	549

資料來源：林健治計畫主持，臺灣省諮議會編著，《臺灣省參議會、臨時省議會暨省議會時期史料彙編計畫：許世賢女士史料彙編》（臺灣省臺中縣：臺灣省諮議會，2001 年 12 月），頁 29～316；蘇洪月嬌，《政治與我：省議會四年的回顧》（臺灣省臺北縣：四維公司，1981 年），頁 115～401；臺灣省議會史料總庫 http://ndapp.tpa.gov.tw/query.php（2010.1.27）

（一）許世賢提案類型分析

許世賢在議會期間的提案，以民政類為多，教育類、財政類次之，其中民政類提案內容，焦點主要集中在保障婦女權益，針對增加婦女保障名額、男女分區選舉，以及爭取婦女權益等問題提出建言；其次，針對維護地方選舉秩序，亦提出個人建議成為提案內容主題。相關提案內容參見附錄一「許世賢民政類提案一覽表」，其提案內容以保障婦女權益與維護地方選舉秩序為

位，事後蔡陳翠蓮於議事堂內公開否認其簽名，聲明非本人筆跡，因此引起議會風波。何秋如，〈蘇洪月嬌被空妨害公務的來龍去脈〉，《青雲雜誌》1（1980 年 9 月），頁 51～60。

〔註61〕林大統，〈蘇洪月嬌的煎熬與歷練〉，《政治家半月刊》14（1981 年 9 月），頁 36～37。

主，其次爲醫療衛生、基本人權維護等，此與許世賢早期組織婦女會，積極
參與選舉政治活動，以及從事醫療服務有關，對於維護婦女權利、重視醫療
體制、維護民眾健康、定期改選、選舉公正公開等議題，均成爲許世賢提案
的主要重點項目。

1. 保障婦女權益

　　許世賢早期籌組婦女組織，對於婦女權益問題相當重視，在擔任四屆的
省議員中，經常爲婦女爭取權益，對當時社會中的妓女問題一再提出質詢，
要求省政府保護婦女權益，提供協助使妓女從良，在議案主動提出修正，除
極力爭取增加婦女保障名額外，女性在政治、社會、教育、經濟等各項權利，
也在會議中以專案提出討論。許世賢仍認爲廢除公娼制度乃當務之急，廢除
後不僅名稱問題可迎刃而解，對於維護婦女權益，提高婦女社會地位亦有所
裨益。此外，從關於女性議題的提案中可以了解，許世賢對於墮胎合法化、
招訓女警、廢止妓女制度、身份證無性別色彩，以及迅發嘉義女中畢業證書
等攸關女性權益，督促政府相關單位應優先審愼加以處理。其中以增加婦女
保障名額爲例，許世賢認爲：「關於婦女保障名額，如婦女得票超過二三人男
子票數時，是否剔去男子候選人，增加婦女，不夠票數之婦女，再予保障名
額。」〔註62〕，其意義在於眞正保障婦女參政權利，實質發揮婦女參政的實
力，進而提高婦女參政人數，而非以婦女保障名額限制或阻礙婦女參政。

　　另外，許世賢提出婦女保障名額不論鄉鎮民代表或是工人代表，需額外
再增加婦女一名，並要求當時與會議員能夠體諒婦女，積極爭取保障名額，
此一提案因此獲得梁許春菊等議員的支持。〔註63〕許世賢針對民政廳長連震
東回覆，提出「保障婦女名額十名有一名，使男人當選機會減少，我以爲現
在是十分之九保障男人，所以婦女只有十分一，顯然侮辱婦女太甚。鄉鎮民代
表，婦女應佔十分之一名額；縣市議員應照鄉鎮民代表辦法保障才可」。〔註64〕
在會中，除女性議員對於名額保障予以贊成外，男性議員中江金彰不贊成保
障婦女名額，劉傳來、李萬居則認爲保障名額以外可做正當之競選，最後以
多數同意通過修正爲「每滿十名至少應有婦女一名，其餘數如滿五名時應增
婦女一名餘類推」，亦即各選區每滿十名，至少應有婦女保障名額一名，餘數

〔註62〕臺灣省第二屆臨時省議會，《第二屆第一次臨時大會特輯》，頁139。
〔註63〕臺灣省第二屆臨時省議會，《第二屆第一次臨時大會特輯》，頁160～161。
〔註64〕臺灣省第二屆臨時省議會，《第二屆第一次臨時大會特輯》，頁163～164。

在五名以上或未滿十名而達四名以上者，均至少應有婦女保障名額一名，為此各鄉鎮市民代表婦女名額得以增加。

在實質增加婦女保障名額方面，許世賢在第三屆省議會時提出「建議政府轉請中央在明年增補選立監委國大代表並明訂婦女名額以利婦女參政以符國父立國精神」一案，認為應依憲法第 134 條規定：「各種選舉規定婦女當選名額，其辦法以法律定之」，建議在增補選時訂定確切條文加以規範。〔註65〕許世賢提出婦女保障名額中，立法委員的婦女名額應依照省議員規定，每四人應有女性一人，國大代表至少女性一人，監察委員女性一人，以增進婦女政治地位。

再者，針對男女分區選舉比票問題，許世賢曾於省政府民政廳違法執行選務及選舉缺失等問題質詢省主席嚴家淦時提出看法，許世賢指出：「女性候選人在同屆中，有解釋以一縣計算選票，有指定分區計選票者。如此視法如兒戲，女性以全縣比票，係經本會通過；女性以分區比票，並未提本會通過，如尊重本會審查通過之法令，當不如此，可說是輕視本會太甚。」〔註66〕因此，在第三屆臺灣省議會時，許世賢便提出「請政府對各種選舉應分別各選區男女別人口數為比率分開核其當選人數以重視男女參政機會均等而利民主自治案」〔註67〕，其辦法為修改法規，並於選舉時先行公佈男女性別人口數，再依其性別數選出比率，如此可解釋保障不是專為女性而設。

然就許世賢所抱持的理由，是以各種選舉均依據人數為準，各地區男子數及女子數在戶籍上甚為明瞭其性別數目，而參政是為國民有機會反應各階層、各民族、各男女之需要，以保障女權為目地所創設的保障名額，卻被人誤會有所偏袒。此外，許世賢更指出自實施民主自治後，除縣議員有數位女山胞外，而省議會平地山胞有男性議員，卻未有女山胞席位代表，因而提出「請政府保障女山胞參加省議會以重山地行政平等案」〔註68〕，來保障山胞女性選出省議員，以重憲法之原意。

〔註65〕臺灣省第三屆省議會，《臺灣省議會第三屆第十次大會專輯》，頁 304。
〔註66〕林健治計畫主持，臺灣省諮議會編，《臺灣省參議會、臨時省議會暨省議會時期史料彙編計畫：許世賢女士史料彙編（上）》，頁 349。
〔註67〕林健治計畫主持，臺灣省諮議會編，《臺灣省參議會、臨時省議會暨省議會時期史料彙編計畫：許世賢女士史料彙編（上）》，頁 355～356。
〔註68〕臺灣省第三屆省議會，《臺灣省議會第三屆第四次大會專輯》，頁 122。

2、維護地方選舉秩序

　　許世賢在四屆省議會中，對於地方選舉秩序的建立，曾多次爭取選舉公開、公平、公正，並認為政府應制止選舉暴力的產生，以利民主自治實行。許世賢不間斷地提出維護選舉秩序，期望政府能加以改進，卻未能受政府當局重視。然事實上，過去歷屆之選舉雖有類似不合理現象產生，於第三屆省議員暨縣市長之選舉過程中，更變本加厲發生許多選舉弊端，使得在野黨及無黨無派聯合發表「第三屆縣市暨省議員競選人共同聲明」，提出四點選舉弊端：（1）公教及治安人員公開助選；（2）選務機構違法；（3）監察人員不公；（4）政府機關，藉巧妙名目為掩護，利用公款以協助當政黨提名之候選人競選。〔註69〕此一聲明中，一致認為選舉法規必須加入「各投票所之監察員應由各候選人推派之代表共同組成」，此舉與許世賢於第二屆第五次大會所提「政府遴聘選舉監察委員時應由各黨各派平均選出」一案，建議政府修改法規的三項建議理念相符，其要點精神包括：（1）每屆改選時政府應設各級選舉監察委員，其間惟省縣市選舉監察委員會委員之選派，未能由各黨各派平均數選出，因而發生糾紛時，致被選民認為不公平，動搖信賴政府莫巨；（2）政府設置選舉監察委員之原意，以公平處裡選舉案件前提，若能由各黨各派選出同數之委員，其處理案件必使選民之信賴；（3）凡事應公正，去私就公，即人無有不平之心，亟望政府維持信譽，自下屆起由各黨各派推選同數之選舉監察委員。〔註70〕許世賢所提出修改選舉法規之要點，乃透過個人實際參與選舉經驗，反映選舉法規應順應民意修改的必要性，惟當時省政府相關廳處未見積極回應，認為依「臺灣省縣市公職人員選舉罷免監察委員會組織規程」，其遴選委員之人選並不以政黨代表為對象，而採取保留態度。

　　隨後，許世賢又提「請政府對各種選舉候選人政見發表不應動輒以行政命令限制以重民主自治案」〔註71〕，明白指出執政黨於選舉期間常在自治綱要規定以外，臨時性的以行政命令發出限制各種言論發表，許世賢認為如此

〔註69〕參與聯合發表聲明有楊金虎、郭雨新、蔡奇泉、吳拜、李萬居、曹成金、何只經、林春士、林丕讓、李連麗卿、李茂松、楊基振、李順德、郭秋煌、諸寶恒、黃玉嬌、林清安、高玉樹、陳天來、郭國基、石錫勳、洪錐、王吟貴、李源棧、楊仲鯨等。歐素瑛主編，《戰後臺灣民主運動史料彙編（五）：地方自治與選舉》（臺灣省臺北縣：國史館，2001年12月），頁500。
〔註70〕林健治計畫主持，臺灣省諮議會編，《臺灣省參議會、臨時省議會暨省議會時期史料彙編計畫：許世賢女士史料彙編（上）》，頁165～166。
〔註71〕臺灣省第三屆省議會，《臺灣省議會第三屆第八次大會專輯》，頁127～128。

違背憲法保障人民之言論、出版自由之原意，且無視於省議會所審議通過的「地方自治綱要」與「選舉罷免取締辦法」之眞意，並強調執政黨勿再隨意發出行政命令限制言論之自由，以重視地方自治之制度與精神，後經審查送請政府注意。但從許世賢日後競選連任嘉義市長時，政府以行政命令規定年齡限制，後又加以廢止，此一朝夕令改的行政作風，顯見當時執政黨並未加以改善，對於地方選舉制度法制化仍是一大挑戰。

（二）蘇洪月嬌提案類型分析

1、爭取農民權益

蘇洪月嬌在省議員任期中，尤其以當選第六屆省議員後，發揮民意代表最大的功能，其提案與建議除著重促進民主政治的正常運作外，大部分多爲雲林地方農民爭權益，認爲身爲民意代表若和農民、中下階層勞動者、低生活水準的群眾沒有接觸，就會失去民意代表的意義，阻礙人民與政府之間溝通的孔道。而雲林縣的農民和勞動者，佔了社會結構的多數，農民與勞工的問題放大面來看就是社會問題。〔註72〕由表 4-3 蘇洪月嬌第六屆第一次大會提案表中可知，自 1980 年至 1994 年蘇洪月嬌所提案由，所關注的焦點主要集中在民政、建設與農林三類。〔註73〕因此，蘇洪月嬌能連續擔任省議員長達十七年與她積極爭取農業建設受到廣大農民支持有關。其質詢提案中，她爲爭取雲林縣農民利益所做的最大努力，即是爲雲林地方爭取興建水庫。由於雲林縣五十萬人口中，農民即佔了 80%，是一個典型的農業縣，蘇洪月嬌指出目前臺灣地層下陷最嚴重的地區，是雲林、臺北二縣，尤其是雲林縣的北港、水林、四湖、口湖地區最爲嚴重，四鄉鎮地區民眾的飲用水、工業用水、土地灌溉用水等，均取之於北港溪、濁水溪，一旦雨水不足四地區便缺水嚴重，當時蘇洪月嬌建議建設廳及水利局應重視此一嚴重問題，若無法及時防止土地下陷繼續擴大，其後果不堪設想，因此建議計畫在雲林縣草嶺興建水庫。〔註74〕另於當選第六屆省議員後首先提出「促進興建清水溪水庫之工程由」一案，建請政府於 1979 年度省府預算內，編列清水溪水庫規劃調查設計經費，蘇洪月嬌所堅持編列預算的理由，認爲由農復會所主持的雲林縣農業區域計畫中，其遠程計畫規劃清水溪水庫的興建，顯示雲林興建水庫與該地

〔註72〕蘇洪月嬌，《政治與我：省議會四年的回顧》，頁 4～5。
〔註73〕臺灣省議會史料總庫 http://ndap.tpa.gov.tw/query.php（2010.1.27）
〔註74〕蘇洪月嬌，《政治與我：省議會四年的回顧》，頁 212～214。

區農業前途具有密切關係；雲林縣爲傳統農業縣屬於農業精華地段，但因苦於水源不足，若只依靠濁水溪、清水溪不穩定的水源灌溉，對於雲林縣的農業發展將會受到阻礙，故興建水庫爲加速農村建設的最佳方式。〔註75〕

　　蘇洪月嬌認爲雲林縣農業當前最大的困難，除了爭取經費補貼蔗農以外，連帶影響的問題仍是雲林縣並無水庫的興建，水資源嚴重不足。由於雲林縣水源不足，民生用水及農業灌溉均需大量抽取地下水，造成地層嚴重下陷，致使地表比海平面低，一旦颱風來襲海水倒灌，將影響居民安危。此外，農民一方面又必須支付龐大的抽水電費，同時必須洗鹽整地，農業經營相較於其他縣市處於不利的狀態。因此，蘇洪月嬌於議會提案中極力爭取興建水庫，並建請省政府相關單位停徵缺水地區農戶的水租會費，以減輕農民負擔。蘇洪月嬌體認到臺灣農戶中，有不少地區因距離水源較遠，經常缺水灌溉，但每一期仍須繳納水租會費，致使農戶與水利會經常發生糾紛；事實上，農戶既然享受不到水利會的輸水供應，自然不必負擔相關費用，認爲政府單位應研判實情，接受缺水農戶的申報，停徵該類農戶的水租與會費。〔註76〕但後卻因經建會以稻米生產過剩，不必再建水庫而取消。蘇洪月嬌於1985年8月16日特別向當時的副總統李登輝報告，而編列五千萬規劃費，繼續爭取早日興建水庫。蘇洪月嬌在議會期間極力爲農民爭取權利，對於政府政策實施緩慢卻有無力感，一再提出現階段農民生活的難處，卻未見政府有實際的作法，更於《自由鐘》發表聲明，指出雲林縣農田未享有灌溉用水，卻需負擔水費，是全臺唯一的縣市，希望有關單位重視檢討改進。〔註77〕

　　對於全額補助農耕機貸款案，蘇洪月嬌認爲由於社會結構快速變遷，現今農村工作者大多以老年人與婦女爲主，每年收割農民苦無雇工幫忙，造成農村收割問題，相對使得收入降低，連帶影響國家財政多方面的損失，爲改善此一循環所造成的問題，乃建議政府於農民購買農業機具時可以全額貸款，由農民自由選擇農耕機，農會則提供農耕機之樣式。〔註78〕除此之外，蘇洪月嬌更提出具體建議，指出爲了遏止地方人口外流的趨勢，也爲了使都市、鄉村能均衡發展，建議政府提高稻穀收購數量，降低稻穀成本，如減免

〔註75〕蘇洪月嬌，《我的奮鬥》，頁436～437。
〔註76〕蘇洪月嬌，《我的奮鬥》，頁435～436。
〔註77〕蘇洪月嬌，〈還給農民公道〉，《自由鐘》24（1984年1月），頁23。
〔註78〕蘇洪月嬌，《我的奮鬥》，頁433。

田賦，降低肥料價格等，並實施農民醫療保險，輔導農民從事副業，建立完整農民退休制度，以實質保障農民權益。〔註79〕

2、開發雲林觀光事業

雲林縣爲傳統農業地區，人口外移嚴重，年輕人離鄉工作，再加上外地謀職不易，大環境社會景氣不佳，蘇洪月嬌認爲稍有不愼，年輕人易誤入歧途，使得當時雲林縣的犯罪率居全國之冠，因此提出開發北港宗教觀光區，以無煙囱工業來帶動地方繁榮，提案建議使用臺糖公司北港糖廠所屬 159 公頃農地，投資興建中國文物館或遊樂園，由政府向臺糖公司購買用地或由臺糖公司投資興建，其公共設施由觀光局及省政府撥款補助，以富裕地方做爲雲林縣未來觀光事業的展望工作。〔註80〕

在發展地方觀光實質計畫方面，蘇洪月嬌質詢時特別強調觀光事業的發展，認爲觀光事業可利用低成本而達到高收益，透過地方觀光宗教文化事業的開發，除更可賺取外匯增加中央及地方政府稅收外，對於促進國家經濟發展及提高國民生國品質息息相關，建議開發資源，創造財富，繁榮社會，改善民生。蘇洪月嬌指出爲響應政府九項重要前瞻性發展計畫之一，可利用每年前往北港媽祖廟爲數眾多的香客及遊客，使其在北港地區作長時間的停留，以增加消費意願，建議政府增闢興建遊樂區，爲地方增加就業機會，以及繁榮地方經濟，使雲林各鄉鎮之風景區及其鄰近縣市規劃納入中部風景區體系。蘇洪月嬌建議遊樂區設置所需之土地及公共設施應由政府提供興建，而各種遊樂設施則由民間投資，以公辦民營的方式經營，規劃在雲林地區興建成爲遠東最大之觀光遊樂園區，不僅可供國內外學者、專家作爲研究中華文化之基地，及分層次設立中國古代文明歷史，成爲國內各級學校列爲必須參訪之地區，藉此發揚中華民國古有文化及宗教歷史淵源，〔註81〕蘇洪月嬌乃具體建請省政府，應交由東海大學規劃完成觀光發展計畫後，配合省政府成立觀光局，由省政府主辦，待開發完成後將雲林北港與阿里山、溪頭連成一體，形成區域性觀光遊樂園。

在解決雲林地區交通問題方面，由於北港媽祖廟聞名國內外，每年進香季節觀光遊客甚多，停車問題成爲亟需解決的項目，而爲發展北港宗教觀光

〔註79〕《臺灣省議會公報》第 39 卷第 17 期（1978 年 6 月 21 日），頁 1499。
〔註80〕《臺灣省議會公報》第 48 卷第 22 期（1982 年 6 月 18 日），頁 2301。
〔註81〕《臺灣省議會公報》第 48 卷第 22 期（1982 年 6 月 18 日），頁 2300～2301。

事業，開拓財源及交通之安全問題，蘇洪月嬌於第六屆第一次定期大會總質詢中，提出雲林縣北港鎮觀光遊客停車問題及未來解決的因應措施，認爲臺灣各觀光地區均有停車場之設置，以因應外地蜂擁而至的觀光客所乘之車輛；而北港鎮素來爲臺灣重要觀光勝地兼宗教聖地，每年由國內外各地慕名而來的遊客、香客高達幾十萬，但因雲林縣政府地方財政困難，並未設置足夠停車場，供遊客車輛停放，以致遊客車輛違規任意停放路旁，或侵佔私有用地，不僅影響地區市容觀瞻，更導致交通混亂，車禍頻傳，增加不少不必要之生命財產損失，乃建請省政府撥款協助雲林縣興建停車場，以利觀光事業的發展。〔註82〕除此之外，蘇洪月嬌更進一步建議興建停車場之適當位置，但是受到都市計畫法令規範影響，必須在其公布後兩年始能修改的限制之下，建請省政府給予變更規定，使地方民眾獲得實質利益。然針對設置停車場位置，蘇洪月嬌於第六屆省議會第一次臨時大會中提案，建請省政府在不妨礙水位基準的情況下，適度降低提防高度，以利興建停車場，〔註83〕並具體提出設計越堤道路作爲引導交通之用，此一設計不僅對出入道路得以疏導，對於市容觀瞻亦有所助益，確實解決交通及停車問題。〔註84〕

　　整體而言，蘇洪月嬌於蘇東啓出獄後代夫參選省議員，體認政臺灣的政治環境必須順應時代的潮流，以人民權益爲優先考量，所提出的提案以保障人民自由權利爲主，由附錄二「蘇洪月嬌第六屆省議員提案一覽表」可知，蘇洪月嬌在首次擔任省議員期間，爲民喉舌，於第六屆臺灣省議會中提出各項類別的提案中，將焦點集中在爭取人民權益的議題上，內容包括建議將國民大會、立法院的人事依現狀凍結，並增設類似英國下議院的中央第四國會，以求全面革新中央民意代表機構案，此外更提出解除戒嚴，廢止〈違警罰法〉，以維護憲法，保障人權，促進農業發展，保障農民權利、革新警察風氣、肅清社會不良風氣（貪污）、保障人民權益、建設地方交通、地下衛生水道建設、養殖漁業權益、保障勞工權益、催生全民健保、公務人員財產公布等議題提出建言，對於改善政治選舉制度、社會不良風氣，以及農民生活權益問題方面，具有積極的具體建議，以爭取政治社會的公平正義。

〔註82〕《臺灣省議會公報》第 39 卷第 17 期（1978 年 6 月 21 日），頁 1498。
〔註83〕蘇洪月嬌，《我的奮鬥》，頁 438。
〔註84〕《臺灣省議會公報》第 39 卷第 20 期（1978 年 7 月 31 日），頁 1981。

　　此外，在第六屆第一次大會中，總計省議員提案高達 1,488 件，蘇洪月嬌
則提出 31 件議案，個案中以建設類、民政類所提案件佔多數（相關民政類提
案參見附錄二），其項目內容則以繁榮地方建設、保障人民權益、肅清社會不
良風氣（貪污）、革新警察風氣等議題居多，此與蘇洪月嬌早期出身民意基層，
擔任過雲林縣北港鎮民代表，爭取地方建設權益有關，而後更上一層樓進入
省級議會後，則以省議員身份加以落實其政治理念。（參表 4-3 蘇洪月嬌第六
屆第一次大會提案表）

表 4-3　蘇洪月嬌第六屆第一次大會提案表

項次	案由
1.	依照憲法程序制訂省縣自治通則案
2.	建議將國民大會、立法院和監察院的人事依現狀凍結，使其類如英國上議院，而以修訂臨時條款方式，增設類似下議院的中央第四國會，以求全面革新中央民意代表機構案。
3.	爲沿海公路施工，請省地政局重行測量，正確訂定公路用地界限案。
4.	明定嫌犯交保辦法
5.	被告在法院偵查庭中應可選任辯護人案
6.	請廢止「違警罰法」或將及納入刑法體系案
7.	請徹底改革警察風氣案
8.	請制訂勞動基準法案
9.	建議早日辦理全民納入保險制度案
10.	修改有關勞工法規，以謀勞工之福利案
11.	請修改勞工保險退休辦法，以保障勞工權益案
12.	請徹底消滅貪污風氣案
13.	擔任國家要職人員於就職時，應公布其財產案
14.	議會公報對外發行案
15.	請政府輔導全省宗教團體或單位，對大眾傳佈道德教育由
16.	全省垃圾堆，宜作有效應用及妥善處理
17.	建議全額農耕機補助貸款案
18.	請政府重視工商大戶之高額漏稅
19.	請廢除電力公司的用戶電錶租金案
20.	請建議中國石油公司在雲林縣水林鄉設置加油站案
21.	請停徵缺水地區農戶的水租會費，以減輕農民負擔，減少糾紛等

22.	促進興建清水溪水庫之工程由
23.	搶修湖口村防波堤，以確保人民生命財產之安全案
24.	為發展北港觀光事業，開拓財源，及交通上之安全，以不妨礙水位基準之下，請適度降低堤防高度案
25.	為確保農耕用地由
26.	請政府成立國營機械農耕隊案
27.	為推動省水產試驗所東港分所擴建計畫，請政府積極配合實施有關之行政設施案
28.	建議縣市鄉鎮農會總幹事任用資格增列「曾任鄉鎮農會理事長四年以上者」項案。
29.	請明文規定准予高中藝能科教學，遴聘國中該科合格資深教師充任。
30.	為民眾出國考察手續，請政府加以簡化案。
31.	請鐵路局自對號以上之列車，加結平快車廂，以利民眾，提高為國效勞時間。

資料來源：

1. 蘇洪月嬌，《我的奮鬥》（臺灣省雲林縣：作者自印，1978 年 12 月），頁 410～446。
2. 臺灣省議會史料總庫（2011.08.14）http://ndap.tpa.gov.tw/drtpa_now/record.php?DataId=03KP00117364&Access_Num=29568

　　蘇洪月嬌在面對雲林地區長期以來所存在的社會問題，認為人民的生活如果能安定，社會必然雖之安定，身為省議員聽取民眾心聲，為民喉舌，是蘇洪月嬌能夠連任四屆省議員最大的因素。

第三節　《自由中國》事件與「中國民主黨」籌組

一、黨外言論主張

　　許世賢於第二屆臨時省議會因李茂松案聲明退出國民黨，成為當時少數女性黨外省議員；而蘇洪月嬌早期則是省議會七十五位省議員中唯一的青年黨省議員，當時國民黨為提倡政黨政治，特地派人至美國邀請青年黨主席李璜回臺主持青年黨全國代表大會，蘇洪月嬌則擔任青年黨的中央評審委員，不過蘇洪月嬌雖以青年黨身份問政，長期卻與黨外人士結合，以非國民黨之黨外身份於省議會質詢中提出個人政治主張。因此，針對「議員言論免責權的維護」，個案中的許世賢與蘇洪月嬌有著相同的主張與理念，認為身為黨外省議員，若在議會質詢無法受到基本權利保障，而頻頻遭到妨害公務及妨害名譽等法律條文來打擊黨外議員，省議會將成為一黨專制議會，無法成為法

制化的政黨政治體制。再者，兩位個案女性參政者，對於基本人權的保障與地方選舉秩序的維護，主張中央民意代表全面改選的民主法治觀念，亦有不謀而合之處。

（一）許世賢言論主張

許世賢以黨外身份質詢，從其質詢內容中展現其政治理念與主張，在第三屆省議會第八次定期大會的總質詢中，提出十五項當前政治社會問題，包括：1、關於臺北市升格為院轄市後的問題；2、關於增補選中央級本省民意代表之問題；3、此次修改地方治法規，採用公費候選制度，有關候選人資格問題；4、改善選風之問題；5、關於候選人發表政見言論問題；6、發動社會力量募捐米谷或貶金以為冬令救濟之問題；7、關於本省人口失業問題；8、改善環境衛生為省府當前重要施政方針之問題；9、省立醫院醫師自不能兼開業之問題；10、賦稅之問題；11、實施耕者有其田之問題；12、農藥與衛生處所管理之問題；13、關於大專聯合招生制度問題；14、防止車禍之問題；15、建設水庫及堤防問題。〔註 85〕針對上述十五項當前政治社會問題，許世賢對於選舉風氣問題及其相關措施極為重視，認為選舉風氣一屆不如一屆，選舉監察制度形同虛設，針對「關於候選人發表政見言論問題」，許世賢對於地方自治選舉，認為政府應飭令各級自治人員、監察委員會，及監察小組尊重發表政見的自由，勿在選舉前硬性規定政見發表會守則，此一主張乃基於「我國是立憲民主國家，除了違憲行為言論之外，似不應在競爭政見發表會上限制言論自由，以妨害政黨政治之原意」〔註 86〕，許世賢認為政治既然准許人民參加，理應尊重國父孫中山創國之原意「還政於民」，而人民選舉之政見發表更應任其自由，不應加以制止或取消候選人資格作為脅迫，使之政見淪為爭取選民選票之變相政見，而無現實政治之批評。對於許世賢建議事項，省政府方面仍無具體回覆，認為候選人發表政見言論，除違反妨礙選舉罷免取締辦法之規定以外，並無其他限制，至於臺灣省各縣市實施地方自治綱要為實施地方自治之母法，省政府並未以行政命令變更其規定。〔註 87〕省政府答

〔註85〕臺灣省議會第三屆第八次定期大會，臺灣省議會公報第 16 卷第 17 期（1967年 2 月 14 日），頁 747～749。

〔註86〕臺灣省議會第三屆第八次定期大會，臺灣省議會公報第 16 卷第 17 期（1967年 2 月 14 日），頁 747。

〔註87〕臺灣省議會第三屆第八次定期大會，臺灣省議會公報第 16 卷第 17 期（1967年 2 月 14 日），頁 748。

覆採消極作法，事實上在各項選舉過程中，政府常以行政命令破壞地方自治綱要內容，許世賢另於第三屆省議會第九次定期大會中再度嚴正提出「請政府實施地方自治應重民主勿以官僚習氣過度限制政見內容以維憲法之保障人民言論自由權益案」，提出八點個人主張與理由，認爲：1、地方自治，就是民主自治；2、政見就可以說是候選人之武器，也是選民之選擇目標之一；3、政黨政治乃是民主國家之代表型態；4、我國因天時、地勢、環境之限使之無法發展政黨之競爭；5、只在改選時，選民對於政治有趣者或政黨之培養者表明競選之事實；6、無論品德爲主，政見爲副，選民選的其兩爲標；7、因此政見就無須限制或禁止，使之政見內容有所變質，即妨害民主政治之前途。〔註88〕由此可知，許世賢主張選舉候選人政見主張爲選民之重要考量依據，在民主自由的社會中，候選人應有自由發表言論的基本權利；但事實上，在戒嚴時期執政當局常以行政命令加以限制，使得候選人政見發表內容受到限制。隨後省府回覆：「查本省公職人員選舉，候選人發表政見時，不得有之言論，臺灣省議會議員候選人競選規則第十二條及臺灣省妨害選舉罷免取締辦法第十八條已有規定，本府除依照上開規定外，並無以行政命令限制候選人言論情事」〔註89〕，省政府方面認爲並無以行政命令加以限制，但從第六屆省議員選舉中，蘇洪月嬌以受難者家屬身份參選，所提出的政見內容受到限制可知，相關政府單位並未誠實面對問題，亦未有所改善。

（二）蘇洪月嬌言論主張

　　針對當前政治的問題，蘇洪月嬌於第八屆第二次定期大會的質詢言論中，曾爲此提出個人主張與見解：1、言論免責問題；2、中央民意代表未全面改選問題；3、國家安全法之研議制訂問題；4、民間組黨、結社、言論自由之限制問題。〔註90〕關於言論免責與中央民意代表定期改選問題，蘇洪月嬌認爲一般民主法治國家，多依法律規定民意代表在議會言論及其表決對外不負責任，而對於其所謂的「對外不負責任之範圍如何？」蘇洪月嬌曾針對此一問題質詢當時民政廳長高育仁，指出應保障民意代表言論免責權利，以避免日後在省議會質詢過程中，爲了言論免責權問題爭論不休。

〔註88〕臺灣省議會公報第 17 卷第 20 期（1967 年 5 月），頁 983。
〔註89〕臺灣省議會公報第 17 卷第 25 期（1967 年 5 月），頁 1236～1237。
〔註90〕臺灣省議會公報第 58 卷第 26 期，（1986 年 9 月 30 日），頁 2974～2977。

　　再者，蘇洪月嬌指出在民主政治與議會制度中，最難能可貴的精神，在於政府的一切組織均以民意爲基礎。所以，有必要由全體國民定期選出代表，對所有公共政務之重大決策，在議事殿堂中討論，以辯是非、論正反，並由多數表決的方式來充分表達民意，使其民意代表能充分確實發揮其職責功能。由於每一個人之性格、所學專長、看法、觀點角度，以及表達方式各有所歧異，蘇洪月嬌認爲對於民意代表的言論表達，彼此之間難免會發生爭執、對立之衝突，若能以立法保障其代表之權益是有其必要性的；而強調保障的目的在於增進整體社會之福祉與眾多數民眾之公益，並非保障民意代表個人之私利，是爲議會政治不可或缺之免責權，亦爲充分發揮公共利益而設的民意代表免責權。

　　蘇洪月嬌更引用各民主國家對議員言論免責權的規定，說明言論免責權可分爲「絕對免責權」與「相對免責權」兩類，蘇洪月嬌指出《憲法》中規定絕對免責權的權利，可由相關法律條文中得到證明，認爲我國上自中央，下及鄉鎮縣轄市各級民意代表機構，除立法及監察兩院之規定言論免責權範圍較大及不限於「在會議時」外，其他民意代表之言論免責權，則受到完全之一致的保障，依照我國現行憲法言論免責權之規定，對於不負責任一詞，乃源出於歐洲之大陸法系；在性質上中央與地方民意代表所代表之民眾，雖有廣義、狹義範圍之分別，惟其在民主憲政之體系中所處立場及應有之運作過程，本質上並無差別。〔註91〕蘇洪月嬌認爲省議員爲民眾爭取權益，在會議質詢中議員應受到言論免責權的保障，否則民意代表將受限於言論，無法真正代表民意發聲。從歷屆省議會質詢可知，蘇洪月嬌在議會質詢，個人言論激烈強悍，形塑出個人特殊的問政風格，也造成在質詢過程中，因臺中護校案反遭控妨害名譽而判刑確定。因此強烈主張議員言論免責的權利應受到保障，認爲憲法是言論免責權的體制，若因議員質詢反遭控妨害公務、妨害名譽等罪名，民意代表將無法充分表達民意，更會史無前例地成爲國際間的笑柄，而在民主歷史上留下不可抹滅的污點。〔註92〕

〔註91〕蘇洪月嬌，《政治與我：省議會四年的回顧》，頁142～145。
〔註92〕蘇洪月嬌，《政治與我：省議會四年的回顧》，頁139～141。

二、黨外組黨

（一）《自由中國》與五龍一鳳的結合

　　《自由中國》爲中國知識份子雷震、胡適、杭立武和王世杰等人擬議創辦，鼓吹自由民主，以對抗共產極權，作爲國民黨的反共後盾，隨著大陸失守，遂於 1949 年 11 月 20 日在臺北創刊，成爲 1950 年代主要的政論刊物。隨著《自由中國》對時政的批評愈來愈激烈，並深入現實政治問題核心，雷震逐漸與臺灣本土菁英結合。1957 年 4 月 11 日，因應第三屆縣市長和省議員的選舉，臺籍人士開始研究選務改進方案展開串聯，獲得不錯的選舉結果。選後各在野候選人在臺北市蓬萊閣召開選舉檢討會，會中決議籌設「中國地方自治研究委員會」。〔註 93〕《自由中國》熱烈討論地方自治與選舉結果，甚至發出反對黨的呼聲，再加上黨外「五龍一鳳」崛起的盛事，引來大陸籍自由主義人士的注意。當時任職於中央研究院院長的胡適甫自美返臺，發表「從爭取言論自由談到反對黨」的演說，公開主張知識份子、教育界與青年應合組在野黨。〔註 94〕因此「中國地方自治研究會」與「籌組反對黨」經常被外界聯想在一起，在野人士仍以「民主人士聯誼會」爲名義時相聯繫。

　　1957 年 4 月，《自由中國》刊出「祝壽專號」後半年，臺灣舉行第三屆縣市長及省議員選舉，由石錫勳、郭發、王燈岸三人籌組「黨外候選人聯誼會」，研究選務，並仿日治時期文化巡迴演講，舉辦民眾座談會。另於 4 月 11 日，在臺中召開第三屆臨時省議會及各縣市候選人關於選務改進的座談會，提出五項議案，並推民社黨和青年黨作爲向政府交涉的代表，最後決議選舉後，由李萬居負責召集選舉檢討座談會。選舉結果，由臺北市的郭國基、臺南縣吳三連、高雄市李源棧、宜蘭縣郭雨新、雲林縣李萬居、嘉義縣許世賢，當選省議員，形成所謂「省議會五虎將」及「五龍一鳳」稱號的由來。

　　1960 年縣市長及議員選舉活動使得臺灣民主運動進入籌組新政黨的高潮。同年 2 月，地方選舉前夕，李萬居、郭雨新、高玉樹、吳三連、許世賢、楊金虎等人召開選舉問題座談會，雷震和青年黨領袖夏濤聲、民社黨主席蔣勻田均出席參加。5 月 18 日，無黨籍與民青兩黨人士在臺北市中國民主社會黨總部召開「第四屆地方選舉檢討會」，根據當天會議記錄出席者，包括蔣勻

〔註 93〕彭懷恩，《透視黨外組黨》（臺北市：風雲論壇委員會，1986 年），頁 52～53。
〔註 94〕呂秀蓮，《重審美麗島》（臺北市：前衛出版社，2000 年），頁 26～30。

田、成舍我、沈雲龍、孫亞夫、萬鴻圖、楊毓滋、王漢生、葉時修、劉永濟、
王嵐僧、傅正、宋霖康、李福春、李連麗卿、李賜卿、王子鵬、李秋遠、張
高懷、林丕讓、諸寶恒、趙和、葉炳煌、鄭宋柳、林維洲、黃千里、傅添榮
蔡坤山、洪添祿、陳肯、洪錐、王地、蘇東啓、吳光遠、張火源、許竹模、
許世賢、李火煙、胡能晃、葉廷珪（林賀壽代）、魏東安、陸雲皆、林清景、
楊金虎、李順德、黃振三、何春木、蔡德彬、蘇祖繼、翁道源等數十人，〔註95〕
其中以雷震、吳三連、李萬居、楊金虎、許世賢、高玉樹及王地爲主席團，
經過與會人士踴躍檢討相關選務、秘密投票，以及選舉舞弊等，輪到楊金虎
擔任會議主席時議題轉爲組黨，與會者共 72 人，〔註96〕紛紛發言強烈批評選
舉弊端，其中郭國基於會中慷慨發表「希望把民青兩黨整個全部解散，和臺
灣一般民主人士共同來組織一個強有力的在野黨，發揮民主的力量」。〔註97〕

　　蘇東啓亦於會中發言，說明執政黨對外發表該次選舉相較以往較爲進
步，故認爲檢討會最主要的目的，應是對外發表一個聲明，讓海內外人士瞭
解選舉的眞相，特別是有些縣市爲何不提選舉訴訟，是因爲訴訟無用的關係；
更希望各縣市候選人，能提供各縣市選後的觀感送交主席團，以便作爲對外
發表聲明的參考。最後蘇東啓對於另組一個反對黨的看法，則認爲組黨是大
家一致的看法，並建議請民社黨、青年黨兩黨表示意見；〔註98〕會議討論過
程中，經過郭國基言論的激盪，組黨理念逐漸成熟，會議自下午持續至夜晚，
將近六小時的研議，最後決議，自即日起組織「地方選舉改進座談會」，在座
出席人員爲當然會員，各地得設分會，而「地方選舉改進座談會」組織的成
立及《自由中國》雜誌對組黨運動的鼓吹與呼籲，使得新政黨的成立進入緊
鑼密鼓的階段。〔註99〕

〔註95〕未署名，〈選舉改進座談會的聲明〉，《自由中國》22：12（1960 年 6 月），頁 382。

〔註96〕當時與會人員如諸寶恒、郭國基、許竹模、何春木、李蛙源、蔡德彬、蘇東
　　　啓、黃振三、傅添榮、洪添祿、陸雲皆、李福春等人紛紛發言，呼籲大家聯
　　　合起來組織一格強而有力的反對黨，來對抗國民黨。鄭牧心，《臺灣議會四十
　　　年》，頁 181～182。

〔註97〕不詳，〈在野黨及無黨無派舉行本屆地方選舉檢討會記錄摘要〉，《自由中國》
　　　22：11（1960 年 6 月），頁 352～356。

〔註98〕不詳，〈在野黨及無黨無派人士舉行本屆地方選舉檢討會記錄摘要〉，《自由中
　　　國》22：11（1960 年 6 月），頁 355。

〔註99〕李筱峰，〈臺灣戒嚴時期政治案件的類型〉，收錄於財團法人戒嚴時期不當叛
　　　亂暨匪諜審判案件補償基金會主辦「戒嚴時期政案件」專題研討會，2000 年
　　　12 月 8 日，頁 62～63。

　　5 月 18 日，地方選舉改進座談會於舉行檢討會，會中決議由主席團經多次研討決定發表聲明。6 月 15 日，地方選舉改進座談會發表第一次聲明，並做出兩點決定：「1.我們為了澈底改革地方選舉，促進地方自治，已經成立『選舉改進座談會』，並已由主席團依據檢討會的授權，在不分省籍不分黨派的原則下，遴選委員五十五人。我們要監督政府從今年十一月縣市議員選舉時開始，及革除一切違法舞弊的措施，並促請臺灣省議會修正有關地方自治法規，使秘密投票、公開監票得以完全實現。為保證這一點，國民黨黨政當局必須同意在野黨、及無黨無派候選人都能在每一個投票所、開票所推派管理員和監察員。倘國民黨黨政當局仍然拒絕，我們當昭告全國，指出選舉的非法，並否認選舉的結果；2.我們為了全面改革中國政治，鞏固反共復國的基地，促成民主政治之實現，決定團結海內外民主反共人士，並與民青兩黨協商，立即籌組一個新的政黨，為真正的反共、真正的民主而奮鬥，務使一黨專政之局，永遠絕跡於中國，至於我們對於若干當前問題的具體主張，將在發表政策時，詳細列舉；並隨時體察自由中國海內外人民的需要，陸續提出，以就教於國人。」〔註 100〕

　　當時執政黨當局對於地方選舉所策動的種種違法舞弊措施，成為選舉改進座談會亟欲改革的目標，認為地方自治是民主政治的基礎，而地方選舉又是地方自治的基礎，因此決定先由地方自治的改革著手，進而促成政治的全面革新，並宣稱不分省籍、黨派，遴選委員 55 人，革除一切違法舞弊的選舉措施，並預備籌組新的政黨，以打破一黨專政的局面。

（二）召開「選舉改進座談會」

　　1960 年，6 月 24 日《自立晚報》將當時反對黨預定的大部分常委名單公布，於是預定 6 月 25 日於《自由中國》雜誌社召開「選舉改進座談會」第一次籌備委員會議，〔註 101〕此一座談會即為新政黨籌備委員會。6 月 26 日，委員會召開第一次會議，公推雷震、李萬居、高玉樹為新政黨發言人，並與夏

〔註 100〕鄭牧心，《臺灣議會四十年》，頁 183；不詳，〈選舉改進座談會的聲明〉，《自由中國》22：12（1960 年 6 月），頁 382。

〔註 101〕當時籌備委員會會議地址原商借民社黨中央黨部，但因國民黨不斷展開挑撥分化，針對民社黨副主席會議值月主席施予壓力，使得籌備會議開會地點商借一事遭婉拒，雷震認為此一籌備會議之召開意義重大，在迫不得已的情形下，改在空間狹小的《自由中國》雜誌社舉行。謝漢儒，《臺灣早期民主運動與雷震紀事》（臺北市：桂冠圖書公司，2002 年），頁 247～249。

濤聲、吳三連、郭雨新、齊世英、李源棧、楊毓滋、石錫勳、王地、郭國基、楊金虎、謝漢儒、許世賢、黃玉嬌等，組成十七人召集委員，負責全省各地，包括臺中、嘉義、高雄和桃園，舉辦巡迴選舉改進座談會，並排定座談會行程，7月19日在臺中（中部四縣市）、7月23日在嘉義（雲、嘉）、7月30日在臺南縣、市、7月31日高雄縣市及屏東縣市合併舉行座談會。〔註102〕其中，7月23日選改會在嘉義市律師許竹謨家中舉行雲嘉地區的巡迴座談會，公推由許世賢擔任主席，會議則由許世賢、許竹謨、蘇東啓分別主持，由許竹謨致開會詞，大約有二十餘人發言，參加者除了是選改會的領導人外，亦包括雲嘉地區的省議員、縣議員、醫師、律師、金融界農界等知名人士，最後由蘇東啓發言說明組織反對黨的動機乃是：1、一般人對國民黨的不滿；2、世界潮流大勢所趨；3、民眾一致要求。蘇東啓在會中做出最後結論，提出 1、吸收黨員質量並重；2、加強宣導工作；3、早日完成組黨；4、建議以「中國民主黨」為新政黨名稱；5、經費來源除徵收黨費及自由樂捐外，向海外僑胞及各界募捐。〔註103〕而後8月底討論每一縣需有專人負責，許世賢則被推薦嘉義負責人。〔註104〕最後，委員會宣布新政黨將於9月、10月成立。

　　事實上，1960年7月由北而南的選舉改進座談會，即是籌組反對黨的說明會，得到臺灣社會熱烈的迴響。當時有人建議許世賢可為嘉義負責人，雲林以王吟貴為佳、蘇東啓副之。〔註105〕綜觀此一時期的選改會在各地所舉辦的巡迴座談會，雖具有動員群眾的企圖心但因當時的主客觀條件限制，並未如預期得到效果，其動員規模遠不及日治時期臺灣文化協會在各地的啓蒙運動，也未真正深入群眾當中。〔註106〕另外，新政黨的組黨運動，主要是由兩股力量結合而成，一為1949年以後大陸來臺的部分自由主義知識份子，另外是臺灣本地的政治人物和社會菁英，前者以《自由中國》雜誌為宣傳媒體，再配合後者的地方選舉活動，而形成新政黨的運動，兩者的結合是以臺灣地

〔註102〕傅正，《雷震全集（40）》（臺北市：桂冠圖書公司，1989年），頁334、335、
　　　　350。
〔註103〕蘇瑞鏘，《戰後臺灣組黨運動的濫觴──「中國民主黨」組黨運動》（臺灣省
　　　　臺北縣：稻鄉出版社，2005年4月），頁126～127。
〔註104〕李筱峰，〈臺灣戒嚴時期政治案件的類型〉，頁43～44。
〔註105〕陳儀深，〈臺獨叛亂的虛擬與真實──1961年蘇東啓政治案件研究〉，頁148
　　　　～152。
〔註106〕蘇瑞鏘，《戰後臺灣組黨運動的濫觴──「中國民主黨」組黨運動》（臺灣省
　　　　臺北縣：稻鄉出版社，2005年4月），頁129。

方選舉為媒體。〔註107〕其成員不僅來自國民黨員、民青黨員和無黨人士，亦包含監察委員、立法委員、國大代表、省議員等，聲勢浩大。為籌組新政黨朝野相互激盪，並將新政黨命名為「中國民主黨」，籌組新政黨與會人士首推雷震、李萬居、高玉樹、夏濤聲、吳三連、郭雨新、齊世英、郭國基、李源棧、謝漢儒、楊金虎、石錫勳、王地、黃玉嬌、楊毓滋等十六位召集人〔註108〕，不料9月4日新政黨秘書長雷震與《自由中國》編輯傅正、馬文灝及會計劉子英等四人以涉嫌叛亂罪被拘捕入獄，《自由中國》隨即遭停刊。10月8日，雷震判決宣告處以有期徒刑十年，組黨人士便發表聲明，指出「雷案」是國民黨打擊新政黨「中國民主黨」與《自由中國》，分裂省籍合作的藉口，新政黨運動不會因此停止，只不過稍延一段時間而已。〔註109〕

（三）黨外巡迴助選團

雷震案發生後，七人小組每星期開會並輪流擔任主席，其成員包括高玉樹、雷震、齊世英、夏聲濤、李萬居、許世賢、郭雨新等，會議的召開關係中國民主黨的存廢問題，〔註110〕但隨著雷案的發生，新政黨籌備活動始終未能有進一步的推展，致使「中國民主黨」胎死腹中，組黨人士也如樹倒猢猻散，省議會中的「五龍一鳳」，也因李萬居的《公論報》遭特務監控官司敗訴，導致惡疾纏身，無力出席議會；吳三連退出選舉，專心經營《自立晚報》；李源棧與郭國基互相猜忌；郭雨新則忙於個人事業，無心參與；「五龍一鳳」僅剩下許世賢一人，孤掌難鳴，黨外人士辛苦經營的民主運動成果頓時一蹶不振。〔註111〕

組黨失敗後，許世賢於1961年第五屆縣市議員選舉時，與李萬居、郭國基、郭雨新、李源棧、吳三連、高玉樹及楊金虎等人組成巡迴助選團，至全國各地為組黨人士參與縣市議員選舉者助選，許世賢認為組黨運動雖然受到

〔註107〕李筱峰，〈臺灣在野改革運動的歷史回顧〉，收錄於彭懷恩，《透視黨外組黨》（臺北市：風雲論壇社，1986年12月），頁46～84。

〔註108〕謝漢儒，《臺灣早期民主運動與雷震紀事》（臺北市：桂冠圖書公司，2002年），頁243～246；謝欣純，〈郭國基與戰後臺灣地方自治〉，（臺北市：國立臺灣師範大學歷史研究所碩士論文，2002年7月），頁143～144。

〔註109〕呂秀蓮，《重審美麗島》（臺北市：前衛出版社，2000年），頁30。

〔註110〕沈雲龍、林泉、林忠勝訪問，林忠勝紀錄，《齊世英先生訪問紀錄》（臺北市：中央研究院近代史研究所，1990年8月），頁353～354。

〔註111〕曹永和、張勝彥、吳文星、蔡相煇、詹素娟、戴寶村編著，《臺灣歷史人物與事件》（臺灣省臺北縣：國立空中大學，2002年），頁529。

阻礙，黨外仍要團結組織作政黨輔選的事。〔註112〕因此，各縣市議員候選人只要有勇氣願意接受黨外巡迴助選團助選，便由許世賢、李萬居等人所組成的助選團登臺演講，選舉結果受到助選團助選的候選人，例如雲林縣蘇東啓，臺中王地、何春木，嘉義林山生和臺北市議會五虎將黃信介、李錫卿、宋霖康等人，大多以最高票當選，約有 20％黨外組黨人士當選，顯示選民對新政黨的支持。

然而分析黨外組黨對執政黨影響的因素，可分爲內、外兩因素，在外在因素方面，可視爲戒嚴體制打擊黨外組黨，由於戒嚴體制的各項法令限制下，導致黨外活動無法獲得公平合理的發展，執政黨對於黨外運動引用戒嚴法規定對黨外運動給予嚴重的打擊，其具體的方式表現在對有形群眾運動的限制與取締，以及對組織新政黨計畫的阻擾，使得政治運動的對抗由原本的團體與團體的對抗，因政黨組織運動的失敗，促使黨外對抗運動，轉變爲個人對抗團體、「非法」對抗合法的不利地位，形成臺灣政治發展的歧異。再者，中央公職人員長年不改選，以及後期有限度的改選，都使得黨外人士參與政治及決策機會減少。在地方政治中，臺灣省與直轄市長的選舉，也在省（市）自治法中遲遲未予通過實施，形成當時執政黨內部權力轉移的工具。在內在因素方面，各地方派系地域意識妨礙整體發展，主要來自於黨外本身充斥一股未被釐清的阻力，即是黨外不能組織化、制度化，其來自於執政黨以戒嚴的名義加以干涉的結果，最重要的原因在於黨外人士在各種地域性的政治文化中，無法團結在同一陣線上，甚至有時相互攻擊，因而抵銷對抗執政黨的實力。〔註113〕

（四）《自由中國》組黨與蘇東啓案的關連

雷震案所造成的影響，使得臺灣知識份子從臺灣民主運動中撤退，由臺灣本土黨外政治領袖策劃的地方選舉助選團，雖做到執政黨未能做到之事，其成就輝煌，但對於組黨失敗，仍造成臺灣民主運動的傷害，而許世賢自退出國民黨後，始終以無黨無派身份問政，主要原因在於組黨的失敗。另一方面，雷震案後組黨運動無法再繼續發展的原因，其中在 1961 年 9 月 19 日與

〔註112〕林濁水，〈撤退就是投降：許世賢決心再爲嘉義市民服務〉《政治家》24，頁21～22。

〔註113〕顏尹謨，〈黨外反對運動的困境與出路〉，《蓬萊島叢刊》8（1984 年 7 月），頁 20～23。

李萬居關係極爲密切，且積極參與中國民主黨組黨運動的蘇東啓遭到執政黨當局逮捕。當雷震案發生後，當時擔任雲林縣議員的蘇東啓，曾提案促使議會通過「請總統准依憲法規定對《自由中國半月刊》發行人雷震予以特赦」的請願，然 1961 年 9 月發生蘇東啓案件，在某種程度上也與此一組黨大環境背景下有所關連，〔註 114〕並具有殺雞儆猴的效果，藉此削弱組黨的力量，而組黨運動的核心人物態度也因此由積極轉爲消極，暫緩組黨運動。〔註 115〕

　　因此，雷震案發生後，許多內、外因素的交互影響下，原先打算加入組黨運動者，或者是發起人也逐漸選擇退出，中國民主黨的籌組工作也因雷震案而銷聲匿跡。在黨外組黨運動中，許世賢所扮演的角色是直接參與黨外組黨活動，蘇洪月嬌雖未直接參與組黨，但蘇東啓是參加新政黨活動的主要人士之一，對於組黨的態度頗爲積極，在新政黨運動停頓後，蘇東啓並未有獨樹一幟的活動，不過在地方上卻成爲受人矚目的人士，由於蘇東啓在雲林縣議會以敢言著稱，故被視爲「金剛作風」，又有「蘇大砲」之稱，蘇東啓在雲林縣議會提出「請政府特赦雷震案」獲通過後遭到逮捕，〔註 116〕使得組黨運動與蘇東啓案之間被人認爲有其關連性，此一案件也使得蘇洪月嬌在日後以受難者身份參與政治選舉。

〔註 114〕陳儀深，〈臺獨叛亂的虛擬與真實──1961 年蘇東啓政治案件研究〉，頁 150。
〔註 115〕蘇瑞鏘，《戰後臺灣組黨運動的濫觴──「中國民主黨」組黨運動》（臺灣省臺北縣：稻鄉出版社，2005 年 4 月），頁 219～222。
〔註 116〕蘇洪月嬌，《我的奮鬥》，頁 16。

第五章　政治生涯發展轉變之比較

　　婦女參政個案的許世賢與蘇洪月嬌，在其政治生涯中歷經轉折，從二二八事件至蘇東啓政治案件，不僅影響個人的政治理念與主張，更影響其參政發展的模式。兩位女性參政者，在參與政治選舉歷程中，由地方到中央，從民意代表到行政首長的參選經歷，展現出個人獨特的政治實力與地方行政魅力，而政治案件的衝擊，直接影響其個人政黨選擇的轉折與適應，也間接使得參政層級類型的轉變，進而出現女性參政個案，在政治發展方面，除需面對來自政治的挑戰，也必須克服來自個人、家庭、社會等方面的困境。因此，許世賢與蘇洪月嬌兩位女性參政者，所代表的僅僅只是女性參政類型的不同，其政治參與模式所面對家庭角色的分工、社會觀念的調適，以及政黨政治的選擇等問題，正是女性參政個案發展時待突破的關鍵。

第一節　「二二八事件」與「蘇東啓案」衝擊

一、政治案件的衝擊與轉折

（一）二二八事件：許世賢全身而退

　　1947 年二二八事件發生後，3 月 4 日二二八事件處理委員會假中山堂開會，討論六點決議事項，其中包括擴大「二二八事件處理委員會」之組織決議，通知全省十七縣市的參議會和人民團體推派代表為當然委員，在各地組織分會。會議內容除議決有關平息事件之措施外，並表達出政治改革之企圖，使原本平息事端之處理委員會治標性質濃厚，轉變為兼具有治本意味的政治改革組織。

　　3月5日，處理委員會在中山堂舉行正式成立大會，正式通過組織大綱，明白揭示「改革臺灣省政治」的宗旨，組織成員包括各縣市之民意代表、人民團體代表、學生等。至此二二八事件處理委員會，從一個處理善後的臨時組織，正式成爲一個推展政治改革之團體，全省各地以縣市參議會爲主體的二二八事件處理委員會之各地分會，亦相繼成立，並提出處置對策與政治改革之要求。〔註1〕在嘉義地區，行政長官公署當時仍偏向用政治方法解決，主張以「領導民眾以民眾克服民眾」，派出陳漢平少將，將臺灣警備總司令高級參謀及嘉義仕紳劉傳能回到嘉義，希望透過與嘉義市二二八處理委員會的聯繫，來阻止民眾對軍械庫及機場的攻擊，並供給糧食給被困軍民。〔註2〕

　　3月11日，嘉義市二二八處理委員會爲減少嘉義地區的傷亡，派出和平談判代表陳復志、陳澄波、潘木枝、盧炳欽、柯麟、林文樹、邱鴛鴦、劉傳來、劉傳能、許世賢等人，搭乘寫有「軍使」字樣的車，前往水上機場，不料「軍使」字樣被軍方解釋爲與敵軍對峙，因此當天下午，除邱鴛鴦、許世賢、劉傳來、劉傳能被釋回，林文樹因氣喘發作另行釋回外，其餘參與談判代表均被扣留，約一、兩週後分別於嘉義車站前遭到槍決。

　　根據臺灣省行政長官公署編制二二八事件各縣市暴動情形記載，嘉義市主動及附從者包括陳復志、林麟、潘木枝、陳澄波、林文樹等人，3月2日上午九時的實際暴動情形爲「奸黨流氓百餘人搗劫市長宿舍並攻陷警局、毆打各機關首長及外省公務員、搶劫十九軍械庫、強迫憲兵隊繳械、圍攻羅營、包圍機場、控制水電及電訊交通、『處理委員會』提出無理要求、焚燬倉庫、設立僞『作戰指揮部』、外省公務人員一千四百餘人，被集中拘押於參議會中山堂市黨部等處，佔領各機關、組織『自治青年同盟』」。〔註3〕事件中，外省公務員死傷及財物損失甚爲嚴重。最後，政府做出善後處理，包括清查戶口、舉辦鄰里連坐、查辦禍首、配給食米、收繳槍械等。其中陳復志則是三民主義青年團嘉義分團主任，可見三民主義青年團在二二八事件中所扮演的角色相當重要，犧牲也相當慘重；事件過後政府在清算過程中，各地幾乎都有三

〔註1〕顏志榮，〈光復後臺籍民選精英政治反對之研究（1945～1969）〉（臺北市：國立政治大學三民主義研究所博士論文，1993年6月），頁123～124。

〔註2〕紀展南，《嘉義媽祖婆──許世賢傳奇》，（嘉義市：張進通許世賢基金會，2007年6月），頁121。

〔註3〕中國第二歷史檔案館編，《臺灣「二‧二八」事件檔案史料（上）》（出版地不詳：檔案出版社，1991年12月），頁217～218。

青團成員遭到殺害。1938 年三民主義青年團正式成立，被各界視爲蔣經國的勢力，〔註4〕而根據鍾逸人所記，三青團成員中有許多知名人士，除許世賢夫婦外，更包括王添燈、葉榮鍾、陳復志、簡吉等人。〔註5〕當時，許世賢在二二八事件期間擔任嘉義市參議員，即在此一背景下參與官民之間協調的角色。

另根據張岳楊對許世賢在二二八事件中記載，許世賢當時曾代表前往水上機場談判。張岳楊描述其曾陪同許世賢與劉傳能到嘉義水上機場，帶著警總的停戰公函及陳漢平的手令，搭乘小卡車，車頭前綁一面白旗，連同司機四人手臂均綁著白臂章，到達北回國小，劉傳能隨即被機場國軍所派遣衛隊，以黑布蒙上眼睛，兩人左右架著劉傳能進入機場，而許世賢和張岳楊則留在國小前大排水溝，許世賢毫無畏懼，向軍方遞交警備總部的停戰手令。張岳楊認爲：「許世賢的勇氣與智慧，眞讓鬚眉汗顏，日後許世賢能夠領導嘉義，成爲民主聖地，被譽爲『嘉義媽祖婆』，實在是其來有自！」〔註6〕許世賢被釋回後，當天晚上與夫婿張進通驚覺事態嚴重，便攜女至臺南市避難。翌日，夫婦倆便攜帶張博雅搭乘火車北上，暫時住宿於臺北市延平北路警察派出所附近的旅社，事後張進通便攜么女張博雅回到嘉義，但因張博雅哭鬧堅持與母親在一起，後托友人將張博雅送回許世賢住宿處。在臺北避難期間，許世賢攜么女張博雅前後換了幾家旅社，5 月 15 日清鄉與綏靖工作宣告結束，直至 5 月底才返回嘉義。兩個多月的逃難期間，許世賢所目睹的一切，體認到執政單位的濫捕濫殺，更對於未經司法審判即予以槍決的作法不予認同，這也影響到日後問政的風格，極力強調基本人權自由。〔註7〕

〔註4〕顏志榮，〈光復後臺籍民選精英政治反對之研究（1945～1969）〉，頁 126～130。
〔註5〕1945 年 9 月 6 日，鍾逸人曾與王伯年、盧伯毅等人籌組「三民主義青年團」，後因當時已有「三民主義青年團中央直屬臺灣區團」合法組織，中央政府不允許「黨外有黨」、「團外有團」，遂於 9 月 15 日成立「三民主義青年團中央直屬臺灣區團臺中分團籌備處」，分團部下設區隊、分隊。當時嘉義分團由臺南分團分出，並將東石、北港、嘉義、虎尾、斗六等五區歸嘉義分團，許世賢於擔任嘉義女中校長時兼任嘉義分團幹事會幹事，其餘分團幹事尚有李曉芳、王甘棠、盧炳欽、陳復志等四人，而由陳復志兼任主任，盧鈵欽兼代書記。當時的三民主義青年團即是中國國民黨青年革命組織。鍾逸人，《辛酸六十年：二二八事件二七部隊部隊長鍾逸人回憶錄》（臺北市：自由時代出版社，1988 年），頁 296～297、335～336。
〔註6〕紀展南，《嘉義媽祖婆——許世賢傳奇》，頁 122～124。
〔註7〕紀展南，《嘉義媽祖婆——許世賢傳奇》，頁 128～131。

　　許世賢自日治時期到戰後，是唯一一個沒有離開選民的女性參政者，許
世賢認爲早期參與的政治人物和選民都沒有「黨」的意識，完全是「自發性」
的參與，可以自由發言，許世賢因而加入國民黨。直到入黨後，許世賢參與
許多會議，發現黨內的許多問題所在。二二八事件後黨內事務變得繁忙，許
世賢開始感到壓力沈重，而促使許世賢聲明退黨的主要原因，在省議員期間
「李茂松案」之質詢案，許世賢指出：「『李茂松案』發生時，黨部叫我不要
在省議會提出，但是，我不願意因爲入黨而連質詢權的自由都沒有，所以我
提出退黨聲明，才自由自在的提出質詢。可是，後來黨證便在我和黨部之間
『退來退去』，共退黨三次，才被宣布『開除黨籍』。其實，我早就退出黨籍
了，因爲我支持『出版法』通過，擅自罷免議長，和雷震等七人任『自治研
究會』召集人。」〔註 8〕許世賢敢於發言挑戰國民黨，不隨便附和黨意，退出
國民黨後，成爲眞正爲民喉舌的民意代表。因此，1947 年二二八事件對於臺
灣的政治環境影響是深遠的，整個事件對於政治精英的逮捕、監禁、審判，
持續至 1950 年才告一段落，不僅影響臺灣人民的思考方式、行爲模式與價值
判斷，也深深地在省籍之間劃下一道傷痕。再者，二二八事件對臺籍民選政
治反對精英有相當之影響，不少人即是因此一事件無辜受牽連而遭到逮捕入
獄，後與國民黨決裂，進而走上政治反對道路，而許世賢爲少數在事件中全
身而退，倖免於難者之一。對於許世賢而言，二二八事件親眼目睹國民黨內
部的所作所爲，與其心目中所仰慕孫中山所創立的國民黨有極大的差異，使
得日後參與政治選舉，日漸與國民黨分道揚鑣，甚至不惜退出國民黨，表現
其個人政治理念，堅持無黨無派之個人主張。

（二）蘇東啟案件：蘇洪月嬌身陷囹圄

　　1947 年二二八事件發生後，執政黨陸續建立及發佈鞏固政權的制度與政
策，包括 1949 年 5 月 20 日實施戒嚴，以及相關配套法令，如國家總動員法、
懲治叛亂條例、戒嚴時期檢肅匪諜條例、臺灣地區解嚴時期出版物管制辦法、
非常時期人民團體法等等，架構起嚴密的控制體系。當時臺灣處於威權體制
下的黨政控制，1949 年 11 月由大陸來臺的知識份子所創辦的《自由中國》半
月刊出刊，則站在自由主義的立場批評時政，與國民黨歷經交融、摩擦、緊

〔註 8〕潘立夫，〈嘉義市長當選人許世賢訪問記〉，《政治家半月刊》22（1982 年 2 月），
　　　　頁 16。

張、破裂、對抗五個時期，後與臺灣政治菁英李萬居、高玉樹、郭雨新、許世賢、吳三連等緊密結合，進而籌組「中國民主黨」。雷震案發生後，組黨活動亦宣告破局，1960 年 9 月《自由中國》亦遭到停刊的命運。〔註9〕

蘇東啟在組黨活動中積極參與各地的演講會，再加上與李萬居關係匪淺，蘇東啟曾因李萬居推薦而加入青年黨，執政當局已密切觀察其動向，1960 年蘇東啟競選第四屆雲林縣長失利，發表政見中言論已見充滿臺灣意識，1961 年蘇東啟參加雲林縣第五屆縣議員選舉，張茂鐘、詹益仁、林東鏗、黃樹林、李慶斌、沈坤等人自動以車輛助選，當選雲林縣議員後，張茂鐘等人赴蘇宅道賀，並被擁護為臺獨運動的領導人，〔註10〕其言論思想更為激烈。雷震案發生後一年，1961 年 9 月 17 日第五屆雲林縣議會正召開大會，當時擔任縣議員的蘇東啟於會議中，領銜提案促使議會通過「請總統准依憲法規定對《自由中國半月刊》發行人雷震予以特赦的請願」，〔註11〕提出請求總統給予特赦，以確保憲法所賦予人民言論自由之權利，提案獲全體出席議員贊成通過，未料致使執政當局震怒；翌日凌晨二點，蘇東啟與蘇洪月嬌兩人於北港自宅遭警備總部人員秘密逮捕。

蘇東啟案事件發生後，1961 年 9 月 21 日中央日報刊載警備總司令發言人王超凡中將，針對蘇東啟遭逮捕一事對外作說明，內容指出：「蘇東啟因叛亂行為，經依法予以拘捕，現正偵辦中。……警備總部負責國家社會之安全，對本案當依法秉公處理。」〔註12〕；另一報導中更指出：「蘇東啟除涉嫌與潛居日本從事『臺灣獨立運動』的叛亂份子廖逆文毅互通聲氣外，並妄想案中為廖逆文毅在臺從事『顛覆』活動。……蘇東啟夫婦的叛亂行為早經治安機關密切注意，最近他的叛亂陰謀已趨具體，數種勾結廖逆文毅從事叛亂活動的秘密文件與名單，亦為治安機關所查獲，經警備總部報請治安當局會同最高檢察署及臺灣高檢處慎重研究，認蘇東啟夫婦從事現行叛亂活動，乃命數個治安單位組成之專案小組全力偵辦。」〔註13〕，當時新聞報導對於蘇東啟

〔註9〕陳儀深，〈臺獨叛亂的虛擬與真實──1961 年蘇東啟政治案件研究〉，頁 147～148。
〔註10〕陳儀深，〈臺獨叛亂的虛擬與真實──1961 年蘇東啟政治案件研究〉，頁 151～152。
〔註11〕陳儀深，〈臺獨叛亂的虛擬與真實──1961 年蘇東啟政治案件研究〉，頁 150。
〔註12〕不詳，〈蘇東啟叛亂案詳查中首謀者將予嚴辦盲從者從輕發落聞蘇勾通廖逆文毅圖謀顛覆〉，《民族晚報》1961 年 9 月 21 日第 4 版。
〔註13〕不詳，〈蘇東啟被拘捕　警總正偵辦中〉，《中央日報》，1961 年 9 月 21 日，第 3 版。

與蘇洪月嬌夫婦，皆認定爲政治叛亂者，該案陸續牽連者高達三百餘人。由
此可知，蘇東啓案件的發生應與《自由中國》半月刊或籌組中國民主黨，以及
個人言論激烈和李萬居關係甚密等事件，構成對威權體制的挑戰有關。〔註14〕

　　1962 年 7 月 19 日軍事檢察官對蘇東啓案共四十七人提起公訴，9 月 20
日宣判蘇東啓、張茂鐘、陳庚辛死刑，詹益仁無期徒刑，其餘各判十五年至
兩年或緩刑不等，其中蘇洪月嬌則被判緩刑兩年釋回。判決新聞經披露後，
國際輿論譁然，黨外人士聞訊後紛紛奔相走告設法營救。同年 7 月 23 日，執
政當局畏於國內外輿論之龐大壓力，乃透過國防部發表：「原判事證欠明，用
法量刑失當，即非全無理由，應將原判決撤銷，發回更審」。〔註15〕1963 年 7
月 15 日，蘇案重新發回更審；同年，9 月 25 日警總軍法處第二次判決結果，
蘇東啓、陳庚辛、張茂鐘改判無期徒刑，蘇洪月嬌則因以「知情不報」罪名，
由緩刑兩年改判爲有期徒刑兩年，其餘被告維持原判。〔註16〕直至 1976 年 9
月 18 日，蘇東啓因蔣介石逝世而獲得減刑出獄，囚禁時間長達十五年之久。
〔註17〕

　　蘇東啓案發生後，蘇東啓、蘇洪月嬌夫妻雙雙入監，財產全數充公，加
上親友畏懼現實狀況不敢貿然支援，負債累累，蘇家頓時一無所有，家庭經
濟狀況陷入困境，六名子女被迫分離四散，長子蘇治灝寄居宜蘭大伯家，蘇
治洋、蘇治芬等四姊妹則寄居娘家親戚，而當時四個月大的幼子蘇治原則隨
蘇洪月嬌入獄。〔註18〕蘇治芬回憶父親蘇東啓被捕時的情形：「爸爸被捕的晚
上，我們小孩在睡覺，他們衝進來吵吵鬧鬧，亂翻東西。我們醒來時，爸爸
媽媽已經不見了，只有祖母陪我們。武裝憲兵站在我家門口、巷口，站了一、
兩個月。爸爸媽媽被秘密審判，同時判決，兩人坐不同牢。」〔註19〕，蘇東
啓入獄十五年期間，蘇洪月嬌遭到四捉三放的命運，蘇洪月嬌帶著當時四個

〔註14〕陳儀深，〈臺獨叛亂的虛擬與眞實——1961 年蘇東啓政治案件研究〉，頁 148。
〔註15〕國史館，〈蘇東啓先生事略〉，《國史館現藏民國人物傳記史料彙編（第十六輯）》
　　　　（臺北縣：國史館，1998 年 2 月），頁 580～585。
〔註16〕陳儀深，〈蘇東啓政治案件相關大事記〉，《口述歷史——蘇東啓政治案件專輯》
　　　　10（2000 年 12 月），頁 10。
〔註17〕吳嘉邦，〈我所認識的蘇洪月嬌〉，《政治家半月刊》13（1978 年 9 月），頁 45
　　　　～46。
〔註18〕陳儀深，〈蘇東啓政治案件相關大事記〉，頁 38。
〔註19〕曾心儀，〈蘇治芬——帶著傷痕推動民主運動〉，《民主天地週刊》8（1985 年
　　　　4 月），頁 48～49。

月大的蘇治原入獄三年，1964 年出獄後，獨力扶養六名子女。1976 年 9 月 18 日蘇東啓因減刑出獄，翌（1977）年 11 月五項地方公職人員選舉，由於蘇東啓因政治案被褫奪公權終身，依法不得參與各項選舉活動，原計畫推選縣議會時期的蔡誅競選省議員，卻因蔡誅驟然去世，而改由妻子蘇洪月嬌參選省議員選舉，最後以最高票當選，蘇東啓認為蘇洪月嬌的當選代表民眾給予無罪的肯定，說明：「去年（1997 年），將是我一生中永不會忘懷的經歷。不是由於愛妻終告高票當選省議員，而是全體雲林鄉親用鞭炮、用熱情，用選票，判決我蘇東啓、判決我一家大小無罪！」〔註 20〕

蘇東啓始終覺得十七年前，當所謂「法庭」在秘密審理後，宣判「終身監禁」時，蘇東啓認定：「這不是最後的判決，我深信歷史法庭將會作公正的宣判！」，事實證明，還不必等到死後接受歷史法庭的宣判，雲林縣的鄉親已藉由選票，適時地推翻執政黨十七年前加諸於蘇氏夫妻父子三人身上的不法判決。蘇東啓自始至終不認為那是一次競選，為妻子蘇洪月嬌助選主要訴求民眾的正義判決，其意識型態之旗幟鮮明，蘇東啓身穿黑色囚衣，踏遍雲林縣各鄉鎮，欲將不合理、不公平、不正義之包袱，以及施加在身上的欺凌、迫害、羞辱呈現在世人之前。助選期間蘇東啓的六個子女身上穿著：「我爸爸有罪嗎？」、「我媽媽有罪嗎？」等字眼的衣服，象徵向至高無上的臺灣人民提出上訴，欲尋求臺灣民眾的覆判。〔註 21〕

蘇洪月嬌當選省議員後，在省議會期間，因個人問政言論犀利，一連串官司纏身，競選省議員連任時，又因監察委員選舉投票給周哲宇而引來其他議員對其攻訐，造成黨外主流派的不滿，蘇洪月嬌當選連任時曾言：「雲林縣上屆省議員選舉，黨外候選人張賢東、我和吳清吉總共得票數是十二萬多，這一屆的黨外票數包括我和吳清吉、黃良平、李三雲，幾乎只有上次的一半，這實在是一次挫敗。」〔註 22〕然而，蘇東啓案不僅對蘇洪月嬌參政直接產生重大影響，事後更影響其子女成長過程，蘇治芬認為父親蘇東啓案，影響其家庭經濟及其日後參政的過程，蘇治芬指出事件發生前，父親蘇東啓在雲林

〔註 20〕 李熬，〈為蘇東啓蘇洪月嬌說公道話〉，《民主人》21（1983 年 12 月），頁 35 ～36。

〔註 21〕 國史館，〈蘇東啓先生事略〉，《國史館現藏民國人物傳記史料彙編（第十六輯）》（臺北縣：國史館，1998 年 2 月），頁 580～585。

〔註 22〕 不詳，〈蘇洪月嬌──飽經政治歷練〉，《政治家半月刊》29（1982 年 5 月）頁 6～8。

縣地方上政治方面相當活躍，家中時常有絡繹不絕的訪客，家庭經濟寬裕，從不擔心家計問題，生活愉快衣食無缺，母親蘇洪月嬌則專心作家庭主婦，負責家中孩子們的日常生活所需，在學校求學階段，也受到老師、同學的尊重。但事件發生後，家中經濟情況大不如前，不僅家中空無一物，甚至負債累累，又因政治及經濟等其他因素，祖父母不方便收留，四姊妹改搬至外祖父母家中居住，由於房子很小，姊妹同擠一張床，大哥則由伯父收留，兄弟姊妹分崩離析，流離失所，家庭經濟及學校課業頓時倍感壓力，心情大受影響，自此沒有安全感，直到三十歲後才覺得自己比較站穩了腳步。〔註 23〕由此可知，蘇東啓案件對於蘇家造成極大的衝擊與轉變。

　　1961 年蘇東啓政治案件引起國際矚目，而蘇東啓於 1992 年 2 月 9 日過世，蘇洪月嬌接受來自各界致送的輓聯，包括國民黨高層人士所致送的輓聯，此一事件不僅引起黨外人士的不滿，亦引發蘇家內部意見的分歧，次女蘇治芬爲此事抗議幾乎離家出走。〔註 24〕

　　蘇洪月嬌的參政過程中，歷經政治牢獄，身兼父職，在擔任縣議員期間兼營賣肥料、汽車，擔任業務推銷，負擔家計，其政治生涯中的個人意見與想法往往引起家族成員與黨外人士的誤解；在從政方面，蘇洪月嬌早期曾擔任雲林縣北港鎮民代表，後因蘇東啓案代夫參選省級民意代表選舉，連選連任，以個人所親身經歷的政治案件，長期爲民喉舌，成爲爭取人民權利之代議士。

二、從地方到中央的轉變

（一）許世賢參政的轉捩點

　　1968 年 2 月，連任四屆省議員的許世賢，決定轉換政治跑道，由省級民意代表回鄉參選第六屆嘉義市長選舉，並以多於四千多張選票之絕對優勢擊敗國民黨籍候選人涂德錡，順利當選。同年 3 月 1 日，許世賢以 60 歲年齡就任嘉義市長，成爲臺灣首位女性民選縣轄市長。〔註 25〕3 月 26 日，許世賢認

〔註 23〕曾心儀，〈蘇治芬——帶著傷痕推動民主運動〉，《民主天地週刊》8（1985 年 4 月），頁 48～49。

〔註 24〕陳儀深，〈蘇東啓政治案件相關大事記〉，頁 38。

〔註 25〕臺灣省議會（1968-03-01）。[議員許世賢當選嘉義市長請辭省議員職務，本會函請省政府查照轉報內政部備查。]。《數位典藏聯合目錄》（2009/09/02）http://catalog.digitalarchives.tw/?URN=1895271

爲嘉義市許多建設受限於縣政府，因而至選務所辦妥第六屆嘉義縣長候選人登記手續，再次投入第六屆嘉義縣長選舉活動，當時候選人包括國民黨黃老達、陳振旺、涂輝光。不過，因當選嘉義市長關係，許世賢參與縣長選舉活動必須向縣政府請假，期間由連敏代理職務，也因此遭到對手批評。〔註 26〕選舉結果失敗，許世賢在擔任嘉義市長期間許多市政建設規劃因而受制於縣政府。

　　第七屆嘉義市長選舉許世賢本欲尋求連任，但因年齡限制而無法登記參選，此源於國民黨嚴格掌控地方縣市長的執政權，以無黨籍人士而言，當時余登發當選高雄縣長，楊金虎當選高雄市市長，均使國民黨倍感壓力。因此，內政部緊急以行政命令公佈令人爭議的選舉法，規定候選人「年齡超過六十歲者不得爲地方自治首長候選人」，此一年齡限制，同時包括縣市鄉鎮長等選舉，此時距離市長卸任前許世賢已屆臨六十五歲，使得許世賢失去競選連任市長的機會。不過，此一行政命令並沒有阻止許世賢對政治的參與，其參政願望依然強烈，在市長任期屆滿之前，卸去選舉主任委員身份，轉換政治跑道，退出第七屆嘉義市長選舉，改競選增額立法委員，成爲其參政的另一轉振點。〔註27〕

　　由於〈動員戡亂時期臨時條款〉規定，政府可因人口增加或出缺，訂頒增選或補選自由地區及光復地區辦法；至 1972 年爲適應動員戡亂時期政治情勢之需要，亟需充實中央民意代表機構，以擴大憲政基礎，決定透過黨籍國民大會提出修訂臨時條款，辦理增額中央民意代表選舉。此外，立法委員選舉僅限因人口增加或行政區域調整而辦理增選，再加上立法委員出缺不得由候補人遞補，故不辦理補選。〔註 28〕因此，沒有年齡限制的增額立法委員選舉，成爲許世賢參政的延續目標。

〔註 26〕不詳，〈市長甫當選又想做縣長許世賢辦妥登記〉，《中央日報》1968 年 3 月 27 日，第 3 版。

〔註 27〕董翔飛，《中華民國選舉概況》，頁 583；潘立夫，〈許世賢當仁不讓〉，《政治家》24：1982（3/1），頁 10。依「立法院立法委員選舉罷免法實施條例」第二章選舉人及候選人中第十九條，僅規定「每一有選舉候選人，其候選人之登記，以一種爲限，在立法院立委委員選舉罷免法第四條規定各款選舉中，爲二個以上候選人登記時，其登記均爲無效，並不得當選」，對於立法委員候選人並無年齡之限制，又立法委員中央最高民意代表，較之省議員更能發揮民意。

〔註 28〕董翔飛，《中華民國選舉概況》，頁 590、608。

　　1972 年 12 月 23 日增額立委舉行投票，並依選舉辦法第三十二條規定，由省選出之增額立法委員二十一人採分區選舉，共分為六個選區。其中雲林縣、嘉義縣、臺南縣、臺南市四縣市，被劃為第四選區，許世賢申請登記參選第四選區立法委員候選人。在申請登記及審查過程中，除張茂森經審查准予登記後撤回登記外，共有許世賢、許哲男、陳水亮、蕭天讚、張文獻、辛文炳等六人，其中國民黨提名四席，參與角逐五位立委名額。競選活動時，許世賢將競選辦事處分別設於與自己有深厚背景淵源的嘉義市及臺南市兩地，而幫忙從事助選人數為三十八人，積極籌畫增額立法委員選舉活動。

　　選舉投票結果揭曉，在第四選區方面，除許哲男落選外，其餘當選分別按得票數高低為許世賢、蕭天讚、辛文炳、張文獻及陳水亮。許世賢就任立委時，離市長任期還剩下兩個月左右，成為其政治生涯的最高峰，不僅為該選區的唯一女性候選人，更是以十九萬全國最高票當選。因此，許世賢在嘉義市長選舉受限後，轉而競選增額立法委員，深獲民眾支持而以全國最高票當選，在其政治生涯中又增添一項紀錄。在 1972 年增額立法委員任期屆滿前，許世賢繼續競選 1975 年立委選舉，此次增額立法委員的選舉，是總統蔣中正逝世後首次辦理的中央選舉工作，當時政府對此次增額立委選舉相當重視。〔註 29〕另一方面，在區域部分，由於人口增加臺灣省應選出二十二名，較前屆多出一名，亦分為六個選區，其中應有婦女保障名額二名，而許世賢同樣登記為第四選區候選人。

　　此外，1975 年 12 月 20 日的增額立委選舉更放寬競選活動的限制，候選人在不違反增額選舉辦法的及其實施細則有關規定範圍內，可以自行辦理其他競選活動，並得聘請助選員。〔註 30〕許世賢仍將競選辦事處設於嘉義市與臺南市，助選員登記為三十三人以協助競選活動相關事務；同選區競選的候選人除前屆落選的許哲男及新參選的毛大幅、王朝榮外，其餘候選人蕭天讚、辛文炳、張文獻及陳水亮均是競選連任，國民黨仍提名四席，總計八人登記參選，角逐五位立委名額。當時許世賢競選增額立法委員，發表十項政見：〔註 31〕

〔註 29〕不詳，〈政府決心辦好選舉期望人人投票〉，《中央日報》，1975 年 12 月 2 日，
　　　　　第 3 版。
〔註 30〕不詳，〈增選立委下月廿日投票選務工作顯有改進正按日程循序展開〉，《中央
　　　　　日報》，1975 年 11 月 10 日，第 9 版；郎裕憲，《中華民國選舉史》，頁 478。
〔註 31〕實錄編纂委員會，《動員戡亂時期自由地區增額立法委員選舉——選舉實錄》
　　　　　（臺北市：動員戡亂時期自由地區增加中央民意代表名額選舉選舉總事務
　　　　　所，1976 年 4 月），頁 2～109。

1. 恢復聯合國會員籍以確保國際地位及權益。
2. 外交勿以國民外交代替以確保國家安全。
3. 多起用臺籍人才以增強外交陣容。
4. 打破特權實施民主政治不偏不黨以重民意。
5. 電視多用臺語，時事臺語廣播更緊要。
6. 政黨法早日立法或行政打開民主大門使民得依法組黨以防外交之失並助內政改革。
7. 省縣自治通則要立法以符憲法。
8. 大興土木普建萬里長路而經濟未復甦政府應迅速實施失業保險以謀勞工福利。
9. 農會法、漁會法、對人民團體任用權有所剝奪、應改善重新立法以收攬民心。
10. 農產物包括穀果蔗農利益應權密實施保證價格制度以安農民並利外匯可資國家經濟。

　　從許世賢競選政見中可知，其個人政治理念與主張，乃延續省議員時期的政黨政治主張與推動省縣自治通則法制化。1975 年 12 月 20 日選舉結果公佈，第四選區分別由張文獻、陳水亮、蕭天讚、辛文炳、許世賢當選，五位均為競選連任成功，許哲男再度競選失敗。其選舉結果在有效票數 1,076,924 票中，張文獻獲得 251,475 票，陳水亮獲得 241,754 票，蕭天讚 230,492 票，辛文炳獲得 189,735 票，許世賢獲得 74,174 票。〔註32〕選舉結果許世賢雖獲得連任，但票數僅得 74,174 票，為第一次得票數的 39％，得票數明顯下降，以吊車尾的方式驚險當選，〔註33〕而探究其原因，除黨外人士競選分散其票源外，許世賢在立法院期間問政表現是否不如預期，進而使選票流失遭到選民質疑。事實上，許世賢連任票數較前屆少，並不代表民意支持度的降低，而是在同選區中候選人數增加，票源分散的結果。此外，再次參與競選的許哲男得票數為 68,083 票，僅次於許世賢名列第六名，但以票數最多前五名為當選，故此次仍無法順利當選，這也說明許世賢並非依靠婦女保障名額當選，相反地卻以自身政治實力，堅持不賄選、不買票的選舉作風，贏得選民的支

〔註32〕董翔飛，《中華民國選舉概況》，頁 699。
〔註33〕黃維正，〈嘉義「媽祖婆」許世賢蓋棺論定——她的從政生涯、政績和政治理想〉，《前進週刊》15（1983 年 7 月），頁 13。

持。1975 年 10 月 29 日，於立委選舉前夕，《中央日報》曾報導「競選立委花錢買票蔡李鶩做判刑確定同案八名被告一個處刑數月」一則新聞，當時蔡李鶩因涉及 1969 年 12 月間競選立法委員，在雲林、嘉義地區四十八個村里，準備以十塊錢一票的價錢，購買七千四百二十四張選票，造成賄選事實而被判刑六個月有期徒刑。〔註 34〕相形之下，許世賢堅持以不買票、不賄選作爲競選號召，自然獲得選民支持，民意基礎深厚。

許世賢連任增額立法委員後，其任期依臨時條款及增額中央民意代表選舉辦法第六項，任期爲三年應於 1978 年底辦理改選，並於 12 月 23 日舉行投票，選舉方式仍依照往例，採分區選舉。在第四選區方面，計有林健義、許哲男、林麗蓮、許世賢、丁作韶、游榮茂、林聯輝、黃福卿、蕭天讚、王安順、謝三井、陳石獅、胡時武、李文平、曾金兆、李雅樵、楊正雄、張茂森十八人參選，角逐五位名額，爲歷屆候選人數最多、競爭最爲激烈的一次。

不過，正當選舉競選進入高潮之際，美國宣布與中共建交，總統發佈緊急處分令，將正在進行中的增額中央民意代表選舉延期，候選人一切競選活動立即停止。另於 1979 年 1 月 18 日由總統發佈緊急處分令補充事項：「在增額中央民意代表選舉延期舉行期間，暫由原增額選出之中央民意代表繼續行使職權，至定期舉行選舉所選出之增額中央民意代表開始行使職權之日止」。〔註 35〕1980 年 5 月 14 日內政部公佈實施公職人員選舉罷免法，爲辦理中央及地方公職人員選舉罷免之主要依據，規定 1978 年舉行之增額中央民意代表選舉須於 1980 年內舉行，並擴增應選名額。因此，第四選區應選名額擴增至八人，候選人方面，曾於 1978 年准予登記之候選人得繼續參加 1980 年選舉，另應於規定期限內，以書面向中央選舉委員會表示參選意願。許世賢本欲繼續參選連任立委，但由於 1980 年修訂的選舉罷免法，取消了公職人員年齡的限制規定，故轉而投入嘉義市長選舉。

許世賢在就任立法委員時，即展現對政治改革的使命感，於各會期院會中運用立委質詢權利，針對當時問題加以質詢，其重要項目內容包括：（1）儘速通過省自治通則立法；（2）早日完成「政黨法」立法；（3）請解除戒嚴令；（4）恢復聯合國會籍，以確保國際地位；（5）起用台籍人才；（6）電視

〔註34〕不詳，〈競選立委花錢買票蔡李鶩做判刑確定同案八名被告一個處刑數月〉，《中央日報》，1975 年 10 月 29 日，第 3 版。
〔註35〕中央選舉委員會編，《中華民國 67、69 年增額立法委員選舉概況》（臺北市：中央選舉委員會，1990 年），頁 23、40。

台多用台語；（7）實施失業保險，以保社會安全；（8）實施農產品保證價格；
（9）放寬出境，促進國民外交；（10）廉能政治與綠卡問題；（11）開票公開
唱票；（12）墮胎合法化；（13）美麗島高雄事件審判問題；（14）台獨聲明與
我國民主政治；（15）恢復選舉。〔註36〕許世賢所提出之質詢內容，涵蓋政治、
外交、經濟、社會、及醫療衛生等各方面，大致為許世賢擔任省議員時期的
問政的言論主張，以個人的地方問政實務經驗，提出其對社會問題的看法與
建言，以作為行政院施政參考。其中第十三、十四、十五項，關於美麗島高
雄事件審判問題、臺獨聲明與民主政治、恢復選舉等議題討論，皆能了解其
個人的黨外政治傾向。例如1979年12月10日發生美麗島雜誌高雄事件，官
民之間的衝突，當時報刊以暴動、暴亂、叛亂等名詞刊載，許世賢對於美麗
島高雄事件與軍法審判或司法審判的看法，建議政府應順應潮流，對外提高
國際地位，對內應愛護人民，勿以一網打盡之心態處理此一事件，認為高雄
事件若為暴動、暴亂，即為一時之發生，未構成對國家顛覆之意志，政府可
用司法審判，以符民主，又可重視人權，也可宣揚我國全民擁護國家，並無
推翻國家或政府之事實，乃一舉兩得；若為叛亂，即有計畫，有領導人物，
尚有武器，佔領軍用地界、政府機關、搶奪武器，反觀高雄事件許世賢認為
並無武器、佔領、奪取軍用武器之行為，並非叛亂，而發生群眾未有軍人身
份，使用軍法審判並不恰當，因此建議政府：「依照國父遺教，制訂憲法為保
障民權，而非叛亂，又非軍人者，應交由司法機關審判為妥！」〔註37〕另外，
許世賢於立法院討論動員戡亂時期選舉罷免法草案時，對執政黨的政策協調
提出具體結論，認為未將多數民意納入感到遺憾。許世賢認為執政黨中央政
策委員會針對動員戡亂時期選舉罷免法草案，邀請黨籍立委相互交換意見，
並提出結論，其中內容與內政部送審的原案幾近相同；而先前社會各界人士
於立法院所舉辦的座談會，會中參與人士所提出的意見卻未被採納，實為執
政當局應深思檢討。〔註38〕

〔註36〕立法委員質詢權大致有三項：一、會期總質詢，於每次會期開始對行政院長
　　　　提出質詢；二、各委員會對相關部會首長提出質詢；三、隨時提出書面質詢。
　　　　參見歐陽翠鳳，〈立法委員質詢婦女問題之研究：五十一會期至八十四會期立
　　　　法院公報之內容分析〉，頁3。
〔註37〕許世賢，〈美麗島高雄事件與軍法審判或司法審判〉，《這一代雜誌》17（1980
　　　　年3月），頁48。
〔註38〕不詳，〈政策協調結論未納多數民意立委許世賢表遺憾〉，《自立晚報》1980
　　　　年3月13日，第2版。

　　再者，許世賢於立院質詢時，曾提出「一個民主國家，可以有二種意識型態不同的政黨存在嗎？」議題，引起與會議員熱烈迴響，當時擔任行政院長孫運璿於立法院答覆許世賢、費希平、黃信介、康寧祥等多位黨外立委時，說明：「中華民國為民有、民治、民享的民主共和國，而我們現在是處於戡亂時期，在此非常時期，不同於三民主義意識型態的政黨，⋯⋯」〔註39〕。實際上，孫運璿的回答，政治的意義大於法律上的意義，並考量政治和諧與國內外的政治情勢。因此，以政治理論而言，新政黨的成立，在一個民主國家是可以有兩個意識型態不同的政黨存在。由此可知，許世賢自省議員時期至立委期間，從事組黨活動的想法與決心，積極於擔任公職中提案討論。

　　立法委員任期屆臨時，許世賢以超過七十歲高齡，再度參選1982年1月16日嘉義市長選舉，成為其政治生涯中的另一轉折點。不過，各界對於許世賢以高齡參選，體力是否能夠負荷提出質疑，許世賢為釐清外界對她的批評質疑，說明：「我們並不是在太平時期找個官作來發財，我們從事的是政治改革，半途撤退就投降，就是向不合理的政治現狀投降！⋯⋯孫中山先生曾經說中國婦女從政的時間都很短，不能持續，這句話給我很深的印象，所以只要體力能維持，我要一輩子作到底。」〔註40〕，許世賢以堅定的氣魄決心參選到底，除卻了外界對於健康問題的疑慮，許世賢對於政治的熱忱可謂是鞠躬盡瘁。許世賢在政治生涯中，曾經擔任過中央民意代表，也做過省議員，對於政治最難割捨的是擔任嘉義市長，其主要原因在於戰後初期及戒嚴時期政黨政治制度尚未確立，議會功能不健全，擔任議員職務其權利有限，無法徹底為民喉舌，排除困難，更與社會群眾隔離，實質發揮效果有限，不如擔任地方縣市首長，一方面可按個人的理想或規劃實質建設，加以貫徹執，如鋪路造橋；另一方面可以滿足許世賢愛和民眾接近的習慣。再者，嘉義市升格省轄市後，縣、市產劃分將會是升格後棘手的問題。許世賢對於嘉義市長參選說明：「現在有很多人對這件事是不是做的好，很擔心。譬如最近縣政府說要把座落在嘉義市的縣府辦公室賣給市政府。我說這怎麼可以，這棟辦公室原來就是市產，後來借給縣政府用的，市政府是主人。許多民眾因此說我當過了市議員、省議員、市長，對嘉義市最瞭解，將來縣市財產分割由我來

〔註39〕　桑淑懷，〈意識型態不同政黨似無理由不准成立三政治學者就此問題表示意見〉，《自立晚報》1979年10月4日，第2版。
〔註40〕　林濁水，〈撤退就是投降：許世賢決心再為嘉義市民服務〉，《政治家半月刊》20（1982年1月），頁20～22。

管比較保險。我自己想，沒錯！這到也是我應該負起的責任。所以我決定參加市長選舉。」〔註41〕由此可知，許世賢決定參選的理由，除了六十歲以上不能當市長的行政命令規定取消外，主要來自個人對於議會制度不健全，個人政治理想無法真正落實的省思；再加上，許世賢背負嘉義市民的期望，憑藉個人擔任中央及地方民意代表對嘉義市的瞭解，挺身參選。許世賢決定再次參選嘉義市長後，12月19日，尤清、康寧祥和全省黨外領袖集結於嘉義市，除了為其夫婿張進通舉辦生日會外，同時發表選舉政治演說。

許世賢參選嘉義市長，為唯一的女性候選人，在面對三位國民黨籍的男性候選人競爭下，無論黨派、省籍均把票投給許世賢，使得許世賢以 84,149 懸殊的票數，擊敗林國正、張榮藏、賴義雄，更超過三位國民黨籍候選人總票數，順利當選嘉義市長，而分析此次選舉獲得高票的原因，一為許世賢曾擔任過嘉義市長，其任內相關的人事調動、市府員工績效、年資依照個人實力晉升的作法受到認同；二為戰後許世賢曾被任命接收嘉義女中，由於該校未有經費，許世賢為解決經費問題，乃聘請免費教師義務教學，而受惠的學生已成為社會中間份子，發揮實質力量協助許世賢；三為許世賢與夫婿張進通均為醫師，在嘉義市行醫多年，其情操與作法受到市民肯定，已在嘉義市建立起良好地方關係。〔註42〕選舉過程中，更透過黨外人士的助選，如康寧祥、費希平等，造成極大的聲勢，使嘉義市民更為集中支持許世賢，使其順利當選。

許世賢的參政過程歷經轉折，曾參選過制憲國民大會代表、市議員、省議員、嘉義市長、嘉義縣長、增額立法委員等十三次選舉，除兩次嘉義縣長選舉落選外，其餘均當選，參選經歷豐富。總而言之，許世賢在兩任立法委員期間，善用立委質詢權力，不僅對政府提出實質建言，更延續省議員時期的問政風格，為民喉舌，成為其參政的轉捩點。立委任期屆滿時，許世賢的參選意願達到最高點，為嘉義地方建設貢獻心力，轉向政治另一高峰繼續參選第九屆嘉義市長選舉，當時許世賢已是七十三歲高齡，但她認為過去以行政命令限制參選，如今只要還有能力，一定會回報市民對她的支持，堅持參選到底，成為選舉的常勝軍。

〔註41〕林濁水，〈撤退就是投降：許世賢決心再為嘉義市民服務〉，頁22。
〔註42〕潘立夫，〈嘉義市長當選人許世賢訪問記〉，《政治家半月刊》22（1982 年 2 月），頁 15～17。

（二）蘇洪月嬌的政治官司風波

1964 年，蘇洪月嬌出獄後，由於家庭經濟陷入困境，曾於臺北華洋旅行社擔任業務經理，因而牽扯出偽造文書案件。其源於 1978 年和立公司為獎勵所屬經銷商和員工，以招待至香港旅遊為獎勵辦法，其所有相關旅遊業務則由蘇洪月嬌包辦。當時蘇洪月嬌先收齊所有出國人之資料，本欲透過經濟部出國委員會，以商務考察名義申請出國，但因法令規章更改，公司營業額從二十萬提高為三十萬，而和立公司所屬經銷商登記大多為二十萬元，蘇洪月嬌臨時將資料改用商務邀請函的方式出國，即是由香港方面寄來商務邀請函或探親證明書，在透過入出境管理局的許可出國，因此華洋旅行社將所有出國人資料寄交香港的龍翔出具商務邀請函給華洋旅行社，再由華洋在臺辦理出國手續。

1978 年 7 月 18 日臺北地檢處票傳蘇洪月嬌到案說明，7 月 24 日則被提起公訴。﹝註 43﹞10 月 26 日，在臺北地方法院首次開庭審理，蘇洪月嬌在庭訊中指出，她並未偽造商務邀請函或探親信函，僅負責收齊出國所需之證件，交由香港龍翔旅行社代辦手續。蘇洪月嬌向庭上提出答辯狀內容指出：「蘇洪月嬌絕無偽造文書之故意之行為。鈞院可從移送之資料看出，且從未傳訊過蘇洪月嬌本人，而和立公司的訊問筆錄竟失蹤，而李吾衛在偵察中供出有類似案情的旅行社竟未偵辦。（臺北地檢處六十七年五月二十五日訊問筆錄）並以「嚴重危害國家安全，務請從重量刑」危言聳聽，本案鈞院開庭時又派員監聽有關證人的作證，故本案是否因蘇洪月嬌是敢言之黨外省議員呢？不無可疑？懇請鈞院本於司法獨立之精神，宣告蘇洪月嬌無罪，以障人權而維法治。」﹝註 44﹞1979 年 4 月 7 日，蘇洪月嬌聘請聘請林義雄、姚嘉文、張德銘三位律師為其辯護。臺北地檢處曾於 1978 年 12 月 4 日去函香港中華旅行社查證商務邀請函之真實性，事後證明並未偽造。﹝註 45﹞而後於 1979 年 6 月 7 日初審宣判蘇洪月嬌四個月有期徒刑，得易科罰金計新臺幣三千餘元，並不影響其省議員職責。事後蘇洪月嬌表示決定上訴，並說明自己並未犯罪，即

﹝註 43﹞陳允中，〈談省議員蘇洪月嬌官司纏身〉，《這一代雜誌》13（1978 年 9 月），頁 43～44。

﹝註 44﹞陳復芬，〈蘇洪月嬌否認偽造文書當庭提出答辯狀〉，《這一代雜誌》15（1978 年 11 月），頁 47～48。

﹝註 45﹞不詳，〈省議員蘇洪月嬌涉嫌偽造文書案香港中華旅行社函臺北地方法院證實涉案六人之商邀書沒有偽造〉，《潮流》12（1979 年 5 月），頁 1。

使判決輕微，也無法接受有罪事實。〔註46〕

　　1982 年 12 月 21 日，蘇洪月嬌擔任省議員期間，北港土銀分行爆發次子蘇治原超額貸款案，使得蘇洪月嬌再次捲入官司風波中，被指控爲利用省議員特權身份作爲貸款對象。當時法務部雲林調查站，經調查後於 12 月 24 日將該行庫五名職員依瀆職罪移送雲林地檢處偵辦，蘇洪月嬌認爲此一事件與其 12 月 26 日欲競選北港朝天宮董事有關。蘇洪月嬌提出質疑認爲：「這件貸款案已是兩年多以前的事了，爲什麼不早些鬧開，或延遲幾天才爆發，偏偏在 12 月 26 日朝天宮選舉，才鬧出這件案子？」〔註47〕因此，蘇洪月嬌召開記者會發表「爲土銀貸款案嚴正聲明」，強調蘇家受到各種政治迫害、政治醜化已歷經二十餘年，無畏任何的打擊與醜化，將堅持個人理念。然根據報載蘇治原於 1980 年間以養鰻需要基金，將土地抵押申請農貸三百萬，其中指出此案不法之處爲貸款人身份、土地價值與實際不符，以及一地二借問題，蘇洪月嬌一一加以解釋，說明蘇治原辦理貸款爲 1980 年 8 月，年齡爲 23 歲，已屬成年，而法律並無規定學生身份不可辦理貸款，再者，蘇治原所借貸並非屬於農貸，亦非農民住宅貸款，實屬生產事業貸款，依法不需具備農民身份。最後，所借貸抵押之土地爲北港段一六一之三號，並非報刊所載之扶朝段，而該筆土地位於商業精華地段，價值超過所貸之款項，並無高估之嫌。蘇洪月嬌更強調蘇治原所貸之三百萬均依法還款，並未如報刊所報導有前帳未清之事。〔註48〕

　　此一貸款案更牽扯出蘇洪月嬌競選北港朝天宮董事，蘇洪月嬌於 12 月 8 日登記最後一天登記競選，於此之前曾接到不明電話恐嚇，在審愼考慮後仍堅持參選。1980 年底省議員選舉，蘇洪月嬌與許哲男妻子李三雲競選，遭黨外主流派聯合排擠，仍然當選，而北港朝天宮董事選舉，蘇洪月嬌仍排除萬難順利當選，主要來自雲林地方的支持，蘇洪月嬌面對來自外界的質疑與黨外人士的排擠之下，不畏艱難，仍堅持個人的政治作風，成爲其問政的主要特色。

〔註46〕不詳，〈『僞造爲書』案宣判四個月易科罰金蘇洪月嬌表示將上訴〉，《潮流》29（1979 年 6 月），頁 2。

〔註47〕老金，〈都是北港朝天宮選舉惹的禍──訪蘇洪月嬌談「超額貸款」案〉，《縱橫月刊》22（1982 年 1 月），頁 26。

〔註48〕老金，〈都是北港朝天宮選舉惹的禍──訪蘇洪月嬌談「超額貸款」案〉，頁 26～29。

　　蘇洪月嬌每當參選時，便會遭到調查，連任省議員選舉時，蘇洪月嬌遭調查其向北港土銀貸款三百萬是「特權貸款」，並將土銀高層相關人士以涉嫌貪污逮捕，選舉過後，五名銀行職員被無罪釋放。當時蘇洪月嬌在雲林地區選舉時，與雲林縣議會議員曾蔡美佐爭取唯一的婦女保障名額，在官司的纏訟及外界的輿論攻擊之下，最後以 1,414 票險勝，而此次又屆臨選舉連任，蘇洪月嬌被指控其長子蘇治灝涉嫌擔任採購自來水公司制服的掮客，蘇洪月嬌則是臺面下擔任居中牽線的角色，臺中地檢處及調查站便收押自來水公司秘書主任，該員爲自來水公司派駐省議會的聯絡員，在服裝採購案中擔任居中協調的角色。〔註 49〕

　　此外，蘇洪月嬌在參選省議員時，其競選過程中大多單打獨鬥，乃根基於過去擔任鎮民代表及縣議員，在地方上的民意基礎深厚，雖遭受國民黨及黨外的雙重攻擊，仍未能撼搖在雲林地方上所建立的群眾基礎。不過，在競選省議員連任時，蘇洪月嬌則遭遇前所未有的選舉提名風波。此次競選中，當時國民黨籍的立委許哲男妻子李三雲，在許哲男的影響下，自行宣布脫黨參選，後經黨外立委康寧祥提名推薦之下，以新生代姿態參選，在無黨籍的黨外候選人中，形成與蘇洪月嬌對立的狀態。李三雲在政見發表會中，暗指蘇洪月嬌曾接受某位監委候選人賄款，對蘇洪月嬌展開競選攻擊，使其形象大受打擊。許哲男指出，在 1980 年監委選舉時，監委候選人林茂盛曾給蘇洪月嬌三十萬元支票。蘇洪月嬌解釋，此一事件發生在監委選舉之前，次女蘇治洋競選國代時，林茂盛自願支助競選費用，與監委選舉無任何關係，不能說是賣票。許哲男以言論攻擊同爲黨外的蘇洪月嬌，實爲欠缺周全的思考，應一致對外，非將矛頭指向同爲黨外的候選人；而國民黨方面則推出蘇洪雪，藉此來吸收蘇洪月嬌票源，以保障國民黨籍候選人全部當選，蘇洪月嬌面對國民黨與黨外的聯合攻擊，陷入危殆局面，蘇洪月嬌則堅持個人一致的選舉信念，參選到底。〔註 50〕

　　另一方面，黨外主流派康寧祥，於黨外選舉提名時，將蘇洪月嬌排斥於推薦名單之外，起因於監察委員投票選舉時，蘇洪月嬌將票投給周哲宇，對

〔註 49〕邱暉成，〈大選日愈近，辦案愈勤快？臺中市調查站矛頭指向蘇洪月嬌〉，《時代進步週刊》276（1989 年 4 月），頁 46～47。

〔註 50〕陳嘉成，〈蘇洪月嬌從夾擊中奮戰獲勝〉，《自由鐘》17（1981 年 12 月），頁 26～28。

此蘇洪月嬌作出澄清，說明監委投票給周哲宇理由為：「第一，他原先在省政府建設廳服務的，由於他承辦一個由上面交代下來的案子，他認為在法理上講不通，硬是不肯簽章同意，結果憤而辭職，這樣的年輕人有他的義氣在。第二，他是我的同鄉，同是雲林縣窮鄉僻壤長大的，他刻苦奮鬥的精神值得鼓勵。」〔註51〕，蘇洪月嬌認定周哲宇具有經濟實力，不代表罪惡，反而可因此作為其問政的實力，故支持周哲宇。同時蘇洪月嬌也考慮到票數問題，估計只要有十二票便可支持兩位黨外候選人當選，因此出發點在於蘇洪月嬌考慮到使黨外席位能夠增加一席，而無法理解為何黨外人士執意要讓尤清最高票當選，換言之，蘇洪月嬌並非刻意排斥尤清，也積極將尤清介紹給各省議員，蘇洪月嬌認為黨外監委席次增加，尤清、周哲宇各有法律專業與經濟方面的優點，相輔相成才是黨外應有的共識，而非質疑個人跑票或收受周哲宇好處。

但經過此一事件風波後，未被黨外提名推薦，確實對蘇洪月嬌是一項重大打擊，也使得黨外人士對彼此之誤會加深。蘇洪月嬌面對黨外對其誤會，認為：「選舉省議員和縣市長是地方上的事，而且民主的真諦，是由老百姓做主人，所以黨外人士處處要重視民意，以民意為依歸，況且，所謂黨外人士，泛指除了國民黨員以外的追求民主政治人士，其涵蓋的範圍亦相當廣泛。」〔註52〕蘇洪月嬌體認到黨外人士的排擠，內部不團結將會影響到黨外日後的政治選舉活動，不應個人恩怨而自亂陣腳。最後雲林縣地方公職人員選舉結果，黨外人士縣長候選人黃麻及省議員候選人黃良平、李三雲、吳清吉、蘇洪月嬌等參加競選，除蘇洪月嬌當選連任外，其餘黨外候選人皆落選，〔註53〕而黨外候選人得票率亦普遍降低，其主要原因即在於黨外人士未能事先取得協調團結的共識，選民在面對黨外候選人時無所適從，中間游離票偏向國民黨，致使三位國民黨籍候選人皆高票當選，相形之下黨外人士內部則產生爭奪提名糾紛。

〔註51〕 林大統，〈蘇洪月嬌的煎熬與歷練〉，《政治家半月刊》14（1981年9月），頁36～37。

〔註52〕 陳嘉成，〈蘇洪月嬌從夾擊中奮戰獲勝〉，《自由鐘》17（1981年12月），頁27。

〔註53〕 吳明洲，〈平心靜氣探討雲林縣黨外人士落敗之因素〉，《自由鐘》17（1981年12月），頁29～30。

蘇洪月嬌在省議會之問政，歷經五位省主席，一位民選省長，皆認定蘇洪月嬌爲一難纏的省議員之一，卸下省議員公職後，投入宗教團體活動。蘇洪月嬌面對個人政治環境的困境，選擇勇於走出個人風格，黨外人士吳三連在美麗島事件之後曾以蘇洪月嬌爲例，鼓勵美麗島受刑人家屬許榮淑、周清玉、方素敏等，說明：「妳們應該向蘇洪月嬌看齊，她的先生蘇東啓坐滿了十五年牢，那一種黑暗、孤獨的日子，他都忍受過來了，如今妳們的丈夫也碰到了類似的遭遇，更應該勇敢面對未來。」〔註54〕蘇洪月嬌堅持到底的個性，成爲她生存在政治環境中最佳的利器。

第二節　參政特質與性別意識分析

許世賢所創造的政治紀錄，不僅爲同時代的女性效法，也令同時期男性參政者讚賞，其成就不僅是個人才能發揮所致，亦是大時代政治社會環境背景的配合，在黨外領導人物老、中、新三代中，許世賢屬於老生代黨外代表，而蘇洪月嬌則屬中生代代表，以領導能力、品德、工作精神、學識、謀略等加以檢視，可以發現兩代之間具顯著的差異，其相異點正是每一階段黨外運動的特徵。

許世賢在老生代的黨外政治人物中，其品德作爲幾乎是沒有瑕疵，其一生堅持「操守清廉，不會利用職權圖私利」，因此極少有外界加以質疑其品德操守；加上受到日本教育的影響，工作精神腳踏實地，很少投機取巧，在領導作風方面，也較傾向於單打獨鬥的個人權威式領導，即使在省議會有「五龍一鳳」團體之稱號，實際上卻是各自爲政，各自提出個人質詢，較少有六人聯合提出議案。許世賢在擔任地方首長任內，事必親躬，鉅細靡遺，即是屬於個人權威領導的典型，這類的個人英雄式的領導風格，有其優缺點，強硬獨斷的領導風格能塑造出無與倫比的群眾魅力，參與反對運動，便會形成個人與團體的對抗，而非兩個政治團體的抗爭。〔註55〕

若以學識而言，黨外老生代的學識雖未及新生代，但卻是當時代的佼佼者，許世賢以日本九州帝國大學醫學博士，其政治謀略採取實幹策略與權威

〔註54〕老金，〈都是北港朝天宮選舉惹的禍──訪蘇洪月嬌談「超額貸款」案〉，《縱橫月刊》22（1982 年 1 月），頁 29。

〔註55〕虹星，〈從許世賢的死談「許家班」〉，《縱橫月刊》28（1983 年 6 月），頁 37～38。

式領導，以硬碰硬的方式直接對抗。正因為黨外老生代較強調權威式領導，也會產生所謂政治家族化。許家班成員中，家族主要領導人許世賢每選必上，後續推出三女張文英、四女張博雅，每選必戰，除嘉義市長連勝之外，競選嘉義縣長每戰必敗，因此許家班的家族命脈延續勢必成為極大的問題。屬於中生代的蘇洪月嬌，其學識涵養雖不如許世賢，但其具有傳統婦女的特質，因婚姻而結束升學機會回歸家庭生活，而因夫參政，其政治謀略具有堅持與妥協的折衷方式，因此蘇家班家族成員中的政治理念相互歧異，政治家族第二代蘇治洋、蘇治芬具有不同的個人政治舞臺，其訴求的理念亦有所差異；蘇洪月嬌過世後，蘇治芬承繼家族政治事業，突破家族的黨籍問題，加入民進黨，在雲林地方建立起個人政治版圖。

在個人職業方面，許世賢堪稱為國民黨統治下臺灣醫生從政的典型，即是在國民黨政治壓力下，仍以良醫醫國的抱負，關懷社會改革與民主運動，以延續自蔣渭水以來一貫醫生參政濟世濟人的精神，此一精神為爭取人民權利，代表受壓迫者、被統治者向執政當局爭取政治改革以及人道待遇的抗議精神。〔註56〕1947 年，二二八事件發生後，許多僥倖逃過災難的醫生，從此在政治的陰影下生存，選擇離開政治，而許世賢在事件過後，毅然決然投入政治，成為改變許世賢從政的關鍵事件。當時國民黨為了阻止醫生成為政治自由民主的領導者，以不斷逮捕迫害政治反對人士來阻止醫生與黨外人士接觸。〔註57〕即使如此，許世賢仍有醫生秉持良醫醫國的精神，無畏高壓統治，從事黨外反對運動。在戒嚴時代的臺灣政壇，許世賢絕不懾服於威權，成為戰後政壇上的異數，不僅跳脫了臺灣在野政治人物歷年來被招安收編、坐牢、歸隱、被御用四個結局，其長達四十年的從政生涯，不入閣，不作御用政客，也未銷聲匿跡歸隱，畢生與國民黨抗衡，卻未曾遭受牢獄之災，此與蘇洪月嬌屢受政治案件牽連飽受牢獄之災最大不同之處。再者，許世賢參與競選，不靠組織動員，全憑個人競選演說方式，而其演說方式也從不低聲下氣拜票，而是藉由選舉發表政見，給予民眾上民主政治教育，有時甚至以高姿態教訓臺下選民，仍受民眾支持，每選必勝，可謂開嘉義民主之風氣。〔註58〕

〔註56〕蕭毅，〈臺籍醫生的抗議精神——自蔣渭水到許世賢的醫生抗議政治〉，《蓬萊島週刊》4（1984 年 6 月），頁 6～10。
〔註57〕蕭毅，〈臺籍醫生的抗議精神——自蔣渭水到許世賢的醫生抗議政治〉，頁 10。
〔註58〕曹永和、張勝彥、吳文星、蔡相煇、詹素娟、戴寶村，《臺灣歷史人物與事件》（臺北縣蘆洲市：國立空中大學，2001 年 8 月），頁 521～535。

　　蘇洪月嬌在省議會期間，以個性強悍、言論激烈著稱，與同一時期的桃園縣省議員黃玉嬌合稱「南北雙嬌」，各有其擁護的地方群眾。但這種個人英雄主義的傾向，能塑造出特殊的群眾魅力，但以反對運動而言，便會形成個人與團體的對抗，而不是兩個政治團體之間的抗爭。正因爲早期黨外人士較強調傳統權威領導，便會形成所謂的「政治家族」，嘉義許世賢的許家班和雲林蘇東啓、蘇洪月嬌的蘇家班即爲最佳實例。許家班除了許世賢能夠在地方政壇上獲得民眾的支持外，其女兒張文英、張博雅卻在嘉義縣長、國民大會代表、立法委員等選舉中落敗。〔註 59〕相形之下，蘇家班成員蘇治洋、蘇治芬分別當選國大代表與立法委員，其中差異點在於後期政治第二代是否擁有政黨資源的援助，而非個人家族勢力的強弱。

　　臺灣黨外勢力的發展，是從下而上的，因此擁有地方派系的黨外人士雖然不是知名的新聞人物，但群眾基礎卻較中央級黨外人士較爲厚實，以嘉義許家班、雲林蘇家班而言，被視爲黨外草根性較強的地方性人物，平時較少出現在全國性的報導上，但選舉時卻在地方上形成一股強大的勢力，成爲國民黨提名競選時最大的對手。〔註 60〕因此，若以書生從政、平民政治家、政治女人三種政治人物特質，來分析比較許世賢與蘇洪月嬌個人參政的異同，即可瞭解其參政型態的差異。

一、書生從政

　　參與政治前，先充實個人知識與技能，具備專業知識和一技在身，才能應付千變萬化的政治環境。以許世賢爲例，具備醫師專業技能與博士學位，豐富的參選經驗累積從政知識，對於政治事件的處理態度，總能從容不迫加以應對化解，在民眾心中建立起清廉形象。而蘇洪月嬌雖有參政的熱忱與理想，由家庭走入政治，但因缺乏屬於個人的專業技能，參政過程中所發生的衝突與糾紛，總是以官司訴訟結尾，所帶給民眾及黨外印象總是悲情柔弱的一面，無法在民眾心中建立起良好清新的形象。因此，強化個人的政治能力是女性參政者應該具備有的基本能力，而此一基本能力即是教育知識的提升。〔註61〕

〔註59〕虹星，〈從許世賢的死談「許家班」〉，頁 37～38。
〔註60〕彭懷恩，《透視黨外組黨》（臺北市：風雲論壇社，1986 年 12 月），頁 6。
〔註61〕洪秀菊，〈寇克派翠克：婦女政治參與的典範〉，《中國論壇》245（1985 年 12月），頁 42。

二、平民政治家

沒有特權、身份、背景，純粹是白手起家，既不是工商鉅子，也非因緣於政治世家，更不是以悲劇性角色姿態出現，獲得選民同情。此一類型的女性參政者極爲少數，多憑藉個人能力累積政治人脈，許世賢亦可歸納爲此一參政型態，參政之初以組織婦女會作爲政治的起步，而蘇洪月嬌姻緣於蘇東啓，而涉入政治，後以悲劇性角色參與政治，非屬於平民政治家型態。不過女性以受刑人家屬身份參與政治選舉而當選，成爲婦女參政史上的一種畸形發展。

三、政治女人

除具備敏銳的政治觀察力外，亦具備獨有的女性特質，亦即反映在女性心理上的性別角色特徵，而女性唯有具備政治的特徵、能力，才能完全發揮所長，在堅持個人理想與服務大眾的理念之中，與人和諧相處，對於女性參政才有積極的意義，否則女性參政將淪爲政治口號。個案中的許世賢與蘇洪月嬌，在政治選舉過程中，代表女性參選，具有積極的領導作用，但兩者的參與角色卻不大相同，許世賢以女性參政的先驅者角色，鼓舞婦女積極參與政治選舉，而蘇洪月嬌以受難者家屬角色從政，曾爲政治案件中代夫出征當選的首例，各有其代表的意義。

以兩者均擔任過省議員的質詢言論內容而言，蘇洪月嬌質詢的言語用字相較於許世賢而言，較無女性意識，蘇洪月嬌曾以「再嫁夫人」、「賤人」等用字加以質詢臺中護校案，除引起後續官司風波外，對於同爲女性而言，其言論似乎忽略了性別言語用字尊重的原則，這也印證了女人最大的敵人，除了自己之外，就是女人。因此，許世賢與蘇洪月嬌在擔任省議員期間，許世賢的問政質詢曾提出婦女相關權利問題，而蘇洪月嬌的問政方向則似乎與女性無關，較著重於政治人權議題，在議會質詢過程中，亦經常發生口角衝突，無法與人和諧相處，以黨外女性參政而言，在女性參政的型態分類，許世賢的政治形象與行爲作風，相對是較爲清新理性的。

第三節 女性參政的困境與突破

一、政治家族的困境及其突破

女性參政與政治家族中，在家庭的親屬關係及婚姻關係方面，爲女性獲得政治地位的過程中，扮演著關鍵的角色。一般而言，社會階級與政治權位

之間普遍存在著關連性，無論男女，從政治家族出身者，較易在政壇中嶄露頭角，而女性則會因婚姻關係參與政治，其比例相較於男性高。〔註62〕因此，許世賢所推出張文英、張博雅，或是蘇洪月嬌推出蘇治芬、蘇治洋，在地方派系或是反對黨政治人物中，即便子女參選的本身條件十分突出，但家族的人脈或政治背景，對其是否能順利當選仍佔有關鍵性的因素。

　　在婦女參政與家庭關係方面，一個人的政治取向以及行爲模式是透過個人實際生活的經驗、有形的學習方式逐漸形成的。這種形成的過程，即是政治社會化（Political socialization）的過程。因此，家庭成爲個人最早接觸與學習的環境，常被認爲是個人政治社會化第一個重要的場所。由於家庭是個人政治社會化的主要根源地，尤其是在獲取政治信念以及政治效忠方面，家庭中，父母扮演著舉足輕重的角色，父母與子女之間的政治信仰具有高度的相關性，亦對子女日後參與政治的動機也相當大的影響力。〔註63〕換言之，父母在家中若經常公開表示對政治的興趣，或經常與子女討論有關政治的事務，家庭中的子女對政治之興趣與日後參政的強度較大。故出身政治興趣濃厚家庭之子女，對政治較感興趣，也對日後政治參與較爲積極，乃自小耳濡目染潛移默化之影響。〔註64〕以蘇家班爲例，事實上蘇家兒女從小均曾爲其父母助選過，在耳濡目染之下，培養其政治理念。

　　相對之下，許家班在許世賢參與政治的過程中，除積極參與各項選舉活動，更順勢推出三女張文英、四女張博雅代爲參選嘉義縣長、增額立委，培植政治第二代，使其對於政治產生興趣，進而開創個人的政治前途。然對女性而言，日後之所以走向政壇參與政治，「婚姻」往往是一個重要的轉變時期，許多婦女在婚前可能對政治沒有興趣，或是有興趣卻無機會接受任何有關政治事務的學習，但婚姻卻可能改變，使其開始關心政治而熱中參與政治。婚姻使其融入了政治氣氛濃厚的家庭，或因丈夫熱中於政治，受其影響而開始主動或被動接觸，並培養對政治的興趣與參與能力，因此婚姻對女性日後從政的發展，具有重大的意義。蘇洪月嬌即是一例，蘇洪月嬌婚前爲尚在求學的知識份子，婚後因蘇東啓接觸政治，開始主動積極參與政治，而後又因政

〔註62〕林心如，〈臺灣女性參政的成長與限制〉，《新世紀智庫論壇》5（1999 年 3 月），頁 94～96。

〔註63〕范毅芬，〈我國婦女參政之研究──女議員政治社會化之分析〉，《中國論壇》168（1982 年 9 月），頁 51。

〔註64〕范毅芬，〈我國婦女參政之研究──女議員政治社會化之分析〉，頁 51～54。

治案件牽扯，代夫參與選舉活動，因而培養蘇治洋、蘇治芬政治第二代，各自參與政治選舉。

　　以嘉義市的許家班為例，家族式的地方政治，是以個人的政治魅力做為吸引地方選民認同的主要依據，而非因婚姻而產生參與政治的興趣。嘉義市的許家班，從許世賢到張文英、張博雅，姊妹在嘉義市獨佔一方，可算是因許世賢個人政治魅力所奠下的基礎，因此地方上的選民認同的是許世賢個人，而非整個家族。對於以家族為中心的派系，其經營政治資源大多依賴區域選民對家族派系領導個人的認同，其發展至最後階段，僅能形成一個「選舉世家」，而一般選民的認同感是否能投射到家族其他成員，則必須視此一家族派系的成員，是否具有個人的政治魅力而定。因此，許世賢在嘉義市所奠下個人魅力基礎，在其過世後，選民將其政治魅力轉移至張博雅，使其補選順利當選，以此連任，而後選民再次將其政治情感轉移至張文英，不過家族勢力僅限於嘉義市，一旦選舉活動超出嘉義市地區，此一移情作用將消失遞減，始終無法擴及嘉義縣，形成許家班政治家族的選舉困境。不過，家族性的地方派系亦有其侷限性，常會因主要領導人的去世而使其家族逐漸沒落，許家班與蘇家班分別在嘉義市與雲林縣，各自有其地方的民意基礎，但因縣市地方層級不同，使得許世賢與蘇洪月嬌對於選舉政見各有其著重的焦點，但兩者政治家族勢力僅限於地方，始終無法突破，卻是政治家族困境的共同點，同樣面臨家族延續的政治考驗。

二、從政類型的困境及其突破

　　傳統中國歷史上對婦女參政多採取排斥的態度，只要婦女對政治表興趣，總是斥之為婦人干政。社會上對婦女參政的偏見固然造成阻礙，而婦女本身在成長過程中所接受的教育培養，也往往造成婦女的自我設限，不夠自信，將政治參與視為畏途。戰後臺灣政治的發展歷程中，絕大部分的婦女，並未深刻體認到婦女處境與社會結構之間的關係；二二八事件後，往往被告誡不要參與政治，以女性而言更是被視為禁忌，不鼓勵從事政治活動，對政治缺乏參與的熱情，但這並不代表女性不適合從事政治，忽視女性從政的潛力。但是在各種政治和社會運動的刺激下，婦女不斷受到啟發，逐漸瞭解到個人受到制度化、群體化的壓迫，因此婦女的女性意識覺醒和政治參與是相輔相成的，婦女應意識到父權社會的壓迫，進而擺脫傳統的角色，積極參與

各項社會運動，並藉由政治參與來爭取社會資源的重新再分配，其政治的參與運動，也會促使婦女在其過程中領悟，而加深其女性意識。〔註65〕

戒嚴時期國民黨長期執政之下，不少政治案件發生後，由其家屬代爲參與選舉政治，以蘇洪月嬌創下「代夫出征」當選爲首例，而後陸續當選的中央民意代表或是縣、院轄市議員，如許榮淑、周清玉、藍美津、林黎琤、楊雅雲等，政治犯家屬的「代夫出征」已從選民的選票中得到公道和正義，但仍受到傳統女性應照顧家庭觀念所影響，使其無法專心於政治選舉。國民黨方面則認爲「代夫出征」只是接收丈夫的政治資源，以行家族式政治；但此一論點否定了女性參政的潛在能力，更不知選民是理性的，只要探究爲何造成「代夫出征」原因和認清「家族政治」的意涵，便能理解婦女「代夫出征」的眞正的意涵。不過，在代夫出征的參政類型中，其第二代子女大多表現良好，因長期受到父母參政影響，更能培養其獨立思考的人格特質，爭取個人權利參與政治活動，進而形成政治家族體系。

在一黨專政威權時期的統治下，造成戰後臺灣政治的歧異發展，產生大批政治犯，使得受難家屬不得不以各種型態參政，爭取自由權利，「代夫出征」便成爲女性參政的特殊現象，如此的政治參與現象並非臺灣獨有的，在美國也經常出現，在擔任公職的先生去世或是無法出來競選時，妻子便會以先生的名號出馬競選，稱爲寡婦繼承制度。但是，以臺灣婦女參政類型中，因先生或家人受到政治案件受難，走向政治之路的「代夫從政」類型，絕非婦女參政的正常現象。另一方面，女性在參政的立足點上，常有兩種角色扮演，一爲彌補男女不平等的比率，所營造出來的假象平等，淪爲花瓶式的作用功能角色，並非眞實的執行參政者，另一種則是眞正參與政治的女性，透過競爭在政治上取得一個地位，盡力地爲人民貢獻，如此的觀念才是女性參政者應有的態度。〔註66〕

因此，新女性應有更高的自我期許，避免女性地位低落更必須突破三項瓶頸，一爲婦女參政動機，世家派系型、代夫出征型與女性自主型，各有其優缺點，但代夫參政無論是因何理由，均使婦女參政成爲從屬角色。自蘇東啓案以來至美麗島事件後，產生許多蘇洪月嬌代夫出征的個案，此類型以現

〔註65〕曹愛蘭，〈婦女與政治參與〉，《民進報週刊》31（1988年10月），頁30～31。
〔註66〕謝瑾瑜，《2100女性參政大趨勢》（臺北縣新店市：學英文化事業有限公司，1995年1月），頁86。

階段社會現象而言，婦女應有更高的意識覺醒，需以自身的才能與智識參與政治，才能突破政治瓶頸。二為婦女保障名額的限制，近幾年來，婦女在參政的立足點上不亞於男性，更有許多女性在選舉中突破婦女保障名額，反而以最高票當選。不過，婦女保障名額制度的存在，有時反而造成女性之間的相互競爭，更使得女性在參政過程中遭到非議，即使是靠實力當選的女性，也會造成因保障名額當選的錯覺。〔註67〕再者，婦女保障名額的規定，也會使人將「最低當選額」扭曲為「最高當選額」，因此黨內外在提名女性候選人時，常是一枝獨秀。另外，也造成黨外將女性候選人當成選舉策略，用以牽制、護航，作為擊敗對手的戰略，絕少考慮到女性候選人個人意願的問題。三為新女性應有更高的自我期許，以突破現有的侷限，展現個人風格，勇於參與政治選舉，正如同個案中許世賢與蘇洪月嬌，積極參與各項地方與中央公職人員選舉，屢戰屢敗，屢敗屢戰，經過一番選舉歷練後，分別在增額立法委員與省議員中獲得高票當選，其膽識和能力得到高度的肯定和支持，成為有實力的政壇女傑，同時在選舉中並不依靠「婦女保障名額」當選。

　　女性參政者的類型與專業會影響其問政的風格，以組織婦女會作為參政起步的許世賢，在婦女會擔任理事長，維護婦女權益，而以專業醫師的角色，會專注於醫療衛生等公共事務的問題，因此在省議會期間提案質詢中亦可發現相關婦女議題、醫療衛生等議案，反觀以政治案件受難者家屬身份參政的蘇洪月嬌，對於人身言論自由相當注重，再加上出身農業縣的雲林地區，農民的訴求，會影響議會質詢或提案報告，較傾向於地區性的開發建設、人民權益問題，尤其是人權自由的主張、農民福利問題，較少關注性別權益問題。

　　婦女參政各類型中各有其困境與突破之處，由反對運動而引起的政治案件，女性參政以「代夫出征」或「代父出征」形式，並非憑個人能力和主見作參政訴求，由受難者身份轉變為民意代表的過程，對角色的轉換是否自覺，因此「女性自覺」對於女性參政具有重大的影響關鍵，在傳統的教育往往使女性缺乏自信心，在競選過程中，往往以悲情柔弱的姿態訴諸爭取女性選票，但更重要的是，婦女參政更應爭取男性選票，才能有效參與公共事務，促使兩性選民都能超越性別的偏見，以候選人的能力作為選擇的標準，而非性別。由於許世賢與蘇洪月嬌均曾連任四屆省議員，質詢成為其最常行使的職權，也是表達民意的最佳途徑，但目前的情形卻流於個人作秀或應付選民，絕少

〔註67〕不詳，〈女性不是為「貼郵票、寫信封」而生的──夫人從政與黨外女性面臨的考驗〉，《第一線》3（1986 年 1 月），頁 34～36。

如同許氏與蘇洪氏，善盡職責專爲地方發言，兩者以女性身份從政，有其優缺點，對於黨外女性議員，其責任更大，在傳統父權社會的體制下，婦女兼負教育子女的責任，女性議員需內外兼顧，但女性應酬較男性少，對議員的職權行使較能專心，這是女性從政較男性從政特異之處。不過蘇洪月嬌在擔任省議員期間，則因個人言論激烈引發臺中護校質詢風波，質詢過程中更曾指責臺中護校校長爲「再嫁夫人」，其言詞過於偏激缺乏女性意識，使得女性參政不能解決女性問題，反而更凸顯女性問題，對女性產生言論攻擊，這也造成臺灣政壇中，許多民意代表經常於議會進行中爆粗口，互相攻擊影響議事正常進行，忽略其代議士的職責。

以婦女參政的類型而言，女性參政者不應全然將政治訴求集中在爭取女性權益。事實上，參政者應是爲民爭取利益，不論是男性或是女性參政者，都應專職爲民服務。但由於每一位參政者的地區與背景不盡相同，故所提的訴求也會因人而異。因此身爲民意代表所要爭取的是較屬於專業性質的權益。此外，女性參政者會因爲性別而特別偏重在女性個人的利益，陷入了性別的迷思中，女性身份反而成爲女性參政者的一大負擔，流失了男性選民的選票，一味推崇女性權益，卻忽略了其他族群的利益，是女性參政者應該注意避免的。所謂「選票之所在，就是實力之所在」，社會問題多如繁星，關心婦女問題直接關於到候選人的利益，形成一項誘因，致使候選人將此利益列入考量，尤其是女性參政者。但女性要爭取自己的權利，就必須由女性個人觀念先覺醒，進而帶動男性主動關注女性問題。〔註68〕

以許世賢代婦參政類型而言，必須突破的困境是擺脫性別角色意識，不專只是爲女性發聲，應對全體選民爭取權益，參政之途才能長久，獲得更多選民的支持。另外，隨著社會的變動，民主的形成是需要漸進緩慢的進行，過去女性一向扮演較屬於家庭內的角色，其生活圈擺脫不了家庭，男主外女主內的觀念，深植一般民眾心中，男性一直都是主事者，對外進行溝通、交際的角色。在現在的社會中，女性應該擁有相同參與決定政治前途的權利，但由於女性在不認識政治，無學習的環境之下，如何去熟悉政治的變化是必須克服的困境，唯有在建立男女平等的政治共識下，以鼓勵女性多接觸政治，培養積極參與的政治意識。一旦擺脫女性角色的限制，站在平等地位參與政治，女性更應該積極參與政治事務。

〔註68〕謝瑾瑜，《2100 女性參政大趨勢》，頁 135～136。

「嫁雞隨雞，嫁狗隨狗」一直是傳統婦女保守的準則之一，假若丈夫在政治舞臺上擁有顯赫的地位，妻子必然也能相應於因夫而貴，此即所謂的「妻以夫為貴」，女性參政者在政治化過程中，受到夫的影響最深，主要是因為夫的身份地位而使女性參政者較有機會接觸到政治領域，並且獲得派系的重視與推舉。此外代夫出征的女性參政類型，通常因政治案件入獄或遭到停職，為了聲援丈夫不得不進入政治領域與執政當局抗爭。〔註69〕但在現代社會中女性意識抬頭，女性是否還只甘願是一附屬角色，或是可以成為獨立個體。如果女性本身對政治不感興趣，那麼必然不會因夫而有所影響，女性本身便具有參政的潛能，若能發揮此一潛能，也不需因夫而貴，便能獨立參與政治選舉活動。男女在政治參與的心態和行為過程是不同的，早期臺灣女性的政治參與管道大部分藉由婚姻或攀帶關係而來，所以才會有因夫而貴的情況。〔註70〕另一位婦女參政個案，蘇洪月嬌即是因婚姻而以代夫參政姿態出現，對於參政者形象無法擺脫從屬角色，相形之下，屬傳統型婦女角色從政，必須打破代夫參政的包袱，才能擁有屬於個人的政治舞臺。換言之，在本位主義盛行的社會中，女性除要擺脫中國傳統包袱外，更要在解構原始的不平等女性意識後，建立一個完全屬於自我的價值觀。因此，女性參政的最好典範，即是女性應拋開社會傳統中加諸在女性身上的制約，就能以女性的潛能，以屬於個人魅力的作法，創造屬於個人的政治舞臺。

三、黨外參政的困境及其突破

1980年代以來，臺灣民主化是透過在野反對精英，亦即黨外的社會運動所推動，這股具有強烈政治意涵的社會運動之動力，是具備了政治、經濟、文化三因素之支柱。以政治因素而言，自1950年國民黨遷臺後即實施的地方自治選舉，始終提供本省精英政治參與的空間，而反國民黨的精英能透過地方層級的選舉維繫與政治跟隨者的關係，如高雄縣的余登發、嘉義市的許世賢、宜蘭縣的郭雨新等，這些黨外精英在選舉時，面對政治資源龐大的國民黨，不能不動員「人口優勢」的政治符號，是可以理解的。〔註71〕當時國民

〔註69〕林倩如，〈威權體制下臺灣女性參政之研究——以女性省議員為例（1950～1987）〉，國立中央大學歷史研究所碩士論文，2003年6月，頁77～78。
〔註70〕謝瑾瑜，《2100女性參政大趨勢》，頁94～96。
〔註71〕彭懷恩，《認識臺灣——臺灣政治變遷五十年》（臺北市：風雲論壇出版社有限公司，1997年10月），頁160。

黨在臺灣所從事的選舉，目的並不是發展競爭的多元政體，而是發揮政治精英的整合功能。換言之，來自中國大陸的中央精英與地方政治人物之間，透過選舉而從事交換政治利益。前者提供後者予以政治職位（權力價值），後者提供前者的群眾基礎（合法性）。選舉既然提供了合法的參與管道，自然抒緩了參與的壓力，也避免非法參與的破壞力。1950 年至 1970 年，國民黨領導精英對於政治參與管道，基本上是採取消極限制的策略，只開放地方政府層面，允許地方自治的選舉競爭，所以在中央領導階層中，經由選舉的政治人物幾乎是沒有立足的餘地。1969 年，國民黨開始補選中央民意代表，1972 年更進一步修正〈動員戡亂時期臨時條款〉，擴大名額以匯納更多的政治精英參與中央民意機關。由於政治參與管道的擴大，一方面開放了政治參與的管道，另一方面也強化了統治階層的正當性。〔註72〕

在威權體制下，黨籍的作用主要還是與提名有關，國民黨的提名機制與選區的婦女保障名額有關，因此在提名名額有限又有婦女保障名額的限制下，凡是受到國民黨提名的女性候選人，幾乎可以賭定當選。不過，許多女性參政者，並非在參與競選時即受到政黨的提名，而是在政黨評估其連任成功的機會後，才給予正式提名機會，如許世賢參選臺灣省第二屆臨時省議會議員時，因非屬國民黨屬意人選，而給予黨籍開放競選，卻意外以高票當選並擊敗國民黨所提名之候選人，隨後接續參與臨時第三屆省議員選舉，則由國民黨提名，順利當選。另外，黨籍的作用也出現在具有黨外身份的女性參政者身上，其當選與連任比例約有一成，由於具有黨外身份的女性參政人數極爲少數，大致上以重要的選區或是參政者的選區推舉人選，極少出現兩位以上的黨外女性參政者同區較勁的情形，不過蘇洪月嬌在競選省議員連任時，因選舉監委事件與黨外人士關係陷入低潮，使其無法獲得黨外主流派人士的推薦，因而自行參選，形成黨外兩位女性候選人同臺較勁的局面。黨外女性參政對國民黨依婦女保障名額足額提名的女性參政者，造成嚴重的威脅，因而促使國民黨籍女性參政者在與男性同時競爭時，盡全力參與選舉活動。〔註73〕若以選區人數設定婦女保障名額的選舉類型，在制度運作上會則

〔註72〕彭懷恩，《臺灣政治發展的反思》（臺北市：風雲論壇出版社有限供司，2000
　　　年 6 月），頁 147～148。

〔註73〕林倩如，〈威權體制下臺灣女性參政之研究——以女性省議員爲例（1950～
　　　1987）〉，頁 74～76。

出現不同的問題，其關鍵在於政黨的提名制度。若無類似婦女團體的保障，女性參政者往往得透過黨的提名才能穩定當選，而當時執政黨在掌控資源之餘，在女性提名方面並無太多名額，僅保留固定名額給予女性參選，導致僅有少數女性參政者才能參選，而將選票分票給該黨籍提名的男性候選人，使得提名制度成為執政黨增加當選席次，以及對放黨外的最佳利器。〔註74〕許世賢與蘇洪月嬌早年分別加入國民黨與青年黨，在此一政黨提名制度下，參與選舉活動，各自選擇較易當選的方式參加競選，許世賢更曾未經提名而自行參選，蘇洪月嬌雖是青年黨籍身份，但參與省議員選舉連任時大多以無黨籍身份參選，不過在無黨籍提名機制下，蘇洪月嬌也未經黨外人士提名而當選，顯示許氏與蘇洪氏的個人選舉經驗深厚，地方民意基礎紮實，因而獲得選民的支持。

針對女性參政而言，鄭南榕曾指出婦女在各行各業都有傑出的表現，只是在國民黨體制下的政治行業，女性得不到關鍵地位的高級職務，包括政務及黨務兩個系統。臺灣的教育制度是男女平等的，有許多女性受過良好的教育，在就業機會也是平等的情況下，國民黨卻忽略黨政系統缺乏女性的缺點，因此女性的選票及政治力量自然留由黨外人士開發。當時民選的縣市長，國民黨只提名男性候選人，女性黨員被忽略，顯示國民黨忽視女性的政治地位，使得黨外先勝，許世賢以黨外身份成為首位女性省轄市長。鄭南榕認為如果要改善國民黨「男女黨員政法地位不平等」，以及「忽略女性高級政治地位」的政治現況，建議應學習黨外，將女性提任在重要的政治職位上。〔註75〕

對於國民黨候選人而言，最常運用的方式即是透國民黨內部龐大的組織與基層影響力，使其先天即佔盡各種便宜，相對於各方面之限制，黨外人士參與選舉運用組織戰略之可能性極低，甚至不可能。政見發表會成為無黨人士參與競選時向選民表達其政治理念最有效的方式，發表會中大部分宣傳以發動龐大的演說攻勢為主；在競選文宣方面，包括傳單、海報、標語等的運用仍必須掌握選民的心態，以突顯候選人競選角色。〔註76〕形象的塑造是根基於候選人平日努力基層的功夫，因此黨外人士均相當注重個人良好形象的

〔註74〕林倩如，〈威權體制下臺灣女性參政之研究——以女性省議員為例（1950～1987）〉，頁 60。

〔註75〕鄭南榕，〈國民黨忽視女性的高級政治地位〉，《政治家半月刊 24（1982 年 3 月）》，頁 27～28。

〔註76〕顏志榮，〈光復後臺籍民選精英政治反對之研究（1945～1969）〉，頁 126～130。

塑造。例如 1978 年 11 月 18 日，當時擔任立法委員的許世賢即參加黨外人士
政見發表演說，聆聽省議員蘇洪月嬌競選連任發表演說，其夫蘇東啓亦參與
其中。

在政黨屬性方面，黨外女性參政者經常面臨政黨歸屬問題。根據研究指
出，臺籍民選政治反對精英中，有不少原先是屬於國民黨籍，後因某種原因
方才退出，或永爲無黨籍，或加入及他政黨，而合法且能夠公開活動的政黨
僅有中國國民黨、民主社會黨及中國青年黨。〔註 77〕實際上，民社黨及青年
黨兩黨常因內外種種因素，被外界譏爲花瓶政黨，爲國民黨之陪襯政黨，以
做爲民主政黨樣板之用。〔註 78〕遷臺後的青年黨，雖然在中央民意機關中保
有若干的席位，其黨員也參與縣市長、縣市議員及省議員的競選，但由於沒
有發展出較具影響力的政治活動，對國民黨統治政策及其所造成的社會弊
病，亦無具體的批評，在一般民眾中不僅缺乏聲望及吸引力，也常遭到鄙視
和責難，再加上青年黨內部長期紛爭，力量不斷被削弱，社會地位和政治影
響力每況愈下，被視爲只是在國會機構中，充當表決機器的政黨。因而在中
央和地方民意機構中，幾乎推不出適當人選參與競選，即使參選，當選率和
得票率都相當低，或是具有青年黨籍，參選時卻以無黨籍身份競選，蘇洪月
嬌即是一例，因而長期受到青年黨內部黨員質疑其效忠性。另外，1980 年，
在立法委員和國民大會代表選舉中，青年黨提名候選人並無人當選；1986 年
底的立委、國代選舉，青年黨不僅無法提名候選人參選，在自行參選的候選
人中亦無人當選。〔註 79〕

許世賢與蘇洪月嬌針對黨籍問題的困境與突破，以政黨屬性而言，許世
賢早期因日治時期在教育上之差別待遇，不得不選擇至日本求學，對於日本

〔註77〕 中國青年黨，初名「中國國家主義青年團」，於 1993 年 12 月 2 日成立於法國
巴黎南郊的玫瑰城，主要發起人有曾琦、李璜等十二人。1929 年 8 月 20 日在
瀋陽召開的第四次全國代表大會上，正式定名爲「中國青年黨」。1938 年取得
合法地位，1945 年抗戰勝利，青年黨支持國民黨反共內戰的方針，並於 1947
年和民社黨一起參加國民政府。1948 曾琦因病赴美就醫，由李璜代理主席。
1949 年，青年黨中央黨部隨國民黨政府遷往臺北，從此一蹶不振，徹底淪爲
國民黨的「花瓶政黨」靠領取國民黨的「反共宣傳費」支應。孫淑，《臺灣政
治制度》（中國江蘇省，南京大學出版社，1993 年 11 月），頁 31～32。
〔註78〕 顏志榮，〈光復後臺籍民選精英政治反對之研究（1945～1969）〉，頁 95～96。
〔註79〕 孫淑，《臺灣政治制度》（中國江蘇省，南京大學出版社，1993 年 11 月），頁
37～38。

之殖民統治有其不滿之處，雖未曾積極從事政治反對，但其思想與作爲上確有其不滿之處。戰後脫離日本殖民統治，許世賢在國民黨政府統治臺灣期間，逐漸突顯出其反對的色彩，其原因在於一旦發現國民黨執政對於臺灣統治有所缺失時，自然會繼續其政治反對，以追求合理公平待遇的傳統。〔註80〕

　　當時許世賢退出國民黨的理由有兩種說法：一爲 1956 年許世賢因質詢嘉義縣長李茂松停職案，由於省政府所作出的行政處分具有可議之處，使得許世賢甘冒大不韙以國民黨籍議員身份爲無黨籍李茂松提出質詢，在省議會要求民政廳長給予明確交代，許世賢的質詢招致國民黨臺灣省黨部的指責，李茂松案最後結果，使得許世賢對國民黨非常失望，便聲明退黨，自動脫離國民黨而成爲無黨無派人士。〔註81〕

　　另一原因爲許世賢參加「中國地方自治研究會」作爲發起人，所以遭致國民黨開除黨籍處分。直到 1959 年（民國 48 年）國民黨臺灣省委員會決定書（47）臺紀字第二一三一號，則認定許世賢因不服從黨的命令、決議，以及參加地方自治研究會，因而決定許世賢應受到開除黨籍處分，才正式被國民黨開除黨籍。〔註82〕許世賢退出國民黨後，並未加入青年黨或民社黨，自始至終標榜爲無黨無派人士，此應與當時選民對於政黨印象惡劣，認爲有黨派色彩，即具偏私，不如無黨無派之立場公正。而退出國民黨後，許世賢政治事業反而漸入佳境，成爲首位脫黨後仍可當選的省議員，日後參與競選則以無黨無派作爲競選宣傳，自此除第六屆嘉義縣長選舉敗給國民黨籍黃老達外，更自 1972 年後當選兩屆增額立法委員，另成爲首位女性縣轄市長及升格後省轄市長。〔註83〕許世賢不僅突破政黨提名的限制，更突破婦女名額的保障，成爲婦女參政的先驅。

　　另外，學者亦研究指出民社黨、青年黨兩黨候選人，即使經由政黨提名，也以無黨無派的資格參與競選，其原因在於他們認爲所屬政黨與執政黨之間的勢力相差懸殊，提名競爭敵不過執政黨，反不如不暴露其政黨屬性，改以無黨籍的姿態爭取游離中間的選民。〔註84〕蘇洪月嬌即是一例，不過黨籍的

〔註80〕顏志榮，〈光復後臺籍民選精英政治反對之研究（1945～1969）〉，頁 104～105。
〔註81〕黃森松，〈追記許世賢脫黨的一戰：李茂松停職案的質詢〉，《生根週刊》12（1983年 7 月），頁 9～13。
〔註82〕顏志榮，〈光復後臺籍民選精英政治反對之研究（1945～1969）〉，頁 96。
〔註83〕黃森松，〈追記許世賢脫黨的一戰：李茂松停職案的質詢〉，《生根週刊》12（1983年 7 月），頁 9～13。
〔註84〕顏志榮，〈光復後臺籍民選精英政治反對之研究（1945～1969）〉，頁 97。

屬性問題，亦成為蘇洪月嬌的困境，亟需突破。由於蘇洪月嬌早年參與競選時多以青年黨籍參選，游移在青年黨與無黨籍之間，在省議會期間個人質詢言論激烈，強悍的處事作風，導致官司纏身，對於雲林地方上的政治聲望，早期多是由其夫蘇東啓所奠下的基礎，以及次女蘇治芬擔任兩屆雲林縣長所累積的地方人脈，相較於許世賢個人於嘉義所建立的許家班不同，許世賢及其夫婿張進通皆為醫師身份，較能直接親近一般民眾，累積民眾基礎，而以個人醫術、問政風格以及對地方市政的努力，贏得嘉義市民的愛戴，嘉義市區到處可見以許世賢命名之公共建築設施，如嘉義市世賢路、世賢國小、世賢圖書館，中正公園內許世賢雕像等，再加上張博雅、張文英深耕嘉義市，延續許世賢政治家族血脈，其在嘉義市民心中儼然已成為民主政治人物的象徵。

反觀蘇洪月嬌，最初踏入政壇是由其夫蘇東啓引領入門，參政類型不同，因此所擁有的政治資源也相當有限，必須藉由政黨資源才能夠累積人脈，故黨籍的選擇成為競選成功的主要利器之一，蘇洪月嬌每每參與選舉，黨籍身份成為對手攻擊的目標，因此，蘇洪月嬌早年加入青年黨又退出，後加入民進黨又退出，則是個人考量其政治前途所做的決定，也導致蘇洪月嬌形象不佳引人話柄的主因。蘇洪月嬌亦運用其擔任於雲林北港媽祖廟董事職務，以及受難者家屬角色，動員其人力、財力，使其選票來源得以掌握，而順利連任省議員。〔註85〕

再者，黨外原本對蘇洪月嬌採取保護提名方式，1977 年競選省議員時，黨外人士紛紛南下串連為其助選，使蘇洪月嬌順利當選，但於 1980 年監察委員選舉時，被指稱收受賄款出賣尤清；再加上 1980 年國大代表選舉，雲林縣黨外黃麻參選在外界一致看好的情況下，穩操勝算，蘇洪月嬌則獨排眾議推出長女蘇治洋競選，導致黃麻意外落選，雲林黨外開始分裂；1983 年立法委員選舉，蘇洪月嬌成立「在野後援會」，出馬競選，僅得一萬三千票落選，也使得高李麗珍只差十七票落選，黨外人士對於蘇洪月嬌不遵守黨外規定，漸與蘇洪月嬌劃清界限。〔註86〕

總而言之，許世賢退出國民黨籍後，堅持以黨外身分參選各項選舉，立場鮮明，由地方民意代表到省級進而轉任中央民意代表，更由民意代表身份

〔註85〕柳寄塵，〈三大門派四大高手夾擊蘇洪月嬌——蘇洪月嬌的不歸路〉，《縱橫週刊》24（1985 年 11 月），頁 44。

〔註86〕柳寄塵，〈三大門派四大高手夾擊蘇洪月嬌——蘇洪月嬌的不歸路〉，頁 42。

轉任地方行政首長，突破政黨提名的限制；反觀蘇洪月嬌始終徘徊在青年黨與黨外之間，立場左右，常遭受到黨外人士的批評與青年黨內部黨員的反對聲浪，無法對其政治生涯有所突破，終其一生省議員身份成為其主要政治舞臺。

第六章　地方政治家族的形塑比較

　　女性參與選舉政治活動，從地方到中央，由個人到家族，建立起政治家族體系。一般人常將政治香火傳承的「政治家族」與視政治為家族事業的「家族政治」混為一談，更易將政治家族視為地方派系的一環，然政治傳承的地方家族體系與傳統地方政治人士相結合而成的地方派系並不相同，最大的差別在於政治傳承的家族體系，是以個人的政治魅力做為吸引地方選民認同的主要依據，如嘉義市的許家班與雲林縣的蘇家班，分別為許世賢與蘇洪月嬌兩位女性從政者，由地方民意代表為基礎，參選至省級或中央民意代表，甚至地方行政首長，長期經營地方政治，累積政治人力資源，延續至政治第二代，承繼第一代政治香火，在地方上建立政治家族，與其他地方派系成員相互競爭。因此，政治家族體系的建立與傳承，以及家族成員的政黨傾向，不僅影響成員內部的政治發展動向，也連帶影響地方派系外部生態的變化。

第一節　從「地方派系」到「政治家族」

　　臺灣選舉投票行為的早期研究顯示，選民對於候選人取向，大部分選民投票通常只注意候選人的個人特質，如鄉親、派系、同學、學歷等因素。尤其是以人情因素影響特別大，其中以鄉村地區，若是獲得大家族或地方派系的支持，無論黨籍所屬，均可獲得大量的基本票。然若以政治發展的角度分析，一般選民在投票時，較傾向以候選人之私人關係與地域情感作為優先考量。〔註1〕候選人在贏得選舉的基本條件，即是具備良好的人際關係及地緣關

〔註1〕彭懷恩，《臺灣政治文化的剖析》（臺北市：風雲論壇出版社，1997 年），頁167～168。

係，而政治家族之所以長期能夠在地方上贏得選民的支持，便是透過人際網絡加以聯繫動員。戰後至戒嚴時期的臺灣選舉，國民黨是以執政黨之優勢，組織動員各項選舉活動，具有絕對雄厚的組織力量及價值權威分配的權力，選民的政黨取向多以國民黨爲主。因此，除了縣市長的選舉外，中央或地方民意機關選舉莫不佔有絕對多數的名額，而得票率平均在 60%以上。在 1990 年代以前，非國民黨籍候選人在此一強大壓力下，當選機會是相對的少。〔註2〕因此，許家班與蘇家班成員在嘉義與雲林地區，長期以黨外身份參與選舉，均能獲得勝選實屬少數，分析其中原因在於地方派系與政治家族中，所擁有政治資源多寡的差異。

在臺灣各縣市鄉鎮中，因選舉競爭而形成候選人對立與派系鬥爭，大多數派系名稱多以最初領袖的姓氏來命名，並且表現出社會關係而分立的派系類型。另外，根據地方派系與選舉關係調查顯示，從 1945 年至 1985 年間，歷屆臺灣省議員選舉，地方派系所推薦或支持的候選人，總平均得票率達五成以上，當選比率平均六成以上，因此地方派系在政治體系中扮演相當重要的角色與功能。若更深入觀察縣級以下的各項地方選舉，更能發現地方派系影響選舉結果的重要性。〔註3〕

另一方面，無黨籍人士參與競選，是臺灣自開始實施選舉以來即有的政治現象。較早時，這類人士都屬社會的仕紳階層，其參與政治是以個人的社會地位和聲望作爲號召，因其標榜「不結黨派」，故贏得「社會賢達」的美譽。由於臺灣的社會結構在三十年來有了急遽的改變，過去的仕紳階層漸趨沒落，代之而起的是新興的中產階級。大體而言，這些中產階級可分爲兩類，一事從事工商業致富的工商階級，一是家無恆產而憑本身學識謀生的新知識份子。這兩類的中產階級因觀念上的差異，而逐漸分道揚鑣。1979 年底，無黨籍的新知識份子籌組「中央民意代表選舉黨外候選人聯誼會」，並提出其候選人，使粗具「準政黨」的規模，成爲完全由新興知識階級及具有專業從政精神的人所組成的團體。〔註4〕臺灣黨外勢力的發展，是從下而上的，因此擁有地方派系的黨外人士雖然不是知名的新聞人物，但群眾基礎卻較中央級黨

〔註2〕彭懷恩，《臺灣政治文化的剖析》，頁 165～166。
〔註3〕趙永茂，《臺灣地方政治的變遷與特質》（臺北市：翰蘆圖書出版公司，2002
　　　年 12 月），頁 2～3。
〔註4〕陳鴻瑜，《臺灣的政治民主化》（臺北市：翰蘆圖書公司，2000 年 1 月），頁
　　　25～26。

外人士較爲厚實，以嘉義許家班、雲林蘇家班而言，當是黨外草根性較強的人物，平時較少出現在全國性的報導上，但選舉時卻在地方上形成一股強大的勢力，成爲國民黨提名競選時最大的對手。〔註5〕

因此，以實質而言，在中央與地方的垂直分權上，由於當時憲法所規定的省縣自治條例尙未能通過，始終以行政院逕行頒佈臺灣地區地方自治法規作爲依據，授權中央直接任命地方省主席，法規中更給予行政院干預地方立法權的特權，再加上國民黨黨政關係綱領的運作下，地方政府亦多在以黨領政的陰影下運作，地方菁英即使當選地方自治機關職位，亦不得不聽命於中央。除了法規架構使地方政治空間極爲有限外，國民政府對地方政治的實質操作更是極爲深入，臺灣社會由於血緣、姻緣、地緣、學緣等人際因素，在地方上凝聚起蓬勃的本土勢力，這種未進一步建制化的準政治團體，被泛稱爲「地方派系」。在土地改革後，具有全臺串連、號召力的社會勢力與菁英迅速衰退，代之而起的中小型社會領導者，國民政府透過旗下掌控的廣大政治、經濟資源，尤其以國家公權力將地方公共財私有化，個別加以網羅，爭取他們對整個威權體系的支持，稱爲「侍從主義」，是威權體系得以拉攏地方派系，擴大統治基礎的重要手段。〔註6〕

然而地方派系也有正、反兩面功能存在，在反功能方面，包括：1、派系常爲反對而反對，阻礙地方建設的發展；2、派系常以派系本身利益，爲行事的優先考量，影響地方資源分配的公平性；3、派系常使文官中立化的原則產生動搖；4、派系易造成賄選，人才難以出頭。在正功能方面，包括：1、若地方無任一派系壟斷的現象，可藉由派系之間相互監督達到制衡的作用；2、派系爲延續該派的命脈，將設法發掘與培養具群眾性，且能力品德較佳的領導人才，以獲得地方民眾的支持，進而順利競選政治職位，發揮某種類似政黨對政治人才甄選的作用。〔註7〕

不過根據研究指出，派系正、反功能的假說，在實際的地方政治運作過程中，地方派系的類型，與社會環境背景的因素下，會產生不同的結果，也會有過度推論的問題產生，如嘉義地區；該區爲傳統上具有反對國民黨的地

〔註5〕彭懷恩，《透視黨外組黨》（臺北市：風雲論壇社，1986年12月），頁6。

〔註6〕戴寶村，《臺灣政治史》（臺北市：五南圖書公司，2006年11月），頁291～292。

〔註7〕蔡明惠，《臺灣鄉鎮派系與政治變遷：河口鎮「山頂」與「街仔」的鬥爭》（臺北市：洪葉文化事業公司，1998年2月），頁。頁4～6。

方派系縣市，故對於國民黨所支持輪流主政的地方派系中，其展現的功能特性並不強烈，許家班即是一例。許世賢擔任省轄市時期的嘉義市，建立起許家班政治家族；升格後第一屆嘉義市，因許世賢去世，經補選後由四女張博雅當選接任，後續則連任至第二屆，再由三女張文英經選舉當選，承接市長職務，前後輪流執政，而張文英、張博雅在連任市長後，分別參選國民大會代表、區域立委，均獲當選，顯示在嘉義地區民意支持度極高，具有深厚地方基礎，由地方轉任中央，順利當選。因此在地方選舉中已有選人不選黨的傾向，嘉義市的張博雅、張文英必有其獲選民認同的原因，其競選公職得以獲得絕大多數選民的支持在於平日的耕耘與形象。〔註8〕2000 年政黨更替，由民進黨執政，張博雅被延攬擔任內政部長，市長職務由副市長陳麗貞代理，而陳麗貞即是許家班成員所推出的代理人。2001 年嘉義市長選舉，張博雅以許家班名義推薦代理市長陳麗貞參選獲勝，顯示臺灣政治民主化雖有較大發展，政黨政治也成爲臺灣政壇主流，但在嘉義市地方政治勢力仍強大。從歷屆嘉義市長選舉，人情或鄉情均超過政黨立場，不少選民選人不選黨，此一現象說明地方選舉中利益交換與取捨相當複雜。

　　若以另一項正向功能而言，許家班與蘇家班共同的特性，即是展現出培植人才、爭取地方認同的企圖心，以延續政治命脈。因此，許世賢培植張文英、張博雅參與中央選舉即是厚植地方實力；而蘇洪月嬌則推出蘇治洋、蘇治芬參與選舉，即是延續其政治家族在地方上的勢力。不過，國民黨在提名與輔選機制中，不斷遭受到地方派系勢力影響，部分黨員不惜脫黨參選，顯示國民黨中央統治階層對於地方群體勢力的控制力逐漸衰退，而促使地方上敵對的派系，分別依附不同的政黨，產生相互競爭的作用。另外，選舉對地方派系而言，是其成員之間凝聚和動員的場域，再加上選舉的勝負更直接影響派系之間的實力消長，地方派系與民進黨的結合，顯然是民進黨提供了勝選的有利條件，再加上地方派系成員與民進黨的個人關係，或是國民黨內部提名協調不滿的情況下，較易轉向與民進黨結合，以維持其派系延續的可能性。〔註9〕

　　地方派系在縣市分佈方面，許多「小縣大鎮」（即人口數在五十萬以下的縣市以及人口數在三十萬以上的縣轄市）的立委選區等於是縣市長或縣轄市

〔註8〕　陳春生，《臺灣政黨與政治文化》，頁 280～281。
〔註9〕　蔡明惠，《臺灣鄉鎮派系與政治變遷：河口鎮「山頂」與「街仔」的鬥爭》，
　　　　頁 7～9。

長的選區，也會誘發「接力輪流」的現象，亦即「小縣大鎮」選區內的重要職位，如地方行政首長或立法委員，將由不同派系精英或家族輪流擔任的特殊現象，不僅是外部兩派系交換（trade-off）選任地方首長或立委職位，更是派系內部成員輪流執政的權力接替。無論如何其所產生的缺點是，地方派系或家族勢力反而將找到生根茁壯的強力定著點，一旦「接力輪流」的機制啟動之後，派系精英無法選上地方行政首長或立法委員，仍有機會拿下另一項地方行政首長或立法委員，而形成「派系輪流執政」的地方政治傳統，許家班與蘇家班成員所參與的選舉即是典型案例。以嘉義縣而言，黨外的地方派系除黃、林兩派的勢力之外，尚有許世賢、張文英、張博雅的「許家班」，以及林樂喜與林麗蓮夫婦的「林家班」，許家班主要勢力在嘉義市，母女、姊妹輪流執政，但其勢力卻始終無法擴及嘉義縣，歷次參選嘉義縣長均無功而返，包括許世賢與張文英均參選過嘉義縣長選舉。1986 年 9 月民進黨成立後，嘉義市產生另一股不容忽視且日益壯大的政黨勢力，使得嘉義市的政壇出現新的變數，此意謂地方政治未來將走向家族化。特別是人口數較少的小型縣市，如宜蘭縣、基隆市、新竹市、花蓮縣、臺東縣、嘉義市等，而嘉義市地方派系的情形，遠較其他縣市特殊，因真正本籍為嘉義市之市民僅佔三成左右，其餘大多由其他鄉鎮地區遷入，如雲林縣水林、口湖、四湖等鄉，較無明顯的地方派系，主要仍是許家班。〔註 10〕反之，雲林縣則為傳統農業縣市，派系大多與當地農會有關，導致歷屆各項選舉，必須拉攏地方相關主要領導人物，建立地方政治勢力，才能順利當選，但自蘇治芬當選雲林縣長後，雲林地區成為蘇家班政治家族的版圖，其他派系相形消失或爭取其他選舉政治舞台。然而，地方派系對地方政治所造成的潛在威脅，在於「選區利益」以「大鎮」為中心，造成「小鄉」沾不到邊的不合理現象；畢竟單一選區內的主要票源，仍集中在大鎮選民，而非小鎮、小鄉，其利益便會受到忽略。因此，一旦「大鎮」的政治權重不斷提高之後，「小縣」、「小鄉」則將淪為地方自治團體。〔註11〕

　　另以地方政治發展而言，地方派系或政治家族勢力，若獲得派系輪流執政的機會，必定得與特定政黨長期合作，呈現出地方世襲政治或地方家族政治的現象。不過，地方派系會因利益的不同，時常發生派系之間隨時更換合

〔註10〕　臺灣省文獻委員會，《嘉義市鄉土史料》（臺灣省南投市：臺灣省文獻委員會，1997 年 7 月），頁 85。

〔註11〕　陳朝建，〈地方世襲政治再起　派系換黨如翻書〉2008.1.12.http://mypaper.pchome.com.tw/souj/post/1305096958

作對象的情形。政治派系爲爭取及維持其政治權力，也會發展出正式或非正式組織，並以關係取向爲主，產生出相當大的影響力，派系領袖或成員，除努力使內部利益具同質性外，也普遍發展出一種強烈的排他性，致使政治家族派系或一般地方派系的運作過程，其組織力量主要來自於以社會經濟地位爲主的關係取向，此種類型的關係取向與派系成員之間的互動關係、派系產生背景、發展階段，以及實際發展出來的關係力量，分成：1、個人領導與從屬（或對等）關係；2、歷史、文化或地理關係；3、政治利益關係；4、經濟利益關係。

表 6-1　政治派系運作特性

爭取與維持 政治權力	關係取向	
	性質分類	主要影響力
結盟行爲	個人領導與從屬或對等關係	個人從屬或對等關係之相互支援、交換與整合
	歷史、文化或地理關係	歷史、文化、地理關係之相互支援、交換與整合
	政治利益關係	政黨或其他正式、非正式政治組織關係之相互支援、交換與整合
	經濟利益關係	經濟利益或財力之相互支援、交換與整合

資料來源：趙永茂，《臺灣地方政治的變遷與特質》（臺北市：翰蘆圖書出版有限公司，2002 年 12 月），頁 239。

　　由表 6-1 顯示，四種關係取向中，以個人領導與從屬（或對等）關係最常見，而這四種關係取向又產生四種影響力，其中在派系結盟行爲之下，個人領導與從屬（或對等）關係，可以在政治或選舉過程中，產生個人從屬或對等關係之相互支援、交換與整合，此又可稱爲派系領導人與成員，如家庭、同學等個人社會關係之相互支援。這種個人領導與從屬關係的政治結盟行爲，派系領導者常以其政治實力或其他影響力，吸收其他成員，並協助其後輩晚進，獲取政治權力或其他利益，藉以鞏固並擴張派系的影響力，而派系新成員，則藉由派系領導人個人的社會關係與組織力量，發展個人的政治實力，在政治選舉過程中，產生重要的影響力。〔註12〕

〔註12〕趙永茂，《臺灣地方政治的變遷與特質》，頁 239～241。

　　在解嚴以前，威權統治時代，除少數例外，能獲得國民黨的提名幾乎可以說是當選的保障，而國民黨也藉由提名機制操縱，牽制及平衡地方派系的發展，許多出身地方派系或具有草根性極強的民選政治人物，也因此一提名機制晉升中央決策系統。然許世賢於 1956 年聲明退出國民黨，退黨之後完全不依靠政黨提名，均自行以無黨無派身份參選，亦順利當選嘉義市長及增額立法委員，許家班在嘉義市地方始終保持無黨無派的黨外形象，成爲少數特例。〔註 13〕反觀蘇家班，黨籍問題始終存在，從早期奠定政治基礎的蘇東啓開始，由國民黨到青年黨，再由蘇洪月嬌承繼政治，歷經青年黨、退黨、到加入民進黨，而後退出，介於青年黨、無黨籍、民進黨之間，以黨外身份著稱，蘇洪月嬌在後期轉向與民進黨結合，推論在地方派系林立的雲林縣，蘇洪月嬌早期爲黨外人士一員與民進黨成員關係密切，再加上必須尋求有利勝選的條件之下，而選擇加入民進黨，不過民進黨內部若無提名參選，蘇洪月嬌則不惜脫黨，顯見蘇洪月嬌是以選舉做爲自身黨籍的考量，主要著眼於實質利益，而非個人的意識型態。

　　地方派系與政治家族之間的差異，在於家族式的地方派系，主要是以個人的政治魅力做爲吸引地方選民認同的主要依據，而一般選民的認同感能否投射到家族其他成員，則必須視此一家族派系的成員，是否具有個人的政治魅力而定，許家班中的許世賢作爲家族的主要領導人物，其個人所建立的政治魅力成功轉移到第二代，相較於蘇家班，蘇東啓亦建立起地方政治勢力，將其政治資源移轉至蘇洪月嬌，間接再由蘇洪月嬌轉移至家族第二代，從而建立起家族式的地方派系，而此一地方派系的家族化，勢必將成爲政治參與的另一特色。

第二節　「許家班」政治家族的形成

一、初試啼聲：許世賢培植政治第二代

（一）張博雅競選增額立委

　　張博雅在尚未踏入政壇前，是許世賢最得力的幫手，張家有四姊妹，大姊張貴英與夫婿在臺南創立婦產科醫院，二姊張博英在美國與夫婿從事建築

〔註 13〕王業立，〈選舉、民主化與地方派系〉，《選舉研究》5：1（1998 年 5 月），頁77～94。

事業，三姊張文英曾擔任臺北市古亭衛生所所長，張博雅則自幼最討許世賢歡喜，許世賢在擔任省議員及立法委員時，張博雅一直為許世賢最得力的幫手，長期的耳濡目染，使張博雅對服務人群、投身政治的工作產生興趣。

1947 年二二八事件發生，許世賢擔任嘉義市參議員，張博雅與母親共患難，許世賢連夜帶著張博雅逃往全省各地，躲避兩年後，才倖免於難，重返政壇參與選舉活動。〔註14〕張博雅大學畢業後，考入臺大醫學院公共衛生研究所，主修預防醫學及公共衛生，1969 年適巧為臺灣地區舉辦立法委員增額選舉，許世賢認為轉任中央級民意代表可實際參與立法，對於嘉義市恢復為省轄市將有莫大的幫助，因此決定參選 1969 年 12 月 20 日的增額立委選舉。許世賢原本打算投入選戰，但考量因當時擔任嘉義市長公職且剛上任不久，若決定參選必須因此向嘉義縣政府提出辭職，而公文往返勢必將延誤參選登記時間，為避免參選過程中發生不必要的糾紛與錯誤，許世賢在詳細閱讀選舉辦法後，改推正在就讀臺大醫學院公共衛生研究所的四女張博雅參選，由於選舉辦法並未規定學生不可參選，張博雅便以 27 歲學生身份初試啼聲參選立法委員。

不過選舉結果卻出乎意料之外，原本穩定當選卻意外落選，其原因在於 12 月 20 日選舉開票當天，各投票所開出的票數，當時顯示張博雅得票數為 19 萬多票，已列為當選的安全名單中，但電視選舉報導突然中斷，改以音樂插播約一小時多，重新開播時張博雅票數由十九萬多票變成九萬多票，開票過程中，被質疑有作票嫌疑，明顯有疏失。〔註15〕翌日，擔任嘉義縣選舉委員會監察小組委員謝德寶表示：「一定要向法院抗告國民黨作票，選舉當選無效」。而許世賢反問：「如果告贏了，會是什麼結果？」，謝德寶表明「郭國基將會下來，張博雅上去」，許世賢認為：「這種事，我們不作，就讓郭國基當選好了，同是黨外人士，誰當都一樣」。許世賢當時面對記者說明張博雅競選一事：「我們昨天晚上寫完稿子，去吃宵夜前是張博雅當選的，吃完宵夜回來後，竟然會改變！」。〔註16〕最後選舉結果公布，張博雅落選。但張博雅自 10 月 23 日決定參選到 12 月 20 日投票結束，短短的二個月中，獲得九萬多票，

〔註14〕郁永河，〈許世賢有女克紹箕裘張博雅決心競選嘉義市長〉，《民主人》16（1983年 9 月），頁 31～33。

〔註15〕紀展南，《嘉義媽祖婆──許世賢傳奇》，頁 241～246。

〔註16〕紀展南，《嘉義媽祖婆──許世賢傳奇》，頁 241～246。

若單純以得票數而言，張博雅在嘉義選區中能獲得如此的票數，顯示許世賢在嘉義地區所累積的地方政治資源，已逐漸轉移至第二代。當時一般無黨籍人士對於參選均有所顧忌，許世賢則無畏政治生態，依然鼓勵其女張博雅參與選舉，不僅以身作則實際參與選舉，更顯示許世賢已開始培植政治第二代，張博雅也以此開始其參政之途。此後十幾年，張博雅不再涉入選戰，繼續完成學業，並於 1973 年至 1974 年間，至美國約翰霍普金斯大學研究公共衛生，返臺後至高雄醫學院任教。〔註 17〕

（二）張文英競選嘉義縣長

1972 年第 12 月 23 日第七屆縣市長選舉與第五屆省議員、動員戡亂時期自由地區增加中央民意代表名額（立法委員、監察委員）選舉同時舉行，許世賢在嘉義市民的催促下，決定轉換政治跑道，將親自參選年底雲嘉南四縣市選區的增額立法委員，更順勢推出三女張文英參選嘉義縣長選舉。歷經上屆張博雅競選立委的經驗，許多選民爲防止開票過程再次產生弊端，紛紛主動至投開票所監看整個開票過程，開票結果許世賢不僅以十九萬零一票當選，更獲得全國第一高票。許世賢透過競選立委的過程中，以個人擔任嘉義市長期間，在嘉義市所奠下的民意基礎，將張文英選舉聲勢推向最高峰，雖然最後落選，但得票率不差。另外，推出張文英競選的理由，在於當時候選人僅由國民黨提名一人競選，許世賢認爲民主政治在於維護政黨政治，因此推出張文英與國民黨籍陳嘉雄競選嘉義縣長，主要目的不在求勝選，而是不希望執政黨提名的人單獨候選。〔註 18〕

競選過程中，在黨政方面，國民黨籍候選人陳嘉雄曾擔任嘉義縣黨部主委，亦曾輔導過全縣性的選舉，深入地方，在十九鄉鎮市間已建立紮實的民意基礎，並培養其聲望，反觀張文英以無黨籍身份參選，藉由母親許世賢個人在地方的力量倉促競選，實力基礎並不如陳嘉雄。張文英同意參與競選在於臺灣省沒有女性縣市長，所以她出馬競選挑戰，〔註 19〕形成張文英競選嘉義縣長，許世賢參加增額立委選舉並提攜其女，母女同時競選的現象。過去

〔註 17〕郁永河，〈許世賢有女克紹箕裘張博雅決心競選嘉義市長〉，《民主人》16（1983年 9 月），頁 31〜33。

〔註 18〕不詳，〈各選區政見會〉，《聯合報》1972 年 12 月 9 日，第 3 版。

〔註 19〕不詳，〈縣市長競選‧政見會開始 卅九候選人‧首開話匣子 昨在各選舉區‧分談政治抱負〉，《聯合報》1972 年 12 月 14 日，第 3 版。

外界曾傳聞許世賢對於國民黨若提名陳嘉雄競選一事，許世賢表示個人及其子女將不參與選舉。但事實上，傳聞不攻自破，許世賢認為她個人堅持民主選舉不能演獨腳戲的原則，更何況民主政治是選賢與能，鼓勵張文英參加競選主要目的是要打破同額競選，並不計較輸贏。〔註 20〕嘉義縣長選舉推出張文英與國民黨提名的陳嘉雄競選，以符合民主公平競爭原則，而此次選舉也被視為是許世賢有意推出政治接班人的規劃。嘉義市雖是許世賢長期建立的政治版圖，但由於縣長選舉跨越縣市，對於整個嘉義縣而言，雖有許世賢大力的輔選，缺乏政黨的提名仍是處於弱勢。〔註21〕

選舉結果由表 6-2 可知，張文英獲得 88,513 票，得票率為 33.05％，而陳嘉雄獲得 180,185 票，兩者相差 91,672 票，張文英競選嘉義縣長落選，不過陳嘉雄當選第七屆縣長後，卻於 1976 年 5 月 6 日因病逝世，後由省政府指派省府委員張炳楠代理縣長職務至該屆任期屆滿。〔註 22〕但對於首次參與競選，初試啼聲的張文英而言，以醫師身份參選，其得票率仍獲得三成，顯見許世賢在嘉義市地方上的聲勢，使其獲得選民的支持，但對於超出嘉義市外的區域，得票卻未如預期。〔註 23〕

表 6-2　嘉義縣長候選人名單

姓名	性別	年齡	黨籍	職業	得票數（得票率）	備註
陳嘉雄	男	45	國民黨	公	180,030（66.95％）	
張文英	女	34	無黨籍	公	88,864（33.05％）	省立臺北兒童醫院醫師，申請返回本籍地行使選舉權。

資料來源：劉寧顏，《重修臺灣省通志資料（第七輯）》（臺灣省臺中市：臺灣省文獻委員會，1985 年 3 月），頁 1337～1354。

總而言之，許世賢培植政治第二代的規劃，顯見於陸續在嘉義市長任內推出四女張博雅競選立法委員，而在競選第四選區立法委員時，亦順勢推出三女張文英競選嘉義縣長，許世賢具有高度的政治參與興趣，1968 年許世賢

〔註20〕 紀展南，《嘉義媽祖婆——許世賢傳奇》，頁 250～251。
〔註21〕 不詳，〈嘉義縣長乾坤定可謂戰爭與和平〉，《聯合報》1972 年 12 月 18 日，第 3 版。
〔註22〕 董翔飛，《中華民國選舉概況（下篇）》，頁 462、468、474。
〔註23〕 黃維正，〈嘉義「媽祖婆」許世賢蓋棺論定——她的從政生涯、政績和政治理想〉，《前進週刊》15（1983 年 7 月），頁 13。

辭去省議員職務後，降格競選縣轄市的嘉義市長，順利當選，後於 1971 年辭去市長一職競選立法委員，當時張文英的聲望和基礎並不穩固，許世賢的選舉安排，隱含替女兒培養聲望，以及政治接棒人的意味，許世賢在競選立法委員期間，推出張文英競選嘉義縣長，在此之前，張文英擔任北市省立婦幼醫院醫師，並未參加過任何的選舉活動，即使參加過政見發表會，也必須像張博雅競選立法委員一般，由許世賢教導。〔註 24〕因此，張文英、張博雅成為許世賢主張女性積極參政，不計輸贏的最佳實證，也奠定許家班日後政治家族的選舉基礎。

二、「許家班」政治家族的承接

（一）張博雅繼承母志

　　1982 年 7 月 1 日嘉義市改制升格為省轄市，許世賢則轉任升格後的嘉義市長，因勤於政事，不久即積勞成疾，於隔（1983）年 6 月 30 日過世。〔註25〕根據規定嘉義市長補選，應在許世賢逝世後三個月內辦理補選，亦即在 9 月底之前補選完成，臺灣省政府於 6 月 30 日當天，核定派江慶林代理嘉義市長，並決定代理市長就職後一個月內辦理公告選舉事項，補選期間嘉義市長則由江慶林代理至辦理補選完成，〔註26〕後執政黨卻宣布延後選舉。1983 年 8 月 3 日當時執政黨不顧 104 里中 98 里里長聯名反對，不惜公然違法，採取冷卻政策，以提出為節省經費理由，將補選日期延期至 12 月 3 日，與增額立法委員選舉同時舉行，〔註 27〕企圖將嘉義市民對許世賢的感念降溫，間接使張博雅選票流失，以及擾亂選民將焦點集中於立法委員選舉而忽略嘉義市長補

〔註 24〕不詳，〈母女檔・許家班　嘉義選壇・娘子調兵〉，《聯合報》1972 年 12 月 10 日，第 3 版。

〔註 25〕未署名，〈竹嘉兩市今日起升格臺省曾為廿一縣市減少兩縣轄市一鄉〉，《中央日報》1982 年 7 月 1 日第 6 版。

〔註 26〕臺灣省地方自治綱要第 56 條規定，縣市長任期屆滿或出缺應改選或補選時，如因特殊事故，得延長辦理改選或補選，依前項延期辦理改選或補選時，應由省政府報請內政部核准後辦理；而當時嘉義市代理市長江慶林，時為 58 歲，臺北縣人，臺大法律系畢業，日本京都大學法學碩士、高考普通行政及律師考試及格，曾任省民政廳第一科科長、主任秘書、省文獻委員會主任委員。未署名，〈嘉義市長許世賢肝癌在臺北病逝由江慶林代理一月內公告補選〉，《中央日報》，1983 年 7 月 1 日，第 6 版。

〔註 27〕蔡興，〈嘉義市民大團結──嘉義市長候選人張博雅掀起高潮〉，《前進廣場》17（1983 年 12 月），頁 38～39。

選，當時國民黨爲打擊張博雅，曾傳出：「絕不能讓黨外連續當選市長兩次」的流言，而此次補選亦關係恢復省轄市之縣市分產問題，因此嘉義市長補選成爲當時各界關注的焦點。

　　此外，張博雅的競選嘉義市長補選與當初許世賢參選的情況並不相同，嘉義市升格後，縣市分產問題自然成爲選舉焦點，當時更有國民黨籍議員公開聲明支持張博雅貫徹嘉義市的護產工作，使得選舉成爲功利與正義之爭。〔註28〕因此，外界推測執政黨延期合併舉行其理由有三：1、淡化嘉義市民對許世賢的懷念，使許世賢對地方上的影響減到最低；2、國民黨在延期的時間內，可加強輔選，爲選舉做最充分的準備；3、延後與立委選舉同時舉行，黨外便無法全力爲張博雅助選，甚至較易控制選舉過程。〔註29〕當時執政黨將嘉義市長補選選舉延期兩個月，張博雅認爲：「顯然一方面是爲了要淡化嘉義市民對許世賢的懷念，另一方面是怕全省黨外人士在立委選舉前先到嘉義暖身助選，造成高潮」。〔註30〕對張博雅而言，主要影響在於和立法委員同時選舉，黨外不能全力爲其助選，再加上時間一旦拉長，嘉義市民將逐漸淡忘許世賢逝世的感傷及其生前的政績，〔註31〕無形中影響張博雅選情。由此可知，當時執政黨想藉由延期補選，以冷卻嘉義人對許世賢感懷之情，卻無視法律、民意及對市政建設之延誤，更何況延後與立委選舉合併，並不會因此節省選舉經費，使得當時內政部長林洋港爲此在立法院公開承認錯誤。〔註32〕再者，許世賢在嘉義市的個人政治勢力資源之大，足以使執政當局懼怕，而不惜採取延期舉行措施，以爭取國民黨所提名之候選人當選。

　　嘉義市長遺缺，張博雅決定參選動機，在於許世賢的遺囑中提及：「對市政的理想與抱負未能實現，家人無論有任何機會，應爭取繼續爲市民服務的機會」〔註33〕、「黨外還有三分之二的建設要繼續，咱嘉義市民的恩惠要報

〔註28〕不詳，〈嘉義長選舉，金錢對民心〉，《生根》1（1983 年 10 月），頁 18～20。

〔註29〕不詳，〈張博雅大勢已定〉，《亞洲人週刊》25（1985 年 7 月），頁 16～17。

〔註30〕蔡興，〈嘉義市民大團結──嘉義市長候選人張博雅掀起高潮〉，《前進廣場》17（1983 年 12 月），頁 38～39。

〔註31〕吳祥輝，〈挫敗中的凱歌──訪新任嘉義市長張博雅〉，《前進廣場》18（1983年 12 月），頁 26～28。

〔註32〕尤震，〈張博雅：以正直對抗不義的女醫師〉，《前進廣場》16（1983 年 11 月），頁 16～17。

〔註33〕鄭荻，〈國民黨不要害蔡定芳──蔡定芳扳不倒張博雅〉，《縱橫週刊》8（1985年 7 月），頁 53～57。

答」。〔註34〕由此可知，許世賢認為只要有選舉機會，家族成員應積極爭取。而張博雅在競選時，亦曾提及許世賢在臨終前所交代的遺言，顯然許家後代將繼志承烈，參與市政的決心，也是張博雅決心參與市長補選的關鍵，認為母親許世賢終此一生受到嘉義人的信賴與支持，臨終之前仍不忘嘉義民眾的福祉，交代回報知遇之恩。

　　1983 年 8 月 14 日張博雅表示，她將繼承母志，參加年底嘉義市長競選，不會因任何影響而改變，她認為母親在任內籌畫多時而未及付諸實施的市政建設方案，不能因驟然逝世而停頓下來，例如嘉義市東市場災後重建工程，許世賢已大致將預算編列完成，東市場災民迫切需要市府整建，張博雅將繼承母志，完成東市場重建。至於中興路拓寬案則與嘉義市西區的發展有重大關係，她將就此事訴諸市民，爭取市民對市政問題的關心與對她的支持。〔註35〕

　　另一方面，張博雅考量到嘉義市於 1982 年 7 月恢復省轄市，再經過市議員補選召開大會，直到 1983 年 11 月才通過各項預算，自此始可動用預算，展開各項建設，大部分建設藍圖已設計完成，進行發包施工，但卻因母親許世賢驟然發病逝世，許多建設停頓；再加上縣市財產糾紛尚未解決，因為位於嘉義市區的縣產絕大部分為 1950 年時的市有財產。而對於許世賢接班問題，張博雅表示母親許世賢如能做滿任期，她準備除了現階段建設努力完成外，還要提出一個使嘉義市步上現代化都市的長程計畫，公開設計、討論，供給全體市民一個遠景、藍圖、希望，屆時經過嘉義市民投票認同的每一位繼任者，在其市長任內，都將能為嘉義市民做完善有進步的奉獻。張博雅認為參與嘉義市長補選為臨時起意，繼承母親志業成為其決定參選的重要因素。除此之外，張博雅認為黨外為民主理想長年努力，追隨前輩的腳步為地方建設盡一己之力，使人民生活有更高的層次，這些目標的追求亦是張博雅參選的主要因素。〔註36〕

　　不過，張博雅參選動機，除了完成母親許世賢任內未完成的建設外，另一方面則是為了解決嘉義縣、市財產分配的問題，自 1950 年行政院所公布的行政命令，將嘉義市所有財產都歸屬嘉義縣，但是自嘉義市升格後，省政府財政廳竟不合理的將嘉義市之市有土地分為「公地私用」及「公地公用」兩

〔註34〕張博雅，〈做個黨外的模範市〉，《生根週刊》6（1983 年 12 月），頁 40。
〔註35〕不詳，〈張博雅競選意志堅定〉，《前進廣場》2（1983 年 8 月），頁 47。
〔註36〕鄭玲，〈張博雅棄醫從政〉，《前進廣場》9（1983 年 10 月），頁 30～32。

種，後者部分屬於嘉義市，而公地私用部分屬省政府，省政府又將出售這批
土地，張博雅認爲不合理。因此張博雅以繼續走完許世賢的路，亦將目標設
在努力去爭取屬於嘉義市的財產。〔註37〕

　　1983 年 10 月 16 日，在競選過程中，由全省無黨籍人士發起的「嘉義市
故市長許世賢追思大會」，在嘉義民族國小操場舉行，應邀前來的無黨籍人士
包括立法委員費希平、許榮淑、國大代表周清玉、省議員周滄淵、蘇洪月嬌、
蘇貞昌、廖枝源、臺北市議員謝長廷、陳水扁、林正杰、林文郎、新竹市長
施性忠人，一面發表對許世賢的追思，一面大力向群眾推薦張博雅，會中宣
布將競選嘉義市長補選的張博雅，如果競選失敗則意味許世賢的時代即將過
去。〔註38〕10 月 30 日，張博雅在其夫婿紀展南及監察委員尤清陪同下，前往
嘉義市選舉委員會，辦理嘉義市長補選市長候選人登記手續。張博雅大學畢
業後，留學美國約翰霍普金斯大學取得碩士學位；回臺後，任職高雄醫學院
擔任教授兼公共衛生科主任，當時競選補選市長的助選陣容，包括擔任名譽
總幹事的監察委員尤清、總幹事爲首任嘉義市長賴淵平、助選員則有黨外人
士李秋遠、省議員廖枝源等，而許家班對於選舉一向採取平實的組織戰，依
靠的是紮實的政績及吸引人的政治魅力。〔註39〕

　　另外，當時黨外人士建議利用張博雅父親張進通生日舉辦茶會，屆時將
會有黨外人士前來助陣，但張博雅卻以立法委員選舉將近，黨外先輩日夜奔
波備極辛苦，不可再加重負擔，而拒絕這項提議。張博雅認爲這次選舉對嘉
義人來說是一場新的考驗，因爲根據過去，嘉義人對黨外的支持是有目共睹
的，許世賢在當選市長時，對嘉義市的評定是，九年來嘉義市政風已被國民
黨敗壞，但民心仍可用。甚至臨終之時，還頻頻交代張博雅黨外還有三分之
二，嘉義市的建設要繼續，嘉義市民的恩惠要報答。張博雅表示她對嘉義人
有信心，因爲許多市民體會到升格後第一屆嘉義市長補選，對嘉義縣市財產
劃分與未來市政前途有極大的關係，嘉義市民不分黨籍、省籍均已陸續加入助
選，期待所有富有正義感的嘉義人，積極參與投票並前往監督投開票。〔註40〕

〔註37〕何中雲，〈嘉義市有有獨立的市格——訪黨外女傑張博雅〉，《關懷》24（1983
　　　　年 11 月），頁 11～12。
〔註38〕不詳，〈莊承龍蕭天讚對上張博雅林樂善〉，《縱橫月刊》31（1983 年 9 月），
　　　　頁 36～38。
〔註39〕不詳，《前進廣場》13（1983.11.5），頁 36～41。
〔註40〕尤震，〈張博雅：以正直對抗不義的女醫師〉，《前進廣場》16（1983 年 11 月），
　　　　頁 16～17。

因此，張博雅於選舉政見發表會中說明個人參選動機：「我要領導市府以咱全市父老兄弟姊妹爲後盾，聯合優秀的省、市議員，共同來規劃、爭取、發展我的母親生前所訂的十三項市政建設。若按呢繼續下去，咱嘉義市就會當成美富鄉土、黨外的模範市。」〔註41〕張博雅在競選過程中，承繼許世賢所遺留下來的政治資源，並完成其母親未盡的遺志，成爲所有參選者學歷最高的候選人，另於競選發表中，提出十大政見，包括：〔註42〕

1. 維護市產，爭取歸還民國 39 年原省轄市之市有財產。

2. 尊重市格，人有人格，市有市格，勿使嘉義市淪爲二等省轄市。

3. 繼續完成許世賢市長所訂十二項建設工程計畫，追求美與富的建設目標，繁榮大嘉義市：（1）開闢中正公園；（2）重建東市場災區；（3）開拓中興路；（4）改善市區交通瓶頸；（5）改善排水及下水道系統；（6）開闢鐵路以西新市區建設；（7）發展觀光事業；（8）廣建國民住宅，完成眷村整建；（9）爭取設立大學；（10）加強文化精神建設；（11）加強市地重劃；（12）開闢工業區，引導外資設廠。

4. 爭取嘉義市分區，設置區公所，提高行政效率，促進市政建設。

5. 徹底達成縣、市分家，爭取衛生局、市警察局、市稅捐處分署辦公，獨立作業，減輕市庫負擔。

6. 設置西區消防隊，維護市民生命財產安全。

7. 籌設市區公車，改善市區與郊區交通。

8. 徹底改善生活環境，提高市民生活品質；改善生產環境，以增進市民所得。

9. 廣採民意，尊重市民、里長、議員意見，繼續保持 72 年 3 至 6 月全省里民大會建議事項執行完成 100%，獲得全省第一名之榮譽。

10.設立馬上辦中心，徹底做好親民、便民、利民工作。

張博雅所提出的政見是針對當時嘉義升格以來長期存在的問題加以解決，由於嘉義市升格後，縣市分產及合署辦公之經費分擔問題，一直困擾市政府。光復初期嘉義市屬省轄八縣九市之一，1950 年與新竹市、彰化市、屏東市同時降爲縣轄市。1982 年升格後，縣市財產發生問題，嘉義市政府爲解決分產糾紛呈請省政府協調解決，但遲遲無下文，當選市長後的張博雅屢次

〔註41〕張博雅，〈作個黨外的模範市〉，《生根》6（1983 年 12 月），頁 40～41。
〔註42〕不詳，〈張博雅的助選陣容〉《自由鐘》41（1983 年 12 月），頁 32～33。

向省政府抗議不合理情況，仍無法獲得有效解決，並藉故拖延，以利國民黨年底縣市長選舉中，奪回嘉義市長寶座的情形下來解決此一糾紛。

1983 年 12 月 10 日，選舉結果張博雅以 58,511 票當選市長，分別擊敗國民黨提名的莊承龍 37,974 票，以及無黨籍張榮藏 4,106 票。〔註43〕張博雅當選嘉義市長補選後，成為繼許世賢之後，首位非國民黨籍省轄市長，由當時的省主席李登輝頒發證書，並說明省政府對地方政府的照顧，絕不會因地方首長為國民黨籍或非國民黨籍而有不同的待遇。以張博雅的資歷，是當時現任縣市長中最高學歷的資格，以及豐富的行政經歷掌理市政。〔註44〕

嘉義市長補選，張博雅是以繼承許世賢遺志，打敗對手莊承龍順利當選，而再次尋求連任，張博雅則以個人實力與實際的兩年市政建設政績，證明拓展許世賢所累積的政治財產，在嘉義市建立了個人的政治資本，逐漸形成屬於個人的政治風格。

1985 年第二屆嘉義市長選舉，張博雅繼續競選連任，以 69,936 票擊敗國民黨籍蔡定芳 44,099 票，連任第二屆嘉義市長，至此奠定許家班在嘉義市地方勢力的根基。分析張博雅連任市長的主要因素，除了嘉義市民對許世賢的懷念，以及張博雅擁有現任市長的優勢外，其策略的成功與任內市政建設表現獲得肯定等，均是其主要致勝的關鍵。嘉義市從升格前到升格後的補選，一直籠罩在許世賢的影子下，升格後的補選，可說是嘉義成為省轄市後第一次市長選舉，張博雅在有限的財政資源下經營市政，而其在涉及市民利益與尊嚴上，表現不退讓的強硬態度，也深受市民的支持，但也有許多人事方面遭到指責，例如機要秘書陳珠愛的人事風波、中興路拓寬受益費問題、北興市場攤販分配等。〔註45〕不過，張博雅實質上的市政建設，例如重申廉能與服務的標的，對地方事務極盡關心，在其任內，開辦「馬上辦中心」，將前往洽公的案件，直接交往有關科室辦理，可當天結案，節省民眾往返洽公的時

〔註43〕不詳，〈張博雅大勢已定〉，《亞洲人週刊》25（1985 年 7 月），頁 16～17。

〔註44〕張博雅曾擔任臺灣省防癆局臺北示範中心主治醫師，並於擔任副教授期間創辦屏東縣生命線協會，連任兩屆理事長，參選時為終身職的名譽理事長，在高雄醫學院曾負責社區醫學服務中心工作，從事多項職業病之防治與調查，為醫學院教授會議代表，亦曾出席第十屆國家建設研究會及行政院科技會議，並擔任中華民國公共衛生學會理事、臺灣省醫學會代表、高雄市家庭保健協會理事及行政院衛生署群體醫療服務中心評鑑小組委員等職。黃福山，〈張博雅繼承母志參選嘉義市長〉，《自由鐘》41 期（1983 年 12 月），頁 28～29。

〔註45〕張良椎，〈「一級戰區」選後巡禮——嘉義市：「媽祖婆」庇護下的張博雅〉，《縱橫週刊》27（1985 年 11 月），頁 8～10。

間。〔註 46〕另外，關於縣市警察局、稅捐處、衛生局在升格後爲合署辦公，由於經費的分擔，對嘉義市不利問題，張博雅當選後則積極向省政府反應，請求早日分隸，使嘉義市升格名實相符，省政府財政廳則以財政爲由，不允所求。因此，張博雅在縣市分產及合署辦公，不退讓的態度，博得嘉義市民的強烈支持，是其獲得連任的重要因素。

此外，張博雅在擔任嘉義市長期間，爲追求許世賢所建立美與富的建設理想，在其任內陸續完成各項重大市政建設，例如東市場重建工程、中正公園的興建工程、中興路的開闢工程等，〔註 47〕一一兌現其競選政見，並在市政上有優異的表現，其母女清廉的形象在地方上均已被嘉義市民肯定，加上嘉義市的歷史背景、許世賢對地方上的貢獻，均是許家班長期屹立不搖的因素。〔註 48〕

張博雅在兩屆嘉義市長後，轉戰立法委員選舉，其留下的市長職位則由當時擔任國大代表的張文英出馬角逐。在外界批評許家班姊妹爲「家族政治」，但實際上許家班成員每一出任公職，均是經由選舉所產生，具有民意基礎，應稱之爲政治家族而非家族政治。因此，由嘉義市長選舉可以看出張博雅的當選，顯示許世賢在嘉義市所建立根深蒂固的群眾基礎，是不可輕易動搖的。張博雅的勝選不容否認許世賢的魅力依舊，而且張博雅在繼承許世賢市長任內的市政政績，即陸續推出二十餘項建設。另外，嘉義市選民的意識型態，部分是對執政黨候選人的主觀上反對，偏重在特定形象的崇拜，〔註 49〕例如對許世賢的崇拜，轉而投射在張博雅身上。因此，張博雅在嘉義市長任期屆滿後的選舉，其接棒人必需獲得「許家班」的全力支持，還必須本身具備能夠獲得選民肯定的突出形象，否則難以在嘉義市負起延續黨外香火的使命。

（二）張文英角逐嘉義市長

張文英爲許世賢的三女兒，畢業於高雄醫學院，早期擔任省立婦幼醫院小兒科主治醫師，後自 1982 年調任臺北市古亭區擔任衛生所所長，六年後調

〔註 46〕不詳，〈張博雅有乃母之風〉，《縱橫月刊》33（1984 年 1 月 1 日），頁 40～43。
〔註 47〕張博雅，〈張博雅從政感言〉，《新路線週刊》18（1985 年 10 月 26 日），頁 18。
〔註 48〕不詳，〈張博雅大勢已定〉，《亞洲人週刊》25（1985 年 7 月 19 日），頁 16～17。
〔註 49〕彬郎，〈張博雅延續香火〉，《政治家》133（1985 年 11 月 23 日），頁 13～14。

任中山區，長達二十六年的公務生涯。直至 1987 年參選第一屆國大代表增額補選順利當選，1989 年張博雅因兩屆市長任期即將屆滿，將轉而競選立法委員，所遺留下的嘉義市長職位，由當時擔任國大代表的張文英出馬角逐。

1989 年第三屆嘉義市長選舉中，總計七位候選人，爲歷屆參選人數最多的一次，除張文英以無黨籍身份參選外，國民黨提名呂秀惠，民進黨提名張榮味，以及龍宜彙、李宣峯、黃福卿、周哲宇，各自有其特定支持勢力，而造成嘉義市長候選人競爭激烈，原因在於國民黨輔選單位刻意放任。但實際上嘉義市在許世賢擔任市長以來，因政績優良，致使市民感念，過世後，連帶使其女張博雅、張文英受到庇蔭，將感念之情轉移至其女兒身上，由張博雅當選補選市長任滿後當選連任，繼續支持出來競選各項公職，建立起許家班的政治勢力。〔註 50〕當時擔任嘉義市長的張博雅與擔任國民大會代表的張文英，在嘉義市政壇多年，藉由母親許世賢所遺留下來的政治資源，開創屬於個人的政治前途，而後分別競選立委與嘉義市長，被當時同爲競選的對手譏稱爲「家族政治」，是長期壟斷嘉義政治資源的家族。但實際上，許家班在嘉義市長期屹立不搖主因，在於市民對其家族政績的認同，姊妹輪流擔任市長也是基於市政建設連貫與延續，況且競選公職，均是經選民投票產生，具有民意基礎並非所謂「家族政治」，僅能稱是政治世家的「政治家族」。〔註 51〕

此外，張文英以無黨籍身份競選嘉義市長時，面對國民黨與民進黨各提出候選人參與角逐的情況下，張文英以 57,627 票，以一萬五千多票之差擊敗國民黨提名女性候選人呂秀惠，當選第三屆嘉義市長。此次嘉義市長選舉，嘉義市選民約十餘萬，卻產生七位候選人參與競選，競爭激烈，民進黨在嘉義市提名張榮藏參與角逐，卻無法斬斷許家班與民進黨的關係，當時選舉造勢活動，張文英與張博雅舉辦政見會或說明會中，均有民進黨人士參與助陣，包括康寧祥、余陳月瑛、余玲雅、施性忠、李鴻禧等，使得嘉義市長選舉不見兩黨競爭的局面，而是黨外許家班與國民黨的對決競爭。〔註 52〕

張文英當選嘉義市長後，承接其妹張博雅市政計畫，對於民主與人權的看法，主張民主乃生而平等，而憲法所保障之基本人權，有鑑於威權政治體

〔註50〕 林沖，〈許世賢餘陰的檢驗戰——嘉義市長七搶一的變局分析〉，《民進天下》 145（1989 年 11 月），頁 56～57。

〔註51〕 林沖，〈是「政治家族」而非「家族政治」〉，《民進天下》145（1989 年 11 月），頁 57。

〔註52〕 迪亞，〈張文英突破兩黨封鎖線〉，《民進世界》147（1989 年 12 月），頁 45。

制下，並未完全落實，應積極爭取。對嘉義的建設，張文英於市長任內理念以「民意之脈動爲導向，以市民之福祉爲依歸」，並提出建設 53 條道路、1127條巷道、排水溝整建、2 大圖書館興建完成、兒童館、蘭潭露營區興建、運動公園等 26 項重大建設工程市政，以完成許世賢所規劃的建設藍圖。〔註53〕

另於 1993 年第四屆市長選舉中，張文英以 60,111 票，分別擊敗國民黨籍江義雄 46,067 票、無黨籍郭健權 421 票，連任當選第四屆嘉義市長。因此，在政治參與方面，張文英過去曾兩度參加選舉，皆落選。第一次在 1972 年由張文英代替母親參選嘉義縣長選舉，其對手爲陳嘉雄，結果以八萬八千餘票對十七萬九千票落選。第二次爲 1980 年張文英參加增額國大代表選舉，其競選對手爲嘉義黃派黃志達的長子黃俊博，另一位競選對手爲林派接班人林健治，在兩大派系的競爭之下，張文英獲五萬六千餘票，但仍以七千票之差落敗。不過當時嘉義市尚未升格，張文英在嘉義市區得到五萬多票，超過黃俊博與林健治的票數總和，對於嘉義縣的票源卻無法獲得支持。〔註54〕相反地，嘉義市，則由張文英、張博雅姊妹輪流執政，1997 年第五屆嘉義市長選舉，以無黨籍身份參選的張博雅 58,544 票當選，擊敗第二次參選的國民黨籍江義雄 49,551 票，以及民進黨籍蔡鴻章 6,350 票、建國黨臧汀生 2,103 票四位男性候選人。後因張博雅出任內政部長兼臺灣省政府主席，嘉義市長一職由副市長陳麗貞代理至任滿爲止。

2001 年第六屆市長選舉，由當時擔任代理市長的無黨籍陳麗貞競選，其他包括無黨籍女性蕭裕珍及張榮藏，民進黨則提名黃正男，國民黨由江清馦參選角逐。選舉結果，由許家班大力輔選的陳麗貞以 53,764 最高票當選。由於陳麗貞參選時爲無黨籍，後宣布加入民進黨，嘉義市進入民進黨執政時期。

2005 年第七屆嘉義市長選舉，陳麗貞以民進黨籍身份與國民黨提名同爲女性的黃敏惠競選角逐，選舉結果黃敏惠以 74,786 票當選，陳麗貞獲得 62,122票，以 12,664 票差落選，自此嘉義市由民進黨改由國民黨執政。

由表 6-3 可知，嘉義市在升格後，呈現出特殊的現象，除市長一職均爲女性所擔任外，嘉義市長幾乎爲許家班成員。可見嘉義縣市地方派系在升格後有明顯的切割，嘉義市幾乎爲許家班，直到 2000 年陳麗貞加入民進黨，欲尋

〔註53〕涂醒哲，〈從醫界到政界──嘉義市張文英市長訪問記〉，《臺灣醫界聯盟通訊》11（1993 年 11 月），頁 10～12。

〔註54〕費正，〈張博雅外舉不避親〉，《自由天地週刊》2（1986 年 6 月 13 日），頁 49。

求連任時失利，由國民黨籍黃敏惠當選，嘉義市自此進入國民黨時期。此外，分析許家班成員中，許世賢與張文英均曾參選嘉義縣長，卻無功而返，主要原因在於戒嚴時期參選，因為並無政黨提名，亦不屬於嘉義縣各地方派系，個人政治魅力僅限嘉義市或部分選區，選舉動員資源有限，相對之下，以無黨籍身份參選當選機會實屬渺茫。

另外，許家班和民進黨立委蔡同榮長年合作關係，也因張文英於 1998 年參選第四屆立法委員選舉正式劃下休止符，過去許家班與嘉義市在野勢力長期合作無間，也因為此次立委選舉而正式分道揚鑣，過去嘉義市立委選舉民進黨與國民黨立委各佔一席，但卻被轉換政治跑道的張文英打破，民進黨蔡同榮欲尋求連任，另張文英票源與國民黨籍黃敏惠部分重疊，在嘉義市形成六搶二的局勢。由表 6-4 可知，選舉結果張文英獲得 16,587 票，得票率 15.91%，在六位候選人中排名第三，仍以落選收場，使得許家班陷入十七年來首次敗仗。

表 6-3　升格後嘉義市第 1～7 屆市長

嘉義市於 1982 年 7 月 1 日升格為省轄市				
屆期	姓名	黨籍	任期	備註
第一屆 改制	許世賢	無	1982.07.01～1983.07.01	
第一屆 代理	江慶林		1983.07.01～1983.12.15	
第一屆 補選	張博雅	無	1983.12.15～1985.12.20	許世賢因病去世於任內，市長補選由張博雅當選。
第二屆	張博雅	無	1985.12.20～1989.12.20	任滿後，參選區域立委，當選。
第三屆	張文英	無	1989.12.20～1993.12.20	
第四屆	張文英	無	1993.12.20～1997.12.20	任滿後，參選國民大會代表，當選
第五屆	張博雅	無	1997.12.20～2000.05.22	張博雅因出任內政部長兼臺灣省政府主席，嘉義市長一職由副市長陳麗貞代理至任滿。
第五屆 代理	陳麗貞	無	2000.5.22～2001.12.20	
第六屆	陳麗貞	民進黨	2001.12.20～2005.12.20	參選時無黨籍，2000 年加入民進黨
第七屆	黃敏惠	國民黨	2005.12.20～2009.12.20	

資料來源：盧文婷，《戰後臺灣婦女參政的個案研究：以許世賢為例》（臺灣省臺中市：國立中興大學歷史研究所碩士論文，2004 年），頁 136。

表 6-4　臺灣地區第 4 屆區域立法委員選舉（嘉義市）

候選人	號次	性別	黨籍	得票數	得票率	當選	現任
黃鴻鈞	01	M	新黨	1,963	1.88%	N	N
許文德	02	M	無黨籍及其它	1,826	1.75%	N	N
張文英	**03**	**F**	**無黨籍及其它**	**16,587**	**15.91%**	**N**	**N**
黃敏惠	04	F	中國國民黨	40,877	39.2%	Y	N
陳韋迪	05	M	無黨籍及其它	7,684	7.37%	N	N
蔡同榮	06	M	民主進步黨	35,349	33.9%	Y	Y

資料來源：中央選舉委員會選舉資料庫（2010.09.27）http://117.56.211.222/vote3.asp?
pass1=B1998A0000000000aaa

（三）許家班的延續

　　許世賢豐富的參政經驗，不但是臺灣第一位女醫學博士，也是臺灣第一位女省轄市長。許世賢與夫婿張進通在嘉義市行醫多年，積累相當豐厚的群眾基礎，深獲市民的支持當選市長，卸任後轉而競選增額立法委員，後因第七屆縣市長選舉順延至 1972 年 12 月 23 日與中央民意代表同時舉行，許世賢則順勢推出三女張文英與國民黨籍陳嘉雄競選第七屆嘉義縣長，另於 1969 年以四女張博雅競選第一屆立法委員補選。不過，雖有許世賢背後強大民意的支持，張文英與張博雅二人仍因政治參與活動資歷尚淺，均未當選，但卻是許世賢積極培植接班人的證明。因此，「許家班」於嘉義市縣轄時代，為一重要勢力，而許世賢則是嘉義縣政壇的風雲人物。1980 年許世賢再度當選嘉義市長，翌年嘉義市升格為省轄市。嘉義市恢復為省轄市，代表著「許家班」的影響力逐漸淡出嘉義縣，深植嘉義市，形成一股巨大的力量。（參圖 6-1 許家班政治家族、圖 6-2 許家班成員資歷、表 6-5 許家班選舉概況表）

　　自嘉義市於 1982 年 7 月 1 日升格為省轄市後，許世賢為第一屆嘉義市長。翌年，許世賢因病逝世於任內，經由補選，由其女兒張博雅順利當選；1986 年民主進步黨成立，張博雅雖然未加入民進黨，但在立場上與民進黨較為接近。1989 年張博雅擔任市長期間，突破國民黨執政政府的歷史禁忌，興建二二八事件紀念碑，在兩屆市長任滿後，轉而參選嘉義市區域立委，在市民的支持下，以高票當選。立法委員期間，張博雅加入民進黨團，而獲得與張俊雄搭檔競選立法院正、副院長，並擔任全國無黨籍公職人員聯誼會會長；不

過，卻遭到無黨籍聯誼會員吳豐山、林宏宗等人指責，認爲張博雅既然出任無黨籍聯誼會長，就應凡是以無黨籍身份姿態出現，認爲張博雅與民進黨過從甚密，有損其自身立場，因此張博雅欲角逐副院長，無黨籍立委將有所考慮，〔註55〕而選舉結果，意外落選。

　　1990 年郝柏村擔任行政院長時，張博雅在立法委員任期內獲李登輝推薦，而被延攬入閣擔任衛生署長，在七年的衛生署長任內大力推動全民健保。〔註56〕外界質疑其入閣是否將影響其無黨籍身份立場，張博雅於 1990 年 5 月 30 日，發表一篇題爲「永遠的民主運動者」聲明，強調「不論其個人或家族成員，絕不會因入閣而失去立場，如果未來施政方針及目標不是朝民主邁進，她也絕不戀棧」。〔註57〕而對於地方選情，從過去許世賢以來，許家班幾乎囊括嘉義市的政治選票，使嘉義市成爲黨外民主聖地，由選民結構分析，即使張博雅入閣對張文英的負面影響亦屬有限。因此，張博雅選擇以個人身份接受郝柏村的徵召入閣，並以母親許世賢和許家班留下的政治資產，發展出個人自豪的政治中間路線。〔註 58〕同時，第三屆嘉義市長則由許世賢三女張文英參選而順利當選。張文英在第三、四屆嘉義市長任滿後，1997 年張博雅辭去衛生署長一職，返回嘉義市參選第五屆嘉義市長，順利再度當選，創下政務官參選當選縣市長的案例。

　　2000 年政黨輪替後，由民進黨執政，張博雅再度被延攬入閣，擔任內政部長兼臺灣省政府主席，而嘉義市長一職，則由副市長陳麗貞，亦即許家班指定接班人，代理至任滿；張博雅在位一年八個月期間成爲其政治生涯上的最高峰，不過卻在內閣改組時遭到撤換，由余政憲替補其職，外界認爲是張博雅對於新政策的推動並不積極配合，造成換人的主要原因。〔註59〕

〔註55〕林沖，〈張俊雄競選立法院長張博雅競選立法院副院長〉，《民進世界》158（1990年 2 月 15 日），頁 46～47。

〔註56〕郭紀，〈張博雅出任衛生署長〉，《民進世界》172（1990.5.28），頁 50～52。

〔註57〕李明，〈張博雅入閣國民黨得意〉，《民進週刊》173（1990 年 6 月 4 日），頁 50～53。

〔註58〕周平德，〈張博雅「意外落馬」咎由自取怨不得人啦！〉，鯨魚網站——財團法人彭明敏文教基金會 http://www.hi-on.org.tw/bulletins.jsp?b_ID=44243（2002.7.4）

〔註59〕周平德，〈張博雅「意外落馬」咎由自取怨不得人啦！〉，鯨魚網站——財團法人彭明敏文教基金會 http://www.hi-on.org.tw/bulletins.jsp?b_ID=44243（2002.7.4）

此時第六屆嘉義市長選舉，由於張文英出馬參選立法委員，遂由陳麗貞，以許家班代理人參選角逐，並以黨外「許家班」傳人自詡，在許家班成員的極力輔選下順利當選；不過，張文英卻意外於區域立委中落選，使得許家班面臨嚴重選舉政治考驗。

2002 年，陳水扁總統提名姚嘉文與張博雅為考試院正、副院長，由於姚嘉文被外界批評臺獨色彩濃厚不適任，張博雅為顧及個人中立立場，擔心受到牽連影響，並未與姚嘉文共同拜票，尋求朝野立委支持，於立法院進行人事表決時，姚嘉文在不被看好的情況之下驚險過關；張博雅的任命案則在民進黨與臺聯黨跑票下被立法院否決，最後導致張博雅意外落選。因此，張博雅從考試院副院長同意權表決失敗後，與當時執政的民進黨關係陷入低潮，於是由中央到地方全面決裂。2002 年年底，張博雅參選高雄市長，外界質疑其在地身份，張博雅駁斥並說明其參選淵源於高雄就讀有七年時間之久，再加上十三年於高雄市任教的時間，合計在高雄生活近二十年時間，並非外界所傳選舉空降部隊。選舉結果，張博雅獲得 13,479 票，得票率僅 1.75%，宣告落選。〔註60〕

2003 年 3 月 30 日，陳麗貞加入民主進步黨，嘉義市二十年來以無黨無派，黨外身份執政著稱的傳統遂告消失。陳麗貞認為加入民進黨是基於政黨政治已經成熟，需要互相交流、互相分享，並需要中央的指導與協助。過去二十多年來，嘉義市一向由無黨籍的「許家班」主政，「許家班」與民進黨的理念相近，過去的歷任市長許世賢、張博雅、張文英都曾與民進黨先進前輩一起奮鬥，因此她毅然選擇加入民進黨。〔註61〕

2005 年無黨團結聯盟成立，張博雅則出任無黨團結聯盟主席。同年，年底縣市長選舉，嘉義市長陳麗貞獲民進黨提名，參選嘉義市長，欲尋求連任，身為許家班主要領導人張博雅最初支持接班人陳麗貞，但於投票日前幾天，民進黨立委蔡啓芳公開揚言要消滅許家班，使得選舉前夕張博雅宣佈並未支持任何政黨及派系，導致原先因支持許家班而欲將票投給陳麗貞的票源倒流，陳麗貞最後以一萬多票之差敗給國民黨籍黃敏惠，嘉義市結束長期以來

〔註60〕 中央選舉委員會選舉資料庫 http://210.69.23.140/vote3.asp?pass1=D2002064000
　　　　 00000aaa（2010.10.6）

〔註61〕 中華日報新聞網 http://www.cdnnews.com.tw/20030402/news/zyxw/7332700020
　　　　 03040120500609.htm（2010.8.26）

許家班輪流執政的政治生態，自此正式進入國民黨主政時期。2010 年 10 月
25 日，行政院長吳敦義提名張博雅為中央選舉委員會主任委員，經立法院同
意，於 11 月 15 日正式上任。

由此可知，許家班在嘉義市是具有人望，張文英、張博雅在嘉義市傳承
許世賢政治命脈，依法選舉連任，由姊妹輪流擔任市長，甚至換誰來做，也
需獲得許家班的認可，才有可能當選，陳麗貞即是一例。不過，陳麗貞的落
選意味許家班正式退出連任嘉義市長，也代表嘉義市進入國民黨時代。另外，
許家班亦面臨人事方面的考驗，亦即許世賢從 1982 年以 75 歲當選嘉義市長
時，陳珠愛受聘擔任市長機要秘書，從此成為許家的元老級管家，並接續成
為張博雅的機要秘書。當時陳珠愛為人詬病為掌握嘉義市政府人事大權，並
將當時由許世賢延攬而來的黃順興擔任主任秘書氣走，黃順興曾任臺東縣
長、兩屆立法委員，與許世賢同為黨外人士。1980 年黃順興連選失敗，許世
賢邀請黃順興出任嘉義市主任秘書，使得許世賢失去秉公的立場，引起地方
上普遍批評，帶來極大的打擊。後陳珠愛更影響決定市府預算的支用採購，
公然否決張博雅市長交辦的事項，成為許家班難以解決的內務事。〔註62〕

張博雅主政嘉義後，極力想維持許世賢無派系，只有聲望的權威模式，
但隨許世賢逝世後，其地方聲勢也逐漸消退，張博雅不得不依賴無黨無派的
地方勢力來維持選舉聲勢。許世賢早期欲推出政治接班人的想法，將其女兒
推出實際參與競選，始終無法突破民眾對其本身崇拜魅力的轉移，造成許家
班早期在嘉義市地區以外的選舉並不如預期，如推出三女張文英參選嘉義縣
長落選、競選國民大會代表失利，四女張博雅競選立委亦遭敗選，再加上擔
任市長期間，人事任命中，陳珠愛與主任秘書黃順興事件，均是許世賢當時
所面臨的考驗問題。許世賢過世後，張文英、張博雅姊妹在嘉義市輪流執政，
對市政建設所做出的努力是嘉義市民有目共睹的，使得後期各自再次參選國
代與立法委員時，獲得市民支持順利當選，顯見張文英與張博雅已發展出個
人的政治名聲。

不過，「許家班」由張博雅、張文英創下在嘉義市連續執政二十年輝煌記
錄，臺灣過去五十幾年的地方自治史上，嘉義地區的許家班之所以能長期與

〔註62〕陳珠愛，本名陳無愛，嘉義農會工友出身，曾競選嘉義縣議員。不詳，〈誰是
嘉義市的真正市長——張博雅？陳珠愛？許世賢？〉，《民主平等》15（1985
年 10 月 3 日），頁 42。

國民黨推出的候選人競爭，除了民眾有意以選票制衡國民黨或抗議一黨獨大外，許世賢在當地服務鄉梓的精神，所奠定深厚的地方民意基礎，是許家班長期屹立不搖的主因。

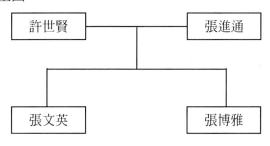

圖 6-1　許家班政治家族

表 6-5　許家班選舉概況表

時間		選舉類別	姓名	當選	備註
1946	03.24	嘉義市參議員	許世賢	是	
	04.15	臺灣省參議員	許世賢	否	
	10.11	制憲國民大會代表	許世賢	否	
1951	04.22	第 1 屆嘉義縣長	許世賢	否	
	11.18	第 1 屆臨時省議會	許世賢	否	
1954.05.02		第 2 屆臨時省議會	許世賢	是	
1957.04.21		第 3 屆臨時省議會（第 1 屆省議會）	許世賢	是	
1960.04.24		第 2 屆省議會	許世賢	是	
1963.04.28		第 3 屆省議會	許世賢	是	
1968	03.01	第 6 屆嘉義市長（縣轄市）	許世賢	是	任內參選嘉義縣長，落選；後因當選立法委員，而辭職。
	04.21	第 6 屆嘉義縣長	許世賢	否	時任嘉義市長
1969.12.20		第一屆立法委員（補選）	張博雅	否	
1972.12.23		第 1 屆立法委員（第 1 次增額）	許世賢	是	
		第 7 屆嘉義縣長	張文英	否	
1975.12.20		第 1 屆立法委員（第 2 次增額）	許世賢	是	連任
1982.03.01		第 9 屆嘉義市長（縣轄市）	許世賢	是	1982 年 7 月 1 日嘉義市升格改制

1983.12.15		第1屆嘉義市長補選(省轄市)	張博雅	是	1983年6月30日許世賢因病去世於任內
1985.12.20		第2屆嘉義市長（省轄市）	張博雅	是	任滿後，參選區域立委，當選。
1986.12.20		國民大會代表（第一屆增額）	張文英	是	
1989	12.02	第1屆立法委員（第6次增額）	張博雅	是	
	12.20	第3屆嘉義市長（省轄市）	張文英	是	
1993.12.20		第4屆嘉義市長（省轄市）	張文英	是	
1997.12.20		第5屆嘉義市長（省轄市）	張博雅	是	2000年張博雅因出任內政部長兼臺灣省政府主席，嘉義市長一職由副市長陳麗貞代理至2001年1月20日任滿。
1998.12.05		第4屆立法委員	張文英	否	
2000.05.20		民進黨執政，張文英受聘總統府國策顧問			
2002.06.21		提名考試院副院長	張博雅	否	
2002.12.07		第3屆高雄市長	張博雅	否	
2005.06.15		張博雅擔任無黨團結聯盟主席			
2010.01.01		張博雅擔任總統府無給職資政			
2010.11.15		張博雅擔任中央選舉委員會主任委員			

資料來源：中央選舉委員會，《民國74年省市議員選舉紀要》（臺北市：中央選舉委員會，1986），頁252～253；劉寧顏主編，《重修臺灣省通志資料（第七輯）》（臺灣省臺中市：臺灣省文獻委員會，1985），頁1315、1318、1327、1331、1341、1344、1352、1358、1368、1372、1383；嘉義縣政府，《嘉義縣統計要覽（第49期）》（臺灣省嘉義縣：嘉義縣政府，1999），頁94～95；顏尚文總編纂，江淑玲編纂，《嘉義市志·卷五·政事志》（臺灣省嘉義市：嘉義市政府，2003年）211～216；中選會資料庫網站（2011.05.11）http://210.69.23.140/search/searchs.asp?Keyword=%B1i%B3%D5%B6%AE

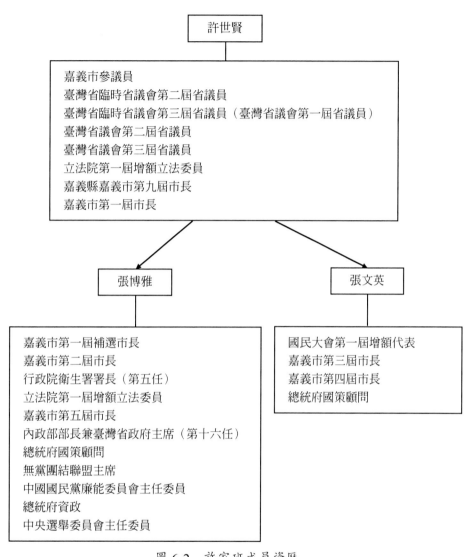

圖 6-2　許家班成員資歷

第三節　「蘇家班」地方勢力的建立

北港鎮為雲林縣的政治重心所在，蘇洪月嬌及其夫蘇東啓世居北港鎮，在雲林縣的政壇上扮演舉足輕重的角色，歷久不衰，育有六名子女，主要由其女兒蘇治洋、蘇治芬傳承其政治家族血脈，而蘇洪月嬌從政主要受蘇東啓影響最深。1958 年，蘇洪月嬌年僅 27 歲即當選第六屆雲林縣北港鎮民代表，從此開啓三十餘年的政治生涯。從歷年蘇家班參與政治選舉而言，主要由蘇

東啓建立起地方政治人脈，成為蘇家班政治基礎。（參圖 6-3 蘇家班政治家族、
圖 6-4 蘇家班成員資歷、表 6-6 蘇家班選舉概況表）

一、蘇東啓：奠定政治家族基礎

　　蘇家班首要領導人為蘇東啓，早期加入國民黨源於 1941 年 4 月日本發動
大東亞戰爭；1942 年，蘇東啓搭船經馬尼拉、新加坡抵達泰國，直赴印度洋
普吉島領事館擔任囑託，同年 10 月轉回曼谷，假霍亂病假之便偕臺北友人李
九土持日本大使館護照通過盤查，逃離泰國，輾轉而抵達重慶，當時蘇東啓
因具臺人身份為中國所忌而被拘禁，幸經雲林同鄉李萬居作保開釋，因而加
入國民黨，頗受重慶政界器重。1945 年日本戰敗投降，蘇東啓乃至重慶四五
路臺灣省行政長官公署駐上海臨時辦事處教授日語，當時行政長官陳儀自臺
灣返回重慶參加國民黨二中全會，會後邀蘇東啓同機回臺，擬借重其在泰國
經驗，重用於公署之情報組織，為蘇東啓所拒。1946 年蘇東啓回臺後，於行
政長官公署擔任秘書處事務科職務，另與北港交通鉅子洪源流之孫女洪月嬌結
婚，洪家於雲嘉地區開闢北港與嘉義間火車路線，世代經營交通事業。〔註 63〕
二二八事件發生後，蘇東啓因目睹執政政府殘酷鎮壓，便辭去該職，並以 27
歲參與 1951 年第一屆雲林縣議員選舉，後因婦女保障名額被擠出當選名單；
〔註 64〕落選後，返回家鄉擔任北港鎮公所總務課長，準備東山再起。1953 年
2 月，蘇東啓以國民黨籍身份參選第二屆雲林縣議員，順利當選，在其任內因
投票給青年黨籍省議員候選人李萬居，受到國民黨內部施壓，遂退出國民黨
改加入青年黨。〔註 65〕

　　蘇東啓自 1953 年當選第二屆雲林縣議員後，連任至 1961 年第五屆，擔
任縣議員期間，問政風格以敢言著稱，並與薛萬、蔡誅、蔡連德合稱「四大
金剛」。〔註 66〕1960 年第四屆雲林縣長選舉，當時主持臺西客運公司的吳興
旺，因受蘇東啓鼓勵決定參加角逐，與國民黨提名候選人林金生競選，直至
登記截止日，吳興旺突然退出競選，一時無合適人選，蘇東啓在湊足二十萬

〔註 63〕國史館，〈蘇東啓先生事略〉，《國史館現藏民國人物傳記史料彙編（第十六輯）》
　　　　（臺北縣新店市：國史館，1998 年 2 月），頁 582～583。
〔註 64〕國史館，〈蘇東啓先生事略〉，《國史館現藏民國人物傳記史料彙編（第十六
　　　　輯）》，頁 580～585。
〔註 65〕陳儀深，〈蘇東啓政治案件相關大事記〉，頁 7。
〔註 66〕蘇洪月嬌，《政治與我：省議會四年的回顧》，頁 3。

保證金後登記參選，正式與爭取連任的林金生競選雲林縣長。〔註 67〕選舉結果，蘇東啓獲得九萬多票，與當選人林金生相差無幾，高票落選，蘇東啓認為選舉中，投開票過程並未公平、公正、公開，再加上民眾密告有舞弊選舉情形發生，在查看封存的選票後，部分選票並未蓋上監票員印章，明顯有選務缺失，因而控告林金生當選無效，事後林金生透過省黨部內部人情壓力，勸蘇東啓撤回告訴；隔年（1961 年），蘇東啓以全縣最高票連任第五屆雲林縣議員，在撤回對林金生告訴後，隨即被通知必須辭去臺灣省合會嘉義分公司專員職務才能發給第五屆縣議員當選證書，欲以此凍結全家經濟來源。〔註 68〕最後蘇東啓作了妥協，放棄臺灣省合會嘉義分公司專員一職，選擇雲林縣議員，他曾言：「最後，我選擇了民意代表，我自踏入政壇以來，一向代表人民講話，不向權勢低頭，今為人情所牽，竟落得如此下場，我作錯了決定，撤回告訴，完全錯了。」〔註 69〕，使得蘇東啓在其從政過程中，認為受到人情壓力撤回對林金生的告訴，是一項錯誤的決定，對於所做的讓步妥協，也招致日後的牢獄之災。此一事件發生後，1961 年蘇東啓被以涉及顛覆政府罪名逮捕，第一審判死刑，第二審改判無期徒刑，1976 年獲得假釋出獄，蘇東啓入獄服刑幾乎改變蘇洪月嬌及其子女的一生，成為蘇家班政治轉變的關鍵。蘇洪月嬌當時已遭當局以知情不報為由遭判刑兩年，並帶仍在襁褓中的蘇治原入獄服刑；蘇東啓與蘇洪月嬌雙雙入獄，亦使得第五屆雲林縣議員及第七屆鎮民代表的民意代表身份中斷。

表 6-6　蘇家班選舉概況表

時間	選舉類別	姓名	當選	備註
1951	第一屆雲林縣議員	蘇東啓	否	國民黨籍
1953	第二屆雲林縣議員	蘇東啓	是	國民黨籍
1955	第三屆雲林縣議員	蘇東啓	是	青年黨籍
1958	第四屆雲林縣議員	蘇東啓	是	青年黨籍
	第六屆雲林縣北港鎮民代表	蘇洪月嬌	是	
1960	第四屆雲林縣長	蘇東啓	否	

〔註 67〕吳嘉邦，〈我所認識的蘇洪月嬌〉，《政治家半月刊》13（1978 年 9 月），頁 45～46。
〔註 68〕蘇洪月嬌，《政治與我：省議會四年的回顧》，頁 3。
〔註 69〕蘇洪月嬌，《政治與我：省議會四年的回顧》，頁 3～4。

1961	第五屆雲林縣議員	蘇東啓	是	青年黨籍，後因案被捕入獄，中斷議員身份。
	第七屆雲林縣北港鎮民代表	蘇洪月嬌	是	後當選縣議員辭職
1964	第六屆雲林縣議會議員	蘇洪月嬌	是	
1968	第七屆雲林縣議會議員	蘇洪月嬌	是	
1977	第六屆臺灣省議會議員	蘇洪月嬌	是	獲雲林縣第一高票
1978	第三屆國大代表	蘇治芬	是	
1980	第二屆增額國大代表	蘇治洋	是	
1981	第七屆臺灣省議會議員	蘇洪月嬌	是	
1983	立法委員	蘇洪月嬌	否	
1985	第八屆臺灣省議會議員	蘇洪月嬌	是	
1989	第九屆臺灣省議會議員	蘇洪月嬌	是	
1993	第十二屆雲林縣長	蘇洪月嬌	否	民進黨籍
1994	第十屆臺灣省議員	蘇治洋	是	民進黨
1995	第三屆立法委員選舉	蘇洪月嬌	否	無黨籍
1998	第四屆立法委員選舉	蘇治洋	否	無黨籍
2000	民進黨執政，蘇洪月嬌受聘為總統府國策顧問			
2001	第五屆立法委員	蘇治芬	是	民進黨
2002	第十四屆雲林縣北港鎮長	蘇治洋	否	民進黨
2005	第十五屆雲林縣長	蘇治芬	是	民進黨
2009	第十六屆雲林縣長	蘇治芬	是	民進黨

資料來源：陳儀深訪問、王景玲紀錄，〈蘇洪月嬌女士訪問記錄〉，《口述歷史》10 期（2000 年 12 月 1 日），頁 13～36。；蘇洪月嬌，《政治與我：省議會四年的回顧》臺灣省雲林縣：四維印刷公司，1981 年 10 月 15 日），頁 1 ～4；中央選舉委員會選舉資料庫 http://210.69.23.140/vote3.asp?pass1=B1 995A0000000000aaa（2010.09.27）

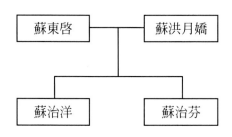

圖 6-3　蘇家班政治家族

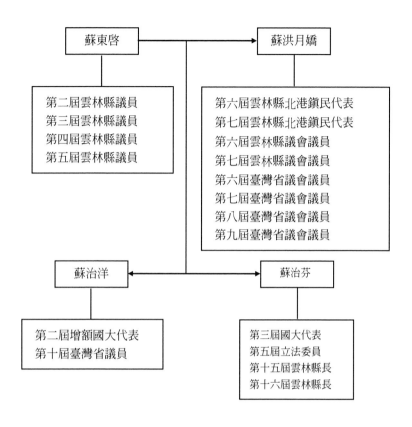

圖 6-4　蘇家班資歷表

二、蘇洪月嬌：代夫參政

　　蘇洪月嬌入獄兩年後出獄，以受難者家屬身份投入民意代表選舉，連選連任，先後當選第六、七屆縣議員，直至 1977 年蘇洪月嬌競選省議員時，由於蘇東啓剛獲得假釋出獄後一年，尚處於褫奪公權期間，無法參加公職人員選舉，原有意推出同在縣議會的議員，四大金剛之一的蔡誅參與競選，不料蔡誅驟然病逝，於是決定推妻子蘇洪月嬌參選，成為蘇洪月嬌代夫出征的一個重大轉變。因此，蘇洪月嬌踏入政治具有兩個轉圜點，一為婚後中斷學業，開始持家，養兒育女，透過蘇東啓開始接觸地方相關政治人物，協助處理地方民眾陳情，間接參與政治事務；二為蘇案發生後，蘇東啓因褫奪公權有案在身，無法參與競選，改由妻子蘇洪月嬌代為參選，成為蘇洪月嬌直接參政的關鍵轉變，而蘇東啓因案而中斷其政治生涯，代之而起是蘇洪月嬌代夫從政，當時蘇洪月嬌競選省議員時，由施明德擔任競選總幹事，選舉傳單都印

有蘇東啓在獄中的編號「299」，子女穿著衣服上寫有「我爸爸有罪嗎？」、「我媽媽有罪嗎？」字樣，而蘇東啓則穿著囚衣爲妻子助選，〔註70〕在蘇東啓的全力助選之下，順利當選第六屆省議員，並連任第七、八、九屆，使得蘇家參政層級由地方提升到省級民意代表，蘇洪月嬌幾乎成爲雲林地區，唯一可以在省級以上民意代表中與國民黨抗衡的黨外人士，蘇洪月嬌32年的民代生涯，爲「蘇家班」在雲林政壇上奠定一席之地。

　　蘇洪月嬌在擔任省議員期間，打破以往慣例，以臺語問政；〔註71〕並以青年黨雲林縣主任委員身份，參選北港朝天宮第三屆董監事選舉，引起外界關注，認爲蘇洪月嬌此次競選爲擴大群眾基礎的政治策略，原因在於北港朝天宮香火鼎盛，每年信徒捐獻金相當可觀，在雲嘉南地區形成一股不可忽略的力量，而蘇洪月嬌更有意競選董事長，透過董監事選舉可以擴大其政治活動範圍，使得執政黨對其行動開始密切注意，間接影響其日後選舉活動。〔註72〕

　　1983年增額立法委員選舉，蘇洪月嬌臨時起意決定參選第四選區，並由長女蘇治洋擔任助選員，而在其政見發表會中因違反選舉罷免法，經臺南地方法院偵察遭提起公訴，起訴書內容指出：「蘇治洋係候選人蘇洪月嬌的長女，他在臺南縣鹽水鎮武廟前的政見發表會上，將蒐證人員的錄影機三角架扯斷，依違反選罷法妨害選舉罪嫌起訴」〔註73〕，另蘇洪月嬌、蘇東啓、蘇治灝則獲不起訴處分。此一選舉衝突事件，蘇洪月嬌認爲臺南地檢處的偵察，有證人作僞證誣陷被告蘇治洋，以及案發現場許多不合常理之處等多項疏失，認爲蘇治洋被起訴有政治迫害之嫌。蘇治洋則認爲本身並無妨害選舉，只是上前勸導蒐證人員將錄影機挪開，並無扯斷錄影機之三角架，蘇治洋被依選罷法第八七條之一第一項妨害選舉罪起訴，若判刑確定，將可判五年以下有期徒刑，並且永遠喪失參選權與助選權，使其影響日後參政之路。

　　選舉結果由於時間倉促準備未具充分，因而導致落選。蘇洪月嬌則認爲勝敗乃兵家常事，不足爲懷，並說明當時省議員任期尚有兩年，對於選民的

〔註70〕曾心儀，〈蘇治芬──帶著傷痕推動民主運動〉，《民主天地週刊》8（1985年4月），頁49。
〔註71〕中央研究院近代史研究所，《口述歷史第十期》（臺北市：中央研究院近代史研究所，2000年12月），頁35。
〔註72〕峨嵋山人，〈蘇洪月嬌進軍「北港朝天宮」〉，《縱橫月刊》20（1982年11月），頁71～72。
〔註73〕不詳，〈蘇治洋被起訴〉，《向前看週刊》7（1985年1月），頁46。

承諾未予以兌現前不會離開省議員職務，因此原先並無意參選，最後參選主因為黃麻選前撤退，為避免國民黨候選人輕易當選，才臨時起意加入選舉，爭取黨外選票。但由於此次選舉的失敗，讓蘇洪月嬌體認到雲林縣黨外四分五裂，應加強團結，黨外才會有希望，而外界長期以來質疑蘇洪月嬌的黨籍問題，蘇洪月嬌則認為雖是青年黨，但永遠會站在黨外的一邊為黨外效力。〔註74〕

1993 年，蘇洪月嬌以無黨籍身份參選雲林縣長選舉，另外尚有較受矚目的黃麻、許哲男及黃德淵等人。不過蘇洪月嬌在十四名黨外省議員集體辭職事件中，為首位返回省議會者，因此得罪黨外人士，使得此次選舉活動成為黨外內部相互競爭攻訐，反而收到負面效果，間接影響其縣長選舉，〔註75〕最後以八千多票之差，成為全省差距最少而落選的候選人，直至 1994 年省議員任期屆滿時，由長女蘇治洋、次女蘇治芬繼承政治衣缽。〔註76〕

1995 年 12 月 2 日，第三屆立法委員選舉，民進黨黨內提名廖大林與林國華參選，蘇洪月嬌因未被民進黨提名，而自行脫黨參選，為雲林縣唯一無黨籍女性立法委員候選人。由表 6-7 可知，選舉結果分別由民進黨籍廖大林與國民黨籍廖福本、林明義三人連任當選，另一名為國民黨籍許舒博當選。蘇洪月嬌則因無政黨支援，未如預期，僅得 14,075 票，得票率 4.09%，落選。落選後，蘇洪月嬌漸淡出政壇，期間擔任北港朝天宮董事、財團法人戒嚴時期不當叛亂暨匪諜審判案件補償基金會董事等職位，直至 2000 年民進黨執政，蘇洪月嬌受聘擔任總統陳水扁國策顧問，2004 年因病逝世。其後，陸續由其培植的第二代子女從事政治選舉活動，蘇治洋與蘇治芬姊妹分別承繼父母政治衣缽，早年多半為其父母助選，而後實際參與政治選舉。

表 6-7　臺灣地區第 3 屆區域立法委員選舉（雲林縣）

候選人	號次	性別	黨籍	得票數	得票率	當選	現任
廖大林	1	M	民主進步黨	52,106	15.13%	是	是
廖福本	2	M	中國國民黨	65,261	18.95%	是	是
林明義	3	M	中國國民黨	65,726	19.08%	是	是

〔註74〕政治家週刊編輯部，〈蘇洪月嬌戰後重整吃力〉，《政治家週刊》1（1984 年 2 月），頁 49。
〔註75〕張良榷〈縣市長黨內外大對決〉，《縱橫週刊》11（1985 年 8 月 3 日），頁 15～16。
〔註76〕中央研究院近代史研究所，《口述歷史第十期》（臺北市：中央研究院近代史研究所，2000 年 12 月），頁 35。

吳修榮	4	M	中國國民黨	22,417	6.51%	否	否
蘇洪月嬌	**5**	**F**	**無黨籍及其它**	**14,075**	**4.09%**	否	否
許舒博	6	M	中國國民黨	67,076	19.47%	是	否
林國華	7	M	民主進步黨	49,294	14.31%	否	否
藍照慶	8	M	新黨	8,471	2.46%	否	否

資料來源：中央選舉委員會選舉資料庫（2010.09.27）
　　　　　http://210.69.23.140/vote3.asp?pass1=B1995A0000000000aaa

三、蘇治洋：從助選到競選

　　蘇洪月嬌長女蘇治洋，曾擔任雲林縣口湖鄉文光、崇文國小教師，更參與黨外編聯會，以及擔任民進黨雲林縣黨部執行委員。以蘇治洋而言，十二歲即站在宣傳車上，替母親助講、站臺。1983 年蘇治洋擔任母親蘇洪月嬌第四選區助選員，被臺南縣選委會控以違反選罷法第八十七條之一的規定「辦理選舉罷免期間，意圖妨害選舉或罷免，對於公務員依法執行職務時，施強暴脅迫者，處五年以下有期徒刑。」，移送臺南地檢處偵辦，蘇治洋對於刑警身份的蒐證人員十分不滿，認為蒐證對象應是候選人部分，蒐證人員卻對在場民眾蒐證，因此蘇治洋提出質疑認為是蒐證人員妨害選舉，而非她個人妨害公務，早年助選的經驗使得蘇治洋累積不少選舉的膽識。

　　1980 年國大代表選舉，雲林縣黨外黃麻參選，在一致看好可以穩定當選的情況下，蘇洪月嬌則排除眾議推出蘇治洋參與競選，〔註 77〕不僅使得黃麻意外落選，也導致雲林縣黨外開始分裂，蘇洪月嬌也因此受到黨外人士批評與攻擊，認為其缺乏團隊精神，〔註 78〕蘇洪月嬌說：「蘇治洋當年出馬參選，乃是其本人意願，而非她所堅持，她特地轉交其女蘇治洋的親筆函，以表示此事的『自由意願』」〔註 79〕。另外，針對蘇洪月嬌推出長女蘇治洋競選國大代表遭到黨外人士批評，蘇洪月嬌亦提出說明，認為選舉最後的決定權在於選民，選民將選票投給心目中理想的候選人，為選民個人的自由意志選擇；然候選人本身應具備有當仁不讓的精神，不應將所有選舉責任怪罪蘇治洋搶

〔註77〕柳寄塵，〈三大門派四大高手夾擊蘇洪月嬌——蘇洪月嬌的不歸路〉《縱橫週刊》24（1985 年 11 月），頁 40～44。

〔註78〕不詳，〈蘇洪月嬌——飽經政治歷練〉，《政治家半月刊》29（1982 年 5 月）頁 6～8。

〔註79〕不詳，〈蘇洪月嬌力求澄清〉，《薪火週刊》51（1985 年 8 月），頁 58。

走黃麻票源，應該檢討黨外候選人的政治實力與政見，是否符合選民所需。〔註80〕然蘇洪月嬌與黃麻的之間的選舉競爭，引起黨外人士的猛烈批評，仍保持她一貫的政治作風，蘇洪月嬌的主要政治目標仍是競選連任省議員，但若國民黨無法在雲林縣長選舉中，提出一位適當人選，也表示將有意加入競選。〔註81〕不過，對於黨外人士的不諒解，使得蘇洪月嬌在面對日後各項選舉活動時，黨籍問題成為主要考量的關鍵，處境十分左右為難。

　　1991 年底，蘇治洋代表民進黨參與第二屆國大代表選舉，由母親蘇洪月嬌親自輔選，當時蘇治洋所提出的參選政見內容為：1、任何民族都有權利選擇自己未來的命運、生活方式及政治制度。這種權利不應為任何政府強權或政治神話所迫害及剝奪；2、總統由人民直接投票選舉，反對變相買票的「委任代表制」；3、三權分力，單一國會，廢除監察院、考試及國民大會；4、澈底實施地方自治，確保地方自治團體有權處理轄區內之人事、財政、教育、警政、主計及所有其他義務；5、司法獨立，法官不得參加政黨；6、國家應實施全民健康、養老、退休及失業保險；7、國民基本權利，非經法律正常程序，不得侵犯之；8、國民有知的權利。政府、政黨不得壟斷大眾傳播媒介，電視電臺應全面開放；9、保障原住民享有自治權；10、多元文化及多語言政策應予保障；11、學術自由應予憲法保障，不受政治侵害；12、政黨除文化事業外，不得經營營利事業。政黨應說明經費來源。〔註82〕由此可知，蘇洪月嬌所發表的十二項政見，乃針對五院制度改革與地方自治法制化的具體實施計畫。由表 6-8 可知選舉結果，蘇治洋以 20,153 票順利當選，成為雲林縣第二選區候選人中，唯一代表民進黨的女性當選人。

表 6-8　臺灣地區第 2 屆國民大會代表選舉（雲林縣第二選區）

號次	候選人姓名	黨籍	得票數	當選
1	吳修榮	中國國民黨	33,973	是
2	**蘇治洋**	**民主進步黨**	**20,153**	是
3	黃德鴻	中國國民黨	26,138	是
4	朱高輝	中華社會民主黨	11,020	否

〔註80〕 林大統，〈蘇洪月嬌的煎熬與歷練〉，《政治家半月刊》14（1981 年 9 月），頁 37。
〔註81〕 林大統，〈蘇洪月嬌的煎熬與歷練〉，頁 37。
〔註82〕 中央選舉委員會，《國民大會第二屆國民大會代表選舉實錄（上冊）》（臺北市：中央選舉委員會，1993 年 5 月），頁 905。

| 5 | 陳錫東 | 中國國民黨 | 35,049 | 是 |
| 6 | 高金郎 | 民主進步黨 | 14,422 | 否 |

資料來源：中央選舉委員會，《國民大會第二屆國民大會代表選舉實錄（上冊）》（臺北市：中央選舉委員會，1993 年 5 月），頁 1101。

　　1994 年參選第十屆省議員，亦由蘇洪月嬌親自輔選，當時雲林縣同爲民進黨省議員候選人之文宣內容指稱：「雲林人，飼老鼠咬布袋……陳定南、許龍俊矢志剷除特權貸款。」〔註 83〕，暗指蘇家班家族成員爲特權階級，蘇洪月嬌爲此建議民進黨雲林縣黨部代理主委王麗萍，針對該份文宣出面說明與釐清，並請該黨同志不應互相殘殺影射同黨黨員候選人。不過，蘇治洋競選時與國民黨籍候選人侯惠仙與曾蔡美佐，三位女性形成女人之間的戰爭。選舉結果，由表 6-9 可知，三位女性得票數分別爲侯惠仙 77,826 票、曾蔡美佐 75,018、蘇治洋 56,366 票均獲當選，蘇治洋爲唯一民進黨女性當選人；再者蘇洪玉嬌連任省議員長達十七年，蘇治洋當選後承接蘇洪月嬌連任四屆後的省議會政治資源。

表 6-9　第 10 屆臺灣省議員選舉（雲林縣）

候選人	號次	性別	黨籍	得票數	得票率	當選	連任
王德顯	01	M	無黨籍及其它	1,226	0.34%	N	N
侯惠仙	02	F	中國國民黨	77,826	21.78%	Y	N
許龍俊	03	M	民主進步黨	37,849	10.59%	N	N
蘇治洋	**04**	**F**	民主進步黨	**56,366**	**15.78%**	**Y**	**N**
曾蔡美佐	05	F	中國國民黨	75,018	21%	Y	Y
蘇文雄	06	M	中國國民黨	95,328	26.68%	Y	Y
鄭東來	07	M	無黨籍及其它	13,671	3.83%	N	N

資料來源：中央選舉委員會選舉資料庫（2010.09.27）
　　　　　http://117.56.211.222/vote3.asp?pass1=E1994A6200000000aaa

　　1998 年第四屆立委選舉，蘇治洋轉換政治跑道參選，但因未獲民進黨提名而自行脫黨參選，此時國民黨籍省議員侯惠仙與曾蔡美佐，亦轉換政治選舉，蘇治洋再此與國民黨提名的兩位女性候選人競選。選舉結果，由表 6-10

〔註83〕陳寶容，〈蘇洪月嬌不滿許龍俊文宣〉，《中國時報》1994 年 11 月 29 日，第14 版。

可知，蘇治洋因未有政黨支援，以無黨籍身份參選，再加上個人政治資源與聲名未如預期，僅獲得 13,854 票，得票率 3.89%而落選；反觀國民黨籍兩位女性候選人侯惠仙與曾蔡美佐，則順利由省級提升至中央級民意代表。

2002 年蘇治洋回鄉參選雲林縣北港鎮長，與國民黨籍候選人徐忠徹競選，選舉結果出乎意料，蘇治洋得票率未達四成，僅獲得 6,841 票。蘇治洋歷經立法委員、北港鎮長兩次選舉失利後，漸淡出政壇，蘇家班的政治選舉承繼漸由其妹蘇治芬接替。

表 6-10　臺灣地區第 4 屆立法委員區域選舉（雲林縣）

姓名	號次	性別	推薦政黨	得票數	得票率	當選否	是否現任
侯惠仙	01	F	中國國民黨	45,288	12.72%	Y	N
許舒博	02	M	中國國民黨	45,648	12.82%	Y	Y
高孟定	03	M	民主聯盟	36,099	10.14%	N	N
曾蔡美佐	04	F	中國國民黨	46,216	12.98%	Y	N
林國華	05	M	民主進步黨	42,985	12.07%	Y	N
蘇治洋	**06**	**F**	**無黨籍及其它**	**13,854**	**3.89%**	**N**	**N**
廖大林	07	M	民主進步黨	32,037	9%	N	Y
王俊傑	08	M	新國家連線	751	0.21%	N	N
廖福本	09	M	中國國民黨	36,395	10.22%	Y	Y
林明義	10	M	中國國民黨	53,115	14.92%	Y	Y
楊鳳珠	11	F	無黨籍及其它	1,090	0.31%	N	N
廖中浩	12	M	新黨	2,640	0.74%	N	N

資料來源：中央選舉委員會選舉資料庫（2010.09.27）http://210.69.23.140/vote3.asp?pass1=B1998A0000000000aaa

四、蘇治芬：延續政治家族

另一位蘇家接班人蘇治芬，為蘇治洋之妹。小學六年級，便為剛出獄的母親參選雲林縣議會議員助選。蘇治芬回憶助選時的情形：

> 印象中，選舉都是在很冷、很冷的冬天。我和媽媽分開走，她去拜訪，我們四姊妹乘一部宣傳車、發傳單，在車上揮手。我印象很深刻的是，我們每到一個地方，老百姓都會送東西給我們，把東西丟在宣傳車的後面，有生地瓜、米，還有剛煮好熱熱的玉米。在那麼

冷的冬天，熱熱的玉米很好吃。我可以感受到大家的熱情，覺得我
的心和他們的心連結在一起，這種感覺一直延續到現在。每次選舉，
不管是當我母親助選或是幫黨外人士助選，我並不認爲自己是站在
臺上演講，我覺得我和臺下的人是連在一起，他們像親人、像朋友，
我在向他們訴說我所知道的事。〔註84〕

　　對蘇治芬而言，早年加入黨外與出生背景有關，更強調她的父母都曾是
政治犯，認爲透過參與黨外的管道能將個人理想與實際付諸行動；再者父親
蘇東啓案給予相當大的影響，使其在成長過程中受到不少挫折，蘇治芬透過
爲母親助選時，在政見發表會上廣大民眾給予支持的信心，從沒有安全感到
站穩腳步，藉由參與黨外活動，爲周清玉、方素敏等人助選，累積選舉經驗，
以瞭解社會中的政治生態，加強關心政治迫害的問題，使得蘇治芬早年的助
選經驗，造就其日後參與選舉發表政見的膽識與個人參政理念。

　　另外，在此之前由於蘇洪月嬌剛出獄不久，一時找不到工作，因而曾賣
過農藥、肥料、種過辣椒，更做過保險。再加上情報單位特務對於蘇家的監
控如影隨形，蘇洪月嬌在此情況下，無法賺錢養家，家庭面臨極大的經濟壓
力，甚至在獄中的蘇東啓還寫信建議剛初中畢業的蘇治分不要再升學，由於
其父親蘇東啓在獄中十五年，造成父女之間情感疏離，也造成蘇治芬在童年
階段極度不安、焦慮。

　　蘇治芬在從政之前，亦曾擔任蘇洪月嬌省議員助理半年，並將蘇洪月嬌
在省議會期間的問政內容，整理集結成《我的奮鬥》一書，期間更發生兩件
官司案件，一爲蘇洪月嬌擔任省議員之前，於華洋旅行社擔任經理，由於當
時中華民國並未開放觀光護照，但實際上觀光局、警備總部出入境管理局，
以及有關當局均默許人民利用商務考察、探親等名義出國觀光，全國旅行社
均有如此作法，而蘇洪月嬌因包辦安排招待經銷商赴香港考察商務，被警備
總部以「偽造商業邀請書涉嫌叛亂」名義進行偵察，由於罪證不足，後改以
「偽造文書罪」起訴；另一件事爲1978年6月5日省議會質詢臺中護校事件，
蘇治芬認爲這些官司並未阻斷母親的從政之路，但卻因蘇東啓晚年因受高血
壓中風及糖尿病之苦，身體日漸衰弱，蘇洪月嬌少了背後助手，其政治事業
開始慢慢走下坡。而蘇東啓過世後，蘇治芬對於蘇洪月嬌接受國民黨輓聯，

〔註84〕曾心儀，〈蘇治芬──帶著傷痕推動民主運動〉，《民主天地週刊》8（1985年
　　　4月），頁48～49。

並將其懸掛至靈堂最醒目之處，蘇治芬認為母親沒有政治視野，因蘇東啓為民進黨創黨黨員，認為母親如此作法，對於父親一生反國民黨的作風劃下不完美的句點，為此蘇治芬曾一度拒絕出席葬禮。〔註85〕由此可知，蘇治芬與蘇洪月嬌母女之間對於政黨關係之間的觀念，差異極大，並不認同其母黨政關係游移不定的態度，也因此發展出有別於蘇洪月嬌的政治路線。換言之，蘇治芬參與各項選舉活動，大多以個人透過政見發表會展現其政治理念，相較於蘇治洋的選舉活動，蘇洪月嬌絕少參與蘇治芬的助選，呈現出不同的政治發展模式。

1978 年第三屆國大代表選舉，當時蘇治芬以臺北市國大代表候選人身份出席公辦政見發表會。不過在 1978 年 12 月 8 日至 10 日，所舉辦的五場公辦政見發表會中，蘇治芬均未出席發表政見，被外界質疑臨場退卻。為此蘇治芬於 12 月 11 日公辦政見發表會中澄清，表示她自國小六年級時即因父母參加競選關係，習慣選舉發表政見，認為每當拿起麥克風上臺演說時，字句中感到神聖，絕不會有臨場退卻的狀況出現，並強調由於父母均為政治犯，對於家庭所影響到個人成長環境，造就如今的參政動力，在發表時，蘇治芬拒絕以國語演說而引起臺下聽眾的不滿。〔註86〕選舉結果，蘇治芬當選。

1979 年 12 月 9 日鼓山事件發生，當時由警備總部、調查局、憲警等情治單位組成專案小組，將高雄事件涉案之相關人員以涉嫌叛亂、涉嫌藏匿人犯、涉嫌掩護逃亡等罪予以起訴，〔註87〕蘇治芬因此遭牽連涉案。此源於美麗島雜誌社高雄服務處，當晚出動一輛廣播車，於鼓山區一帶廣播：「美麗島雜誌社將於十日晚在扶輪公園舉行演講，要求市民前往參加。由於時值深夜，該廣播車播音妨害住民安寧，由市民向警方檢舉請求派員取締。鼓山分局派出警車及警員前往取締，雙方人員發生嚴重衝突，警車及人員各有毀損與受傷，後被警方列入被告並移送法辦的黨外人士包括：施明德、陳菊、姚建國、邱勝雄、陳福來、林弘宣、蘇治芬七人，其中蘇治芬並未到案說明。〔註88〕

〔註85〕中央研究院近代史研究所，《口述歷史第十期》，頁 50～52。
〔註86〕不詳，〈有人說她臨場退卻蘇治芬表示不苟同昨在政見會上首度露面〉，《自立晚報》1978 年 12 月 12 日第 2 版。
〔註87〕不詳，〈高雄暴力事件六十一人牽連全案下月十三日前可望起訴〉，《自立晚報》1980 年 1 月 31 日，第 1 版。
〔註88〕不詳，〈美麗島宣傳車被取締案施明德陳菊等七人妨害秩序等罪送辦〉，《自立晚報》1979 年 12 月 23 日，第 2 版。

　　1983 年，蘇治芬創辦紫藤蘆藝廊，成為黨外人士的聚會所，並到處輔選，
對抗威權體制，走政治改革、環保路線，累積豐沛的選戰經驗與地方人脈，
為日後政治選舉奠下基礎。〔註89〕1995 年蘇治芬當選第三屆不分區國大代表
後，2001 年由民進黨提名廖大林、蘇治芬、林國華三位參選第五屆立法委員
選舉，蘇治芬成為唯一民進黨女性候選人，並與兩位尋求連任的國民黨籍女
性候選人侯惠仙、曾蔡美佐相互競爭，當時其姐蘇治洋在競選第四屆立法委
員時亦與其競爭，而蘇治芬再次遭遇到相同的競爭對手。選舉結果，由表 6-11
可知，蘇治芬以 58,960 票，得票率 17.42%，獲得最高票當選，而此次競選侯
惠仙則出乎意料落選，顯見蘇治芬的競選實力與個人政治名聲高於蘇治洋，
得以延續蘇家政治家族的版圖。

表 6-11　臺灣地區第 5 屆區域立法委員選舉（雲林縣）

姓名	號次	性別	推薦政黨	得票數	得票率	當選否	是否現任
陳劍松	01	M	親民黨	35612	10.52%	Y	N
高孟定	02	M	無黨籍及其它	33961	10.04%	Y	N
廖大林	03	M	民主進步黨	22613	6.68%	N	N
蘇治芬	**04**	**F**	**民主進步黨**	**58960**	**17.42%**	**Y**	**N**
林國華	05	M	民主進步黨	37231	11%	Y	Y
曾蔡美佐	06	F	中國國民黨	38012	11.23%	Y	Y
蔡桓生	07	M	無黨籍及其它	1232	0.36%	N	N
侯惠仙	08	F	中國國民黨	27353	8.08%	N	Y
許舒博	09	M	中國國民黨	31886	9.42%	Y	Y
林明義	10	M	中國國民黨	29530	8.73%	N	Y
何振盛	11	M	新黨	1183	0.35%	N	N
李建昇	12	M	臺灣團結聯盟	20851	6.16%	N	N

資料來源：中央選舉委員會選舉資料庫（2010.09.27）http://210.69.23.140/vote3.asp?
　　　　　pass1=B2001A0000000000aaa

　　隨後，2004 年第六屆立法委員選舉，由於蘇東啓、蘇洪月嬌曾先後參選
縣長落敗，為完成父母遺願，蘇治芬並無意願參選連任立委，將政治路線轉

〔註89〕魯永明，〈雲縣──蘇治芬選戰經驗豐富〉，《聯合報》，2005 年 10 月 7 日，網
　　　　路版。http://mag.udn.com/mag/vote2005/storypage.jsp?f_MAIN_ID=180&f_SUB
　　　　_ID=1034&f_ART_ID=19132

參選 2005 年第十五屆雲林縣長選舉，〔註90〕並獲得民進黨提名參選，與國民黨籍許舒博、無黨籍林佳瑜相互競選，蘇治芬以 201,192 票，53.37%得票率，擊敗國民黨提名的許舒博，順利當選，完成蘇家班長期以來無法突破雲林縣長選舉的傳言。2009 年蘇治芬欲尋求雲林縣長連任，以 229,958 票，65.37%得票率一舉擊敗國民黨吳威志，〔註91〕並連任至第十六屆，成爲雲林縣首位非中國國民黨籍縣長，亦是雲林縣首位民選女縣長。（參表 6-12）

表 6-12　臺灣省第 15、16 屆縣長候選人得票概況（雲林縣）

第十五屆							
姓名	號次	性別	推薦政黨	得票數	得票率	當選否	是否現任
林佳瑜	01	M	無黨籍及其它	8,125	2.16%	N	N
蘇治芬	**02**	**F**	民主進步黨	**201,192**	**53.37%**	**Y**	N
許舒博	03	M	中國國民黨	167,790	44.48%	N	N
第十六屆							
姓名	號次	性別	推薦政黨	得票數	得票率	當選否	是否現任
蘇治芬	**01**	**F**	民主進步黨	**229,958**	**65.37%**	**Y**	**Y**
吳威志	02	M	中國國民黨	121,832	34.63%	N	N

資料來源：中央選舉委員會選舉資料庫（2010.09.27）
　　　　　http://210.69.23.140/vote3.asp?pass1=F2005A0000000000aaa
　　　　　http://210.69.23.140/vote3.asp?pass1=F2009A0000000000aaa

　　蘇家班政治家族體系，由蘇東啓建立，蘇洪月嬌依夫轉而參政，兩人過世後，由第二代繼承政治衣缽，不過長女蘇治洋在後期競選雲林北港鎮長失利後，漸淡出雲林政壇，而由蘇治芬肩負起「蘇家班」政治世家重擔，〔註92〕早期蘇家班在雲林地區黨外陣營中屬於重要政治家族之一，包括蘇東啓與蘇洪月嬌都曾經參選過雲林縣長，但均未當選；民進黨成立後，蘇家班成員陸續加入民進黨，蘇洪月嬌更於 1993 年代表民進黨參選雲林縣長，以八千多票

〔註90〕張世熒、蘇俊豪，〈雲林縣地方派系權力結構與動員系統之研究〉，2005 年臺灣政治學會年會暨學術研討會，國立政治大學政治學系，頁 13。
〔註91〕中央選舉委員會選舉資料庫 http://210.69.23.140/vote3.asp?pass1=F2005A0000000000aaa（2010.09.27）
〔註92〕〈蘇治芬從政路〉，《自由時報》http://www.libertytimes.com.tw/2008/new/nov/5/today-center9-3.htm（2010.08.29）

之差敗給中國國民黨提名的廖泉裕，其政黨資源對於參與縣長選舉具有極大影響力，而後由其次女蘇治芬參與縣長選舉，順利當選，成為雲林縣首位女性縣長，相較於許家班政治勢力在嘉義市版圖而言，蘇治芬成功將家族穩定深耕於雲林縣，不過面對後續繼承蘇家班的接班人選問題，以及延續政治家族命脈，仍是政治家族世代化的考驗。

第七章　結　論

　　日治時期臺灣婦女是屬於殖民政策下被動員的角色，卻也因此使臺灣婦女，從中國舊傳統的保守觀念中被解放出來。時至戰後初期，臺灣的參政環境爲威權體制下的黨國政治，女性雖有婦女名額的保障，提供婦女參政的機會，爲婦女本身權利發聲，實際上仍存在不少問題與爭議，例如女性之間同額參選競爭，女性當選人數高於婦女保障名額，制度形同虛設，或易使人誤解婦女保障名額僅有一名，有時反而造成限制女性參政的障礙。再者，與男性參選競爭同票時，名額採外加或內含，法令解釋不一，影響選舉的公平性，或造成婦女因保障有依賴的心理，亦或是成爲政黨提名限制的考量等弊端產生。即使如此，不少女性本身對於參政，以個人的知識能力與地方民意基礎，勇於向選舉政治挑戰，突破婦女保障名額的困境，建立個人政治事業，深耕地方政治。

　　戰後至解嚴前，中央及地方選舉陸續舉行，男女受到憲法的保障，女性擁有與男性相同的參政權，但因社會上對於女性參政觀念並未完全開化，女性候選人數仍少於男性，女性雖然在中央及地方民意代表的人數上，有逐年增加的趨勢，但在解嚴前地方行政首長，如縣、市長一職，在女性候選人中，僅有 1968 年許世賢當選嘉義市長、1985 年余陳月瑛當選高雄縣長，說明女性仍受制於傳統觀念，必須面對來自個人、家庭、社會等方面的困境與挑戰。

　　解嚴前臺灣婦女參政的轉變關鍵在於女性的參與動機，女性在各類公職選舉中，相對於男性而言仍顯薄弱，除少數婦女憑個人才能及努力達成外，大部分婦女仍侷限社會觀點或個人本身意願，缺乏積極投身政治的動力，女性參政爲解嚴前臺灣政治民主注入一股新血，也爲婦女參政個人的生涯寫下

輝煌的一頁，每一位女性參政的個案，均是戰後臺灣婦女參政的極佳例子，而每一位女性參選的歷程，同時也讓我們見證戰後臺灣政治從威權走向民主的發展過程。除了少數黨外婦女具有堅強的個人政治魅力獲得選民支持外，大多數的婦女參與政治，仍是出身地方反對派政治勢力的家族，或爲政治受難者的家屬，代夫出征等，而獲得民意的支持與同情，高票當選，婦女的地位仍爲從屬角色，實爲戒嚴時期婦女參政的侷限。然而，參政即是婦女運動和政治運動的一種結合，對於任何不公平的社會現象，女性應立志問政，勇於站在政治第一線，爲個人權益奮鬥，擺脫現階段「代夫出征」或「世家派系」的陰影，從個人本身出發，自己出征。

由此可知，在戒嚴時期一黨獨大的情形下，無論中央或地方民意代表與行政首長，如立法委員、縣市議員，以及縣市長等選舉，女性參與政治選舉活動受限於政黨提名，政黨對於女性提名比例並不高，除少數黨外女性憑藉個人政治能力，突破政黨提名制度所設下的限制，使得女性參政比例上升。再者，女性參政者只要本身具備高知識能力、豐富政治經驗，或是出身政治世家，均可透過選舉，與男性同樣展現個人政治長才。換言之，女性參政的實力與背景同等重要，女性應有強烈的參政意願，再提升個人的專業知識，便可取得進入政壇的機會，其從政表現更容易持續得到選民的肯定與支持，以尋求連任。

時至解嚴後，開放各項中央與地方公職選舉活動，婦女參與政治機會亦隨之增加，其參與競選的人數比例也逐年上升，顯示社會觀感已能接受女性參與政治，婦女參政的機會亦受到法律保障，參政能力也因教育普及而提高，但迄今仍無法提升婦女參政的意願，這與婦女本身對參政意識欠缺覺醒有關，因爲不瞭解參政對個人的重要性，便會自動放棄法律所給予的權利，而淪爲從屬地位不自知。因此，只要婦女本身對於政治參與的意願提升，選民也多能以政見訴求爲考量，使得婦女參政不再被視爲異類。換言之，從黨國體制走向民主的過程，婦女對於參政應拿出更積極的態度，主動擺脫從屬角色的限制。回顧臺灣婦女參政發展研究，是不能忽視臺灣的政治發展背景及變遷，本書即是在此一背景下透過婦女參政的個案研究比較，清楚地看到婦女政治研究作爲一種理性活動與政治關係，在現實社會中，既矛盾又共生的發展。以許世賢與蘇洪月嬌作爲比較研究，發現兩者在家庭背景生活、參政類型與經歷、政治生涯轉變，以及政治家族體系等方面，有其相同與差異之處。

　　在家庭生活中，丈夫均為其參政背後的主要支持者，不過張進通與蘇東啓扮演的角色，卻有極大的差異。許世賢與夫婿張進通均為醫學博士，戰後初期曾參與過臺灣省參議員選舉，兩人落選後，張進通即未曾參與過任何的政治選舉，選擇繼續為地方鄉里醫治病症，而許世賢則繼續參與各項公職選舉，不因婚姻而放棄個人政治理想；相較之下，蘇洪月嬌在其求學階段因婚姻而踏入家庭，成為傳統家庭主婦，在家相夫教子，但隨著丈夫蘇東啓接觸政治，進而參選雲林縣北港鎮民代表，從此與民眾接觸，後因案牽連，不僅蘇東啓被捕入獄，中斷其民意代表身份，蘇洪月嬌也跟著入獄。蘇東啓假釋出獄後，因褫奪公權終身無法參與選舉活動，改由蘇洪月嬌代為參選，卻為蘇洪月嬌開啓參政路途，蘇東啓成為其從政之路最堅強的支柱。不過，蘇洪月嬌擔任省議員期間官司不斷，如自來水公司員工制服案、出國觀光護照問題，而遭控告偽造文書等，影響其個人在政壇清廉的形象。另外，蘇洪月嬌，在個人政治跑道的轉換上與許世賢具有相同的地方即是參選縣長均未成功，但許世賢在競選立法委員卻是連任當選，而蘇洪月嬌則未當選，顯示許世賢在擔任嘉義市長期間，市政建設政績博得市民的肯定，在嘉義市贏得不少選民支持，而蘇洪月嬌則因與黨外及地方派系糾紛，而失去當選的有利因素。

　　在子女養成方面，許氏與蘇洪氏婚後皆育有四女二男，但許世賢長子與次子未及成年便過世，家族中僅有女性接承政治資源，其中又以三女張文英、四女張博雅為主要政治接班人，在嘉義市建立起「許家班」政治家族。不過，許家班勢力與聲望，僅限許世賢個人魅力及嘉義市地方。雖許世賢在嘉義市所建立的政治資產，與雲林縣蘇家班政治家族模式不全然相同，更與其他派系家族之政治風格大異其趣，許家班以個人的反抗色彩、公正廉明的做事態度，以及高效率和高品質的施政成果，來獲得嘉義市民的肯定。許世賢並不刻意營造派系，其力量來自無組織的地方民意基礎。另一位婦女參政個案蘇洪月嬌，則承繼夫婿蘇東啓的地方政治人脈，再以長女蘇治洋、次女蘇治芬接續其政治舞臺，於雲林縣樹立起「蘇家班」的政治家族體系。總而言之，無論是許家班，抑或是蘇家班，政治家族的開創者，或是繼承者，女性均是在家族體系中，主要政治命脈的延續者。然而出身政治世家的女性政治人物，尤以許家班與蘇家班，多以女性做為接班人，是否能夠繼續開創出屬於女性從政的新典範，或是延續父系香火的政治文化更值得關注。另外，在沒有家世背景女性，如何能像政治世家第一代開創個人的政治資源，走出不同的參政路線，這是日後值得深入探討的一項課題。

　　在參政型態方面，許世賢之所以能脫穎而出，與地方和政黨之間的關係十分密切；蘇洪月嬌雖與地方關係良好，但與黨外關係卻是若即若離，無法認定其政黨屬性，始終介於青年黨與黨外之間。以女性史研究的角度而言，許世賢強化男女權利平等的概念，以身作則參與選舉，屬「代婦從政」類型，藉此凸顯女性參政者的特質，進一步和另一位女性參政者蘇洪月嬌互做比較，特別是在女權意識尚未抬頭的時代，許世賢透過組織婦女會，參與選舉政治，衝破性別藩籬，爭取女性政治權利，並在嘉義獲得眾望所歸，歸因於許世賢女性特質中的個人政治魅力。相形之下，蘇洪月嬌則在政治案件中以受難者及其家屬身份參政，屬於傳統女性特質中較為悲情角色姿態的「代夫從政」類型出現，訴求人權自由平等，始終無法脫離政治迫害下的陰影，因而女性特質中柔弱的形象被強化，轉而形成激烈強悍的個人言論風格。

　　在黨外省議員言論發表方面，省議會各屆議會中之聯合提案，一般認為許世賢「五龍一鳳」稱號，為一有組織的問政團體，但實際上，許世賢與五位男性議員並無以此名義，聯合針對特定事務提出議案，可見省議會黨外政治精英並沒有組織性，實際上是各自為政，即使是蘇洪月嬌與黃玉嬌的「南北雙嬌」，在省議會中，兩位女性亦無針對專題，聯合提出討論案，更沒有在政治反對上互相作任何奧援，甚至在黨外省議員辭職案中，兩者理念亦不相同。黨外省議員之間，並未像國民黨籍省議員具有黨團組織的聯合質詢，限制黨籍議員的言論發表，這也說明許世賢在國民黨時期言論屢遭限制，在脫離國民黨後，個人言論卻能盡情發揮的原因；而蘇洪月嬌以個人激烈言論著稱，也正是黨外身份提供其自由言論的空間發展。

　　在參選歷程方面，從許世賢所擔任的市參議員、省議員、縣轄市長、增額立法委員而言，蘇洪月嬌擔任鎮民代表、省議員，兩者對於縣長參選均是落選，許世賢首開女性參選縣長風氣，以無黨籍身份挑戰第一屆與第六屆嘉義縣長，而蘇洪月嬌則由民進黨提名參選第十二屆雲林縣長選舉。分析兩者落選的因素，在於當時縣長的選舉，必須突破性別與政黨提名兩項困境。許世賢對於性別堅持不喊「男女平等」只講「女男平等」，在嘉義號稱民主聖地，許世賢成為著名的黨外女性參政先驅，退出國民黨後，許世賢曾發下重誓：「不會讓國民黨在嘉義縣市大小選舉有一次好吃睏的光景。」。因此只要有選舉，許世賢每選必戰，而蘇洪月嬌雖有民進黨政黨資源的援助，但面對兩位國民黨籍男性候選人的競爭，蘇洪月嬌票源無法集中，再加上與廖泉裕的舊怨新

仇，最終仍以極少票數之差落選，而於第十五屆雲林縣長選舉，才由次女蘇治芬順利當選，成為雲林縣首位女性縣長。因此，女性參與縣市長選舉，如何突破政黨提名的限制與強化性別訴求，開發女性選民票數，將是日後女性參政者努力的目標。

在政治生涯的轉捩點方面，許世賢由國民黨到黨外，進而倡組新政黨，黨外人士康寧祥曾言：「許世賢是臺灣自治史的見證人」，然而觀其一生，影響許世賢的政治作風，主要有兩項重要事件，一為親身經歷二二八事件，使其瞭解國民黨內部政治的複雜性，認清國民黨組織內部政治體系，進而使許世賢對國民黨由期盼轉為失望，醞釀走向黨外路線。二為省議員時期質詢李茂松案，許世賢無法在省議會質詢中暢其所言，由失望轉為絕望，聲明退黨，至此以黨外議員身份問政，並參與籌組新黨運動。因此許世賢對於國民黨，從加入到瞭解，因瞭解而退黨，至此以無黨籍身份問政，成為其一生政治的理念。反觀蘇洪月嬌，影響其參政歷程，主要有蘇東啟案與擔任省議員期間所發生的各項官司風波，前者為直接促使其參政的關鍵，而官司風波則間接凸顯蘇洪月嬌問政激烈強悍的獨特風格，但卻也因此影響日後選舉轉任。許世賢與蘇洪月嬌各自在擔任四屆省議員後，轉而參選立委或縣市長，卻呈現極大的差異，前者從省級議員回到嘉義市擔任行政首長，建設地方，而後競選立法委員，其政治經歷從地方民意代表到省級議員，進而到中央立法委員，問政態度，以清廉正直取勝，屢選屢勝；後者自省議員卸任後，參選縣長與立法委員等選舉，屢選屢敗，不過如此的政治歷練與參選精神是值得其他女性參政者效法。

在家族繼承政治方面，張博雅為繼承母親遺志，毅然辭去教職投入嘉義市長補選並順利當選，隨後連任，在嘉義市延續許世賢市政政績，更由張文英接續競選嘉義市長，張博雅則轉戰立法委員，在嘉義市民的支持下，順利當選，張博雅在立法院的政治生涯相當短暫，受到當時行政院長郝柏村的賞識，而延攬入閣擔任行政院衛生署署長，成為首位女性無黨籍的閣員。相形之下，蘇治芬卻與母親政治理念產生分歧，使得家人之間的政治立場出現歧異，如監察委員選舉而言，蘇東啟並未要求蘇洪月嬌要支持尤清，卻同意支持周哲宇；1983 年立委選舉時，受難者家屬支持臺南市的高李麗珍（高俊明之妻），蘇洪月嬌表明參選，蘇治芬並不認同母親的作法。因此，許家班與蘇家班最大差別，在於政治家族第二代對於家族第一代政治理念的繼承與否，蘇家班中的蘇治芬，明顯呈現出與蘇洪月嬌不同的政治理念與個人風格。

　　綜上所述，戰後臺灣歷史發展在不同階段所發生的政治事件，自二二八事件以來到戒嚴時期白色恐怖的各類政治案件，與美麗島等社會運動所產生的影響，女性參政不僅是為社會大眾，更是為了維護個人生存權益，而走出家庭，走出悲情角色，投身政治，成為女性參政過程的最大改變。戰後臺灣婦女參政的個案中，許世賢與蘇洪月嬌即是歷經戒嚴、白色恐怖、解嚴各階段時期的臺灣政治歷史發展，分別影響著嘉義、雲林地區政治生態，其不同的出生年代、教育背景，以及政治際遇，卻有著極為類似的參政經歷，亦各自代表不同的婦女參政類型。許世賢從地方到中央，最後深耕嘉義市，在二二八事件，攜其女兒張博雅逃離躲藏，倖免於難全身而退。在家世背景中的夫妻關係，許世賢與其丈夫張進通兩人均為醫生，人稱「鴛鴦醫師」，許世賢從政以組織嘉義婦女會作為參政起步，以嘉義市參議員作為選舉從政的開端，進而從地方到中央民意代表，最後轉為地方行政首長。相較於蘇洪月嬌，早年因婚姻嫁入蘇家，深受丈夫蘇東啓影響參與雲林縣北港鎮民代表作為參政起點，生根地方，後因蘇東啓案件成為白色恐怖下的受難者，夫妻身陷牢獄，蘇洪月嬌攜幼子蘇治原入獄服刑，出獄後，代夫從政參與省議員選舉，質詢敢言的個人風格使其連任四屆，問政期間更積極培植政治第二代接班人。因此，許世賢與蘇洪月嬌分別代表嘉義市許家班與雲林縣蘇家班，長期以來在地方的執政具有舉足輕重的影響力，但隨著世代的更替，嘉義市「許家班」進入重大的蛻變階段，張文英、張博雅逐漸淡出選舉活動。反觀蘇家班，2004 年蘇洪月嬌過世後，2005 年由蘇治芬延續家族政治事業，當選第十五屆雲林縣長，並於 2009 年當選連任，而屆滿後，蘇家班成員的政治選舉動向，亦將代表政治家族的興衰與蛻變。整體而言，臺灣選民結構的變化，使得地方派系影響力逐漸式微，隨著選票年輕化趨勢，以及年輕選民對於派系意識淡薄與排斥，地方勢力愈來愈沒有生存空間，政治家族勢必有所蛻變，未來也是納入政黨政治的競爭格局，從而展現截然不同的地方政治風貌。因此，透過許世賢與蘇洪月嬌作為個案研究比較對象，探討臺灣婦女參政的歷史過程，對臺灣民主政治發展具有深遠的歷史意義，不僅可瞭解家庭對婦女參政的影響程度，而許世賢與蘇洪月嬌參政的歷程，更讓後人可以重新反思前人所做出的努力與貢獻；再者，透過兩位女性從政者的政治生涯研究、參政類型比較，以及政治家族延續等問題，則能完整展現臺灣戰後政治發展的歷史過程，如臺灣議會政治的變遷、政治案件與黨外組黨運動等相關影響。

以女性角色參與政治而言，更可從中瞭解個案婦女參與選舉政治的積極態度，對臺灣婦女參政具有正面啓發的作用。無論是許世賢對嘉義市地方上的貢獻，以及許家班在嘉義市的經營，或是蘇洪月嬌在蘇東啓案後的政治角色扮演，及其蘇家班在雲林縣的延續，均是日後延續研究黨外運動及其地方政治家族最佳的課題。

附錄一：許世賢民政類提案一覽表

屆（會期）	民字第號	案由	備註
臨2（1）	28	請由政府增設副縣（市）鎮村里長改進行政效率案	
臨2（1）	71	為保護母體健康請政府修改有關法令訂定墮胎之合法標準	
臨2（1）	77	請政府對於一般普通食堂茶室服務生應廢止驗毒檢身案	
臨2（3）	25	請政府修改限制山地女子與平地人之婚姻之規定庶合婚姻自由原則案	
臨2（4）	3	請政府轉請中央准予組織赴日赴美考察團以利改進地方自治案	
臨2（4）	31	請政府應給與退役人終身恩給維持其生活以分配各校機關為工役以示國家威信案	
臨2（4）	70	請政府派員赴員赴各國考察時應准本會參加案	
臨2（6）	8	各級政府選舉監察委員會及監察小組委員應改為民選以示民主自治案	
臨2（6）	15	請政府轉請中央於技術人員大學畢業生當年入營之規定改為次一年前入營俾熟練技術提高國家技術水準案	
臨2（6）	21	請政府對於私立救濟院應列入預算補助以示獎勵案	
臨2（6）	30	請政府迅速補足省立醫院衛生院衛生所缺額醫護人員以利國民健康案	
臨3（1）	38	請政府重申妓女管理辦法期限公告在二年即予廢止以示政府威信案	
臨3（1）	39	請政府繼續招訓女警貫澈既定政策案	
臨3（1）	40	請政府全面修改選舉法規案	

臨3（1）	42	請政府尊重憲法採納民意及早選出民選省長成立省議會完成臺灣省地方自治宏揚民主政治案（民字第四二、七八、一一四號修正案）	共同提案人
臨3（1）	44	請政府迅速修訂臺灣省醫師法單行法規以確立醫師權利義務，以息醫療糾紛案	
臨3（3）	1014	建議換發國民身分證以無色彩分別其性別以示國民無色彩之差別案	
臨3（3）	1026	請政府改善民政支出勿分平地山地一律重視案	
臨3（3）	1032	請政府轉請中央將征兵入營年限縮短俾青年人才早日爲國效勞案	
臨3（3）	13	縣市長應設爲候補職以免官派代理縣市長而符合地方自治本旨由	
臨3（3）	1050	請政府對未設置省立醫院之縣應在縣政府所在地迅予建設所省立醫院以示一律平等案	
臨3（3）	1049	請政府將全省省立醫院視其治療人數合理調整各醫院之編制以免疏忽人命案	
臨3（3）	1056	請政府加強禁止警察人員助選行爲以示公正而重民主自治案	
臨3（3）	100	建議政府續辦大專高職就業考試以振奮青年志望而利國家富強案	
臨3（3）	120	請轉呈國防部通令各軍械器藥軍政機關嚴格管制榴彈子彈以免惡徒藉資肇禍以擾社會民心案	共同提案人
臨3（3）	124	請政府遵守妓女管理辦法第三條之規定廢止妓女制度以示取信於民案	
臨3（4）	20	請政府取締流氓應送司法機關審判確定其應得之徒刑或管訓以符民主而遵守憲法保障人權案	
2（1）	1006	爲完成地方自治請政府早日實施民選省長以符憲法而合民主自治案	
2（1）	1009	請政府早日確立陪審制度防止冤獄案	
2（1）	1013	請政府轉請中央廢止「非常時期流氓取締辦法」以保障人權確立憲法之人民各種自由案	
2（1）	1061	請政府轉請中央將二十年次兵役倣照十九年次提早退役尙未入營者准其停徵以示公平而宏德政案	
2（2）	1027	請政府轉請中央中止徵召在學學生之計劃以維護教育並培養青年科學家案	

2（2）	1045	政府命令退休人員應請顧及勞工保險金給付年齡以保障勞工利益案	
2（2）	1053	請政府轉請中央迅予解除戒嚴令需要時再發令以安民心案	
2（3）	1006	請政府派員出國考察或出席國際會議時應配合民意代表參加以利配合各種行政改革案	
2（3）	1007	請政府切勿任意禁止人民出國以重憲法而利民主法治案	
2（3）	1048	請政府修改放領公地之對象以失業而有意從農之人民爲優先案	
2（3）	1078	請政府對於義務勞動應任由國民選擇出工或出資僱工案	
2（3）	1097	請政府修改勞工保險年齡俾與退休年齡一致以維勞工權益案	
2（3）	1109	請政府轉請中央早日修正醫師法並將該法單行法規迅予送會審議案	
2（3）	1110	請政府飭令全省衛生院所限於辦理公共衛生行政禁止兼辦醫療工作增強國民保健案	
2（3）	1117	建議政府推行各種「預防注射」時應由省立醫院或衛生院所擔任案	
2（4）	1026	請政府統一全省各種各級選舉日期減少投票次數俾以提高投票率案	
2（4）	1027	請政府於每屆選舉結束後應將各候選人各投票所所得票數彙印通知各候選人以利選政之改進案	
2（4）	1082	請政府制訂防止交通事故及懲罰辦法嚴格執行俾有防止交通事故以利民行案	
2（4）	1134	請政府提早實施「失業保險」以安定民生案	
2（4）	1140	請政府將省級以下公務人員保險業務劃歸本省承辦以符實際而利公務人員福利案	
2（5）	1017	請政府遴聘選舉監察委員時應由各黨各派平均選出以維護民主自治而利民信案	
2（5）	1021	請政府從速發表人口緩和政策以利國民健康及社會經濟安定案	
2（5）	1047	請政府爲防止計程車被劫兇殺等案之發生應請政府飭令裝設非常燈案	
2（5）	1084	請政府放寬申請信用合作社之限制以利社會金融而便民案	
2（6）	1022	建議政府普查全省縣市長廉潔及貪污枉法並訂定賞罰辦法以符民望案	

2（6）	1033	請政府事先防止公務人員尤其是警察人員干涉選舉並公佈取締辦法務期選舉公正藉以取信於民案	
2（6）	1043	請政府轉請中央降低醫務人員徵召年齡以示國民義務均等案	
2（6）	1075	請政府實現警察不打人作風從提高素質獎勵親民入手而利民信案	
2（6）	1076	為發展觀光事業建議簡化出入境簽證手續並准延長過境日數以利增加外匯收入案	
2（6）	1099	請政【府】加強預防法定傳染病並在平時準備充分疫苗以保健全民而利國際信譽案	
2（6）	1107	請政府加強取締密醫偽藥並應先訂計劃分期分區取締步驟期底消滅而保全民健康案	
3（1）	1002	建議政府轉請中央早日實現陪審制度以防止冤獄案	
3（1）	1096	請政府簡化出入境手續並鼓勵人民出國籍發展觀光事業案	
3（1）	1031	請政府設立移民局並便利有志者移民以緩和人口壓力並扶植民族發展案	
3（1）	1057	請政府轉請中央征集年齡勿超過滿二十五歲以免妨害生產並兼顧生計案	
3（1）	1122	請政府加強輔導人民團體勿再優柔寡斷影響信譽案	
3（1）	1139	請政府加強預防傳染病措施並禁止疫區（香港、澳門）之出入境以保全人民生命安全案	
3（1）	1149	請政府採用診斷書時勿硬性規定限於公立醫院以示便民案	
3（1）	1151	請政府轉請中央迅予修改醫師法以確保全民生命安全案	
3（1）	1169	請政府提高退休人員退休金標準有效促進新陳代謝	
3（1）	1103 1104 1105	建議政府訂頒流氓懲治條例代替臺灣省戒嚴期間取締流氓辦法俾公正績密懲治流氓之維地方治安案	共同提案人
3（2）	1001	建議政府制定有關人民權利義務之各種辦法應事先請本會審議勿遽予公佈損害本會職權案	
3（2）	1026	建議政府於縣市長選舉時切實禁止警察干涉或暗中操縱威脅以示尊重民意而利自治案	
3（2）	1027	請政府切勿硬性規定候選人必須參加公辦政見發表會任其自由選擇以符合民主自治案	
3（2）	1069	請政府轉請中央尊重憲法不得限制人民出國案	
3（2）	1102	請政府加強取締密醫偽藥以確保人民生命安全案	

3（2）	1117	請政府普查各機關缺額倘未到達編制人數應迅速派補俾增加就業機會案	
3（2）	1022	請政府保障女山胞參加省議會以重山地行政平等案	
3（2）	1051	建議政府轉請中央將曾發生神經病症而前有病歷者（如癲癇）應列爲丁等役男或准予復檢以防意外案	
3（2）	1065	請政府補救實施「耕者有其田」政策時放領微額土地因告失業之小地主以蘇【抒】民困案	
3（2）	1101	請政府尊重人民團體之民主精神並求自立發展迅予廢止輔導案	
3（2）	1110	請政府興建國民住宅應優先配給無住宅之一般平民案	
3（2）	1026	建議政府於縣市長選舉時切實禁止警察干涉或暗中操縱威脅以示尊重民意而利自治案	
3（2）	1027	請政府切勿硬性規定候選人必須參加公辦政見發表會任其自由選擇以符合民主自治案	
3（2）	1043	建議政府轉請中央每年教育召集一次改爲三年一次以利青年專心研學案	
3（2）	1102	請政府加強取締密醫僞藥以確保人民生命安全案	
3（2）	1020	請政府改善政見發表會以強迫性禁止同一時間內之競選活動以示民主自由案	
3（2）	1051	建議政府轉請中央將曾發生神經病症而前有病歷者（如癲癇）應列爲丁等役男或准予復檢以防意外案	
3（2）	1065	請政府補救實施「耕者有其田」政策時放領增額土地因告失業之小地主以抒民困案	
3（2）	1101	請政府尊重人民團體之民主精神並求自立發展迅予廢止輔導案	
3（2）	1110	請政府興建國民住宅應優先配給無住宅之一般平民案	
3（2）	1020	請政府停止全面改換新身分證並不應以性別色藉【籍】安人民案	
3（2）	1047	請政府關於社會安全保障任務歸社會處主辦至於工礦檢驗措施應歸還建設廳區分彼此職掌以明視聽而尊重專業保障人民安全案	
3（4）	1122	爲補救失業者請政府迅予實施失業保險以利民生案	
3（5）	1020	請政府停止全面改換新身分證並不應以性別色藉【籍】安人民案	
3（5）	1047	請政府關於社會安全保障任務歸社會處主辦至於工礦檢驗措施應歸還建設廳區分彼此職掌以明視聽而尊重專業保障人民安全案	

3（5）	1064	請政府加強取締竊盜傷殺而保護人民生命財產案	
3（5）	1084	請政府通令全省藥房經售抗生素及注射藥品應有醫師處分俾以保護人民生命安全由	
3（6）	1005	爲促進省級民意代表熱心執行職務出席審查法規議案建議修改法規每屆任期改爲一年案	
3（6）	1019	建議政府貫澈民主精神，不宜將戶政併入警察機關主管以維地方行政體制並藉遵重法律崇嚴由	共同提案人
3（6）	1021	建議政府同時舉辦「戰士授田」與「失業青年授田」以安民生由.	
3（6）	1032	請政府對實施耕有者其田政策所放領祖傳耕地之原地至應全面調查補救其困苦生活案	
3（6）	1085	請政府迅速破案竊盜並歸還被竊贓物以維持政府威信並保障人民權益案	
3（6）	1010	建議政府加強地方自治強化人民權限應減少自治監督權以符還政與民實施民主案	
3（7）	1002	請政府於未收復大陸以前在戒嚴未解除之戰時狀態之此地暫緩設立院轄市以收全民同心一致趨向反攻大陸迅速成功案	
3（7）	1003	請政府將嘉義市恢復爲省轄市以便發展工商而利觀光案	
3（7）	1021	請政府繼續施行基層村里長民選制度勿以輕易改變爲官派以維護地方自治之完整案	
3（7）	1010	請政府對各種選舉應分別各選區男女別人口數爲比率分開核其當選人數以重視男女參政機會均等而利民主自治案	
3（8）	1012	請政府對各種選舉候選人政見之發表不應動輒以行政命令限制以重民主自治案	
3（8）	1011	請政府對縣市長資格應規定須有大專學歷以利全民福利案	
3（8）	1070	請政府普設完善之托兒所以重下一代主人翁之健康案	
3（8）	1084	請政府准予核發「旅行護照」並依照護照原規定旅行期間以示民主自由而利增加國民外交案	
3（8）	1085	請政府廢止出境保證以示重視人民人格以利增進民信案	
3（8）	1087	建議政府對取締流氓應經司法程序之審判然後付諸執行以符憲法而重民權案	
3（8）	1103	請政府在「醫師法」條文中不應有代用醫師之存在以重人民生命安全並保持國家聲譽案.	
3（8）	1110	請政府應將衛生隊改隸屬於警察局以集中改進環境衛生案	
3（8）	1070	請政府普設完善之托兒所以重下一代主人翁之健康案	

3（8）	1085	請政府廢止出境保證以示重視人民人格以利增進民信案	
3（9）	1016	請政府實施地方自治應重民主勿以官僚習氣過度限制政見內容以維憲法之保障人民言論自由權益案	
3（9）	1012	請政府准予嘉義市恢復省轄市以利維持文化及發展各方建設案	
3（9）	1081	請政府積極輔導青壯年就業藉以安定社會防止兇殺之發生案	
3（9）	1099	請政府勿禁止出國人員攜眷以符文明國家之風格案	
3（9）	1100	請政府取消出境保證制度以示信民及利反攻之政策案	
3（9）	1115	請政府在臺北市設立省立機構尤其是省立臺北醫院立兒童醫院勿更名為市立，以維護全省省民之健康及全省省立醫院之完整案	
3（9）	1124	請政府轉請中央早日公佈醫師法並嚴格取締密醫以確保國民健康案	
3（9）	1125	請政府提高省立醫院衛生所醫師之待遇以使安心服務醫療工作案	
3（9）	1126	請政府對於省立醫院無需施輪調制度以利安心醫療案	
3（9）	1081	請政府積極輔導青壯年就業藉以安定社會防止兇殺之發生案	
3（9）	1099	請政府勿禁止出國人員攜眷以符文明國家之風格案	
3（9）	1100	請政府取消出境保證制度以示信民及利反攻之政策案	
3（10）	1038	請政府有效防盜及防止兇殺案之發生以安定社會並維國家威信案	
3（10）	1045	請政府轉請中央早日頒佈醫師法（新）實以保全人民健康案	
3（10）	1079	建議政府轉請中央在明年增補選立監委國大代表時並明定婦女名額以利婦女參政以符　國父立國精神案	
3（10）	1089	請政府提高村里長辦公費以利基層民主自治案	
3（10）	1001	請政府建議中央勿以人民理智不足為由緩辦陪審制度以利民主自治而強化憲法之保障案	
3（10）	1012	請政府將福利基金妥用於無法享受最低生活之貧窮人民逐漸施行到一般環境之施設以利全民康樂案	
3（10）	1018	請政府准由殘廢者自備三輪通車或通勤以利益案	
3（10）	1028	請政府簡化人民出入境手續應廢止出入境保證制度以重人民尊嚴並表示民主自由案	

3（10）	1035	請政府勿以流氓名義任意取締或管制從善有業之良民以維護立憲國家而立信於民案	
3（10）	1036	建議政府嚴禁警察人員干涉選舉以維護民主自治案	
3（10）	1038	請政府有效防盜及防止兇殺案之發生以安定社會並維國家威信案	
3（10）	1045	請政府轉請中央早日頒佈醫師法（新）實以保全人民健康案	
3（10）	1079	建議政府轉請中央在明年增補選立監委國大代表時並明定婦女名額以利婦女參政以符　國父立國精神案	
3（10）	1089	請政府提高村里長辦公費以利基層民主自治案	

資料來源：

1. 林健治計畫主持，臺灣省諮議會編著，《臺灣省參議會、臨時省議會暨省議會時期史料彙編計畫：許世賢女士史料彙編》（臺灣省臺中縣：臺灣省諮議會，2001 年12 月），頁 29～316。

2. 臺灣省議會史料總庫（2011.08.14）http://ndap.tpa.gov.tw/drtpa_now/query.php

附錄二：蘇洪月嬌第六屆省議員提案一覽表

屆（會期）	字　號	案　由	備　註
6（1）	民字第1033號	依照憲法程序制定省縣自治通則案	地方自治
6（1）	民字第1042號	建議將國民大會、立法院的人事依現狀凍結，使其類如英國上議院，而以修訂臨時條款方式，增設類似下議院的中央第四國會，以求全面革新中央民意代表機構案	全面革新中央民意代表
6（1）	民字第1109號	請廢止「違警罰法」或將其納入刑法，以維護憲法，保障人權案	保障人民權益
6（1）	民字第1093號	為沿海公路施工，請省地政局重行測量，正確訂定公路用地界線案	地方建設
6（1）	民字第1094號	請政府解除戒嚴令，使國體恢復常態機能案	解除戒嚴
6（1）	民字第1104號	明訂嫌犯交保辦法案	保障人民權益
6（1）	民字第1105號	被告應可選任辯護人案	保障人民權益
6（1）	民字第1111號	請澈底改革警察風氣案	革新警察風氣
6（1）	民字第1134號	請制定勞動基準法案	保障勞工權益

6（1）	民字第1160號	建議請早日辦理全民納入保險制度案	保障人民權益（催生全民健保）
6（1）	民字第1177號	修改有關勞工法規，以謀勞工之福利案	保障勞工權益
6（1）	民字第1235號	請澈底消滅貪污風氣案	肅清社會不良風氣（貪污）
6（1）	民字第1237號	擔任國家要職人員於就職時，應公布其財產案	公務人員財產公布
6（1）	建字第3256號	爲發展北港觀光事業，開拓財源，及交通上之安全，以不妨礙水位基準之下，請適度降低堤防高度案	地方建設
6（1）	建字第3024號	請廢除電力公司的用戶電表租金案	
6（2）	建字第3274號	請速規劃興建清水溪水庫，以解決雲嘉沿海嚴重水荒案	地方建設
6（2）	建字第080號	建議政府對於不妨害交通或公共設施之違建，應准予補辦手續成爲合法之建物，以保障人民之生存權益案	保障人民權益
6（2）	建字第3003號	請全盤規劃改建雲林縣北港鎮中央分市場爲現代化商場，以利民需案	地方建設
6（3）	建字第3188號	請政府儘速處理雲林縣口湖鄉「羊綢溪」排水，誘導出海口案	地方建設
6（3）	建字第3187號	請政府儘速興建北港溪下游河堤，以保護居民生命財產案	地方建設
6（3）	建字第3182號	全省水利會對百姓不繳水租、水費等情形時應首先切實了解其原因，並解決後始能繼續收水租、水費案	保障人民權益
6（3）	建字第3181號	請特別優先在雲林縣內設立小型水庫案	地方建設
6（3）	建字第3185號	請雲林縣水利會全面性每年清除一次圳溝底泥砂雜物，俾利衛生及圳水暢流案	地方建設
6（3）	建字第3183號	水利設施與農民有密切關係，如遇發生災害，對其補助應注意配合時效以收事半功倍之效案	保障人民權益
6（3）	建字第3189號	請在雲林縣口湖、四湖、臺西、麥寮等臨海鄉鎮，興建海堤開發海埔地，以增加資源案	地方建設

6（4）	建字第 3199號	目前農村經濟蕭條，政府對稻穀收購政策實施後，已稍微有起色，奈養豚業、養鰻業均極端不景氣，為此請暫免收水費（租）以其農村經濟恢復元氣案	保障農民、養殖漁業權益
6（4）	建字第 3228號	請將新建北港溪塭底隄防南移，俾使溪床截彎取直暢通溪流，以確保塭底村民生命財產安全案	地方建設
6（5）	建字第 3159號	為配合「住者有其屋」政策，將雲林縣北港空軍訓練中心撥交地方政府做為低收入戶國民住宅用地，貫徹政府推行之社會福利政策案	保障人民權益
6（5）	建字第 3127號	為雲林縣元長鄉、水林鄉、口湖鄉，水質不好之烏腳病地區，請設法裝設自來水案	地方建設
6（5）	建字第 3014號	經濟部恢復檢驗局斗六辦事處，俾利便民與農產品外銷案	地方建設
6（5）	建字第 3096號	雲林縣長期抽取地下水致使地盤下陷，請主管單位會同水利局設法改善案	地方建設
6（5）	建字第 3204號	臺灣西部海埔新生土地，具有高度開發價值，並藉此能防止水患及創造就業機會，繁榮地方安定民生，請設立專門研究機構，開拓資源案	地方建設
6（5）	建字第 3205號	請對海埔新生地之分配應做通盤計畫處理，以示公平案	地方建設
6（5）	建字第 3206號	請緊速在雲林縣興建水庫	地方建設
6（5）	建字第 3207號	請政府確立政策加強開發海埔、河川新生地案	地方建設
6（5）	建字第 3208號	請速解決雲林地區民生工業灌溉用水案	地方建設
6（5）	建字第 3177號	雲林縣北港鎮三號水門集水區排水問題嚴重，請省政府從速撥補專款二、八〇〇萬元，由住宅及都市發展局協助地方興建 A、B 兩排水幹線，以解民困案	地方建設
6（5）	建字第 3178號	本省近年來工商發達，都市人大量增加，又受經費限制，故未能相對增加，以致都市所排放的污水影響居住、環境衛生，並且污染鄰近的河川，故興建都市衛生下水道工作實不容緩。聽聞「住宅及都市發展局」頃擬定「臺灣省都市衛生下水道系統」實施計畫，請有關方面多配合實現案	地下衛生水道建設

6（5）	建字第 3236號	為請撥款補助建設雲林農田水利會重要設施，以利業務發展案	地方建設
6（5）	教字第 5051號	建議教育廳規定學生制服上之學號，註明血型，以防萬一案	
6（5）	教字第 5133號	建議各縣市各鄉鎮設立游泳池，以利體育活動案	地方建設
6（3）	交字第 6237號	變更都市計畫如損及人民權益時應允許人民題起訴願或行政訴訟，以資救濟案	保障人民權益
6（3）	交字第 6239號	雲澎兩縣海上通航，只有二六海浬，比較高雄～澎湖七八海浬，相差可以縮短三分之二距離。希交通處准予開放民營辦理客運及貨運業務，以省時利民及繁榮地方發展案	地方交通建設
6（3）	交字第 6300號	請交通部儘速完成「每里均有電話」及降低私人裝機費案	地方建設
6（3）	交字第 6008號	臺灣西部幹線動力電化工程將於今年六月全線完工通車，屆時電化列車時速可達一百二十餘公里，同時電車行駛聲音小，平交道車禍發生的頻率及死傷的嚴重性均將顯著升高，原訂六十九年度始能改善完成的一百五十處平交道升等計畫鐵路局應該配合今年六月全線通車完成，以確保人民生命安全案	交通建設
6（3）	交字第 6117號	建議全省，省、縣、鄉道路全面性鋪柏油路面，不限制於快車道，即慢車道也應鋪設，如受經費限制分期執行，以確保人民生命安全案	交通建設
6（3）	交字第 6023號	建議自強號臺北～嘉義對開外加臺北～斗六對開，以利交通案	地方交通建設
6（3）	交字第 6043號	開闢梅草公路直通清水溪水庫壩地，可以縮短山產運輸路線約二十四公里之多，省時利民，經濟價值極高，由於地方財源短絀，提不出配合款一一〇萬，請省政府悉數專款補助案	地方交通建設
6（3）	交字第 6162號	雲林縣北港鎮擁有國際聞名的媽祖廟，向來沒有鐵路局、公路局班行駛，諸多不便。建議公路局設立班車，由「臺北～北港～高雄及臺中～北港對開中興號、金馬號班車，不然請開放路權由民間公平競爭，以資便民案。	地方交通建設
6（2）	財字第 2033號	政府稅款取之於民，應切實有效用之於民，這些民脂民膏的稅金，如果運用不當，將使人民蒙受巨大損失案	保障人民權益

6（2）	財字第2057號	請普遍的指定醫院，以利低收入戶者享受扣除額之申報案	保障人民權益
6（2）	財字第2067號	廢除食糖與味精貨物稅	保障人民權益
6（1）	財字第2013號	建議全額農耕機補助貸款案	保障人民權益
6（3）	農字第4050號	請政府速辦「養蜂業」共同運銷案	促進農業發展
6（3）	農字第4024號	為座落雲林縣北港鎮扶朝厝段第四五三號土地，面積約○・一二八○公頃，為日據時期農事組合所有，現政府指定歸屬農會（北港）所有，其實該土地係扶朝里里民集資購買，而其一切稅款自日據時期至今，一直由扶朝里民負擔，並由扶朝里民當作里民集會所使用至今。（其名義北港扶朝農事組合）希維護人民權益，不能隨便變更名義，以免引起地方公憤案	保障人民權益
6（3）	農字第4052號	果菜魚鮮任由壟斷操縱，運銷調節不靈，弊端叢生。且果菜公司並非完全以營利為目的，而是為穩定果菜價格，增加農民收益為宗旨，希主辦單位切實負起監督之責案	促進農業發展
6（5）	農字第4006號	政府每年大量進口雜糧，使農民收益嚴重受損，糧政政策有待檢討改進案	促進農業發展
6（5）	農字第4081號	請農林廳與有關單位合作協調徵收國有財產局土地座落「雲林縣麥寮段三三八～四一四號地目林，面積一○・○二○一公頃」以期作為「林業試驗所北港防風林工作站」遷移用地案	促進農業發展

資料來源：1. 蘇洪月嬌，《政治與我：省議會四年的回顧》（臺灣省臺北縣：四維公司，1981年），頁115～401。

2. 臺灣省議會史料總庫（2011.08.14）http://ndap.tpa.gov.tw/drtpa_now/record.php?DataId=03KP00117364&Access_Num=29568

附錄三：許家班與蘇家班政治家族大事
年表（1908～2010）

紀年	許世賢（許家班）	蘇洪月嬌（蘇家班）
1908	4月1日，出生於臺灣省臺南市，為父親許煥章母親陳富之次女。	
1913	隨父研習漢文典籍。	
1914	進入臺南女子公學校就讀。（今臺南市成功國小）	
1918	父親許煥章去世，隨同母親陳富前往中國福建泉州探望祖墳。	
1920	3月，公學校畢業；考取州立臺南第二高等女學校（今國立臺南女中）。	
1925	3月，自臺南第二高等女學校畢業，赴日留學，分別考取東京女子醫專（今日本東京女子醫科大學）及帝國女子醫專；後進入東京女子醫專就讀。	
1930	3月，醫專畢業，回臺灣擔任臺南醫院內科實習醫師；陪同母親遊中國華南地區，並於臺南開設德泰醫院、世賢醫院。	
1931		4月15日，出生於雲林縣北港鎮
1933	5月，與張進通結婚，並冠夫姓，為「張許世賢」。婚後即偕同夫婿赴日本繼續深造，進入福岡九州帝國大學醫學部後藤外科研究，後又攻讀藥理學及產科、婦科；夫張進通進入醫學部小野寺第三內科研究。	

1934	3 月，長女張貴英出生。	
1935	8 月，次女張博英出生。	
1936	10 月，長子張博彥出生。	
1937		進入北港南陽公學校就讀（今南陽國小）。
1938	1 月，夫張進通獲醫學博士，擔任滿洲鐵嶺市滿鐵醫院內科部長（主任）。 2 月，三女張文英出生。	
1939	6 月 21 日，獲醫學博士學位，與夫婿張進通時稱「鴛鴦博士」。 6 月，返鄉探親，長子博彥病逝臺南；後與夫張進通前往滿洲鐵嶺市繼續深研醫學。	
1940	許世賢夫婦返回臺灣。	
1941	2 月，與夫婿於嘉義市以「二人為天，夫婦兩人同時執業行醫，為順天應人」，開設醫院，取名為「順天堂」。	
1942	10 月，四女張博雅出生。	
1943		考取臺南州立高等女學校（今嘉義女中）。
1945	8 月，次子張博明早產出生，三天後夭折。 11 月，參與地方自治協會，協助政府辦理接收工作，後獲臺灣省行政長官公署任命為省立嘉義女子中學代理校長；加入中國國民黨，並擔任三青團嘉義分團幹事。	
1946	2 月，組織嘉義市婦女會，為戰後臺灣最早成立的婦女會，擔任理事長。 3 月 24 日，當選嘉義市第一屆市參議員，與謝娥、邱鴛鴦並列為臺灣第一位女性市參議員。 4 月 15 日，許世賢、張進通參選臺灣省參議會議員，雙雙落選。 10 月 31 日，許世賢參選制憲國民大會代表列為第一候補。	
1947	2 月 28 日，發生二二八事件，許世賢以嘉義市參議員身份參與嘉義水上機場談判，後因情勢變化，攜幼女張博雅至外地避難，逃過一劫。	

1948	10 月，代表婦女會參加臺灣省慰問團，赴中國大陸從事勞軍活動。	
1949		與蘇東啓結婚。 長子蘇治灝出生
1950	10 月，擔任嘉義縣婦女會理事長，伸張女權，不遺餘力。 12 月 30 日，擔任嘉義縣選舉監察小組委員兼召集人。	
1951	2 月，申請撤銷冠夫姓；17 日，競選嘉義縣長辭去嘉義縣選舉監察委員。 4 月，參選第一屆嘉義縣長，落選；成為臺灣首位女性縣長候選人。 5 月，內政部核准撤銷冠夫姓，為許世賢。 11 月，參選第一屆臨時省議員，落選（間接選舉）。	5 月 25 日，長女蘇治洋出生 夫蘇東啓，以國民黨身份參選雲林縣議員，落選。
1953		7 月 10 日，次女蘇治芬出生。 夫蘇東啓參選第二屆雲林縣議員選舉，當選；後退出國民黨，加入青年黨。
1954	5 月，許世賢當選第二屆臨時省議員（直接選舉）。	
1955		三女蘇治宇出生。 夫蘇東啓當選第三屆雲林縣議員。
1956	3 月，因嘉義縣長李茂松遭停職一案，在省議會提出質詢，遭黨內批判，旋即提出「退出國民黨」聲明。	
1957	4 月 21 日，當選第三屆臨時省議會議員，後改稱為第一屆省議會；許世賢與當時「五虎將」李萬居、郭國基、郭雨新、吳三連、李源棧，合稱「五龍一鳳」。 5 月 18 日，參與臺北市蓬萊閣召開的「選舉檢討委員會」。	四女蘇勳璧出生
1958	7 月，與李萬居、郭國基、高玉樹等七十八人，申請成立「中國地方自治研究會」遭駁回。 9 月，中國國民黨以許世賢違反黨紀為由，宣布開除黨籍。	蘇洪月嬌當選第六屆雲林縣北港鎮民代表
1959	6 月 24 日，第三屆臨時省議會奉行政院令，改為第一屆省議會，成為臺灣省議會第一屆省議員。	

1960	4月，當選第二屆省議會議員。 5月，參與「在野黨及無黨籍人士本屆地方選舉研討會」，會中決議組織「地方選舉改進座談會」，許世賢為常委之一；郭國基等主張另組新的政黨。 6月，參與組織「地方選舉改進座談會」、籌組「中國民主黨」，任召集委員、常委，並與許竹模、蘇東啓共同擔任雲嘉地區巡迴座談會主持人，後因雷震被捕而中止。 9月12日，與李萬居等人探望雷震，未獲軍方同意。	夫蘇東啓參選第四屆雲林縣長，落選。
1961	1月，參與「第五屆縣市議員全國助選團」，巡迴臺灣各縣市為黨外人士助選。	蘇洪月嬌當選第七屆北港鎮鎮民代表。 次男蘇治原出生。 9月18日，夫蘇東啓當選雲林縣第五屆縣議員，領銜提案請求總統特赦雷震，獲全體議員通過。 9月19日，夫蘇東啓被國民黨政府以叛亂罪逮捕，當夜大批軍警前往北港蘇宅，先後逮捕蘇東啓、蘇洪月嬌。
1962		7月19日，軍事檢查處對蘇東啓案共47人提起公訴。 9月20日，宣判蘇東啓處死刑，蘇洪月嬌緩刑兩年釋回。
1963	4月，連任第三屆省議會議員	7月15日，蘇東啓案件發回更審。 9月25日，警總軍法處第二次判決結果，蘇東啓改判無期徒刑，蘇洪月嬌則以「知情不報」罪名，由緩刑二年，改判二年有期徒刑。
1964		蘇洪月嬌出獄，參選第六屆雲林縣議員選舉，當選。
1965	12月11日，臺北市長高玉樹之弟楊玉城涉嫌貪污案被捕，許世賢於省議會質詢發言時，堅持「開會期間不得逮捕議員」的議會組織規程，反對逮捕省議員楊玉城。	
1968	1月21日，當選第六屆嘉義市長（縣轄市），成為臺灣首位民選女性縣轄市長。 4月21日，參選第六屆嘉義縣長，落選。	1月21日，連任當選第七屆雲林縣議員。

1969	8月21日，嘉義市中山路七彩噴水開工，遭嘉義縣政府動用警察阻擾，工程延宕。 10月25日，許世賢規劃嘉義市中山路第一期拓寬工程完工、第二期開工。 12月20日，四女張博雅參選第一屆立法委員補選，落選。	
1970	3月，許世賢任親自到場監督工程。 5月9日，省主席下令「准予興建」，化解縣、市之間歧見，嘉義市中央噴水圓環成為臺灣第一座七彩噴泉。 10月25日，許世賢邀請國策顧問楊肇嘉蒞臨嘉義市，為中央七彩噴水圓環竣工剪綵。	
1972	12月23日，參選第一屆立法委員第四選區增額立法委員，以十九萬零一的票數當選，成為全國第一高票立法委員。 12月23日，三女張文英參選第七屆嘉義縣長，落選。	
1975	12月20日，連任第一屆立法委員第四選區增額立法委員。	
1976		9月18日，夫蘇東啟獲得減刑出獄。
1977		11月19日，蘇洪月嬌參選第六屆臺灣省議員選舉，以雲林縣第一高票當選。
1978	11月，參與「臺灣黨外助選團」，巡迴全省各地助選。	1月19日，第六屆省議會駐會委員會第二會議，因發言權問題，引發「摔杯風波」。 蘇洪月嬌被控擔任華洋旅行社有限公司職員期間，涉嫌偽造文書，遭判處有期徒刑4個月，得易科罰金。 省議會因質詢臺中護校校長處分陳賽玲不當案，被控「妨害公務」，遭判處有期徒刑兩個月，得易科罰金。 5月18日，因違反廢棄物清理法事件，提起行政訴訟駁回 次女蘇治芬當選第三屆國民大會代表。
1980	《亞洲人》雜誌刊出許世賢、黃順興、康寧祥三位無黨籍立委起草的「臺灣地區公職人員選舉罷免法試擬案」。	長女蘇治洋當選第二屆增額國民大會代表。

1981	許世賢轉換政治跑道，以無黨籍身份參選第九屆嘉義市長選舉，當時嘉義市為縣轄市。	11 月 14 日，連任第七屆臺灣省議員。
1982	1 月 16 日，臺灣省第九屆鄉鎮市長選舉投票，許世賢以七十五歲高齡總計 84,149 票擊敗三位國民黨籍候選人，當選第九屆嘉義市長。 7 月 1 日，嘉義市升格（恢復）為省轄市，公開徵求市徽圖案，成為臺灣首位女性省轄市長。	擔任北港朝天宮董事
1983	4 月 6 日，許世賢率嘉義市府團隊前往美國紐約、傑克遜、洛杉磯，以及華盛頓特區，參觀都市建設。4 月 12 日，許世賢率團抵美訪問，並與美國密西西比州傑克遜市締盟為姊妹市。 5 月 2 日，許世賢主持嘉義市集團結婚，隨後至臺北中華醫院作身體檢查，經證實罹患肝癌。 5 月 26 日，許世賢及嘉義市政府秘書陳珠愛、民政局長蔡嘉田，以及嘉義市選舉委員會專員兼英文秘書林勝雄提出結盟報告。 6 月 20 日，許世賢因染患感冒，身體健康情況不佳，自 23 日起連續請病假至 29 日。 6 月 30 日，因肝癌病逝於臺北中華醫院，享年 76 歲。 12 月 15 日，嘉義市第一屆市長出缺補選，由許世賢四女張博雅當選。	獲頒香港美江大學榮譽博士學位 蘇洪月嬌參選立法委員，落選。
1985	8 月 22 日，張博雅率團赴美，與紐澤西州東橘市締盟。 12 月 20 日，張博雅當選嘉義市第二屆市長。	5 月 16 日，十四位省議員集體辭職；6 月 4 日蘇洪月嬌為首位返回省議會之省議員。 11 月 15 日，蘇洪月嬌遭曾蔡美佐控告毀謗，違反選罷法。 11 月 16 日，三次連任當選第八屆省議員。
1986	12 月 20 日，張文英當選第一屆增額國民大會代表。	5 月 14 日，蘇洪月嬌和曾蔡美佐均因違反選罷法被判處有期徒刑五個月。
1989	12 月 2 日，張博雅當選第一屆區域增額立法委員。 12 月 20 日，張文英當選第三屆嘉義市長。	12 月 2 日，四次連任當選第九屆臺灣省議員。 5 月，蘇洪月嬌及其子蘇治灝遭控疑似涉入自來水公司制服採購弊案。

1990	5 月 30 日，張博雅出任行政院衛生署長。	蘇洪月嬌和許素葉爆發肢體衝突。
1992		2 月 9 日，夫蘇東啓逝世
1993	12 月 20 日，張文英當選第四屆嘉義市長。	蘇洪月嬌代表民進黨參選第十二屆雲林縣長，落選。 蘇洪月嬌獲內政部頒發 82 年全省擔任民代 34 年冠軍獎。
1994		長女蘇治洋，參選第十屆臺灣省議員，當選。
1995		蘇洪月嬌退出民進黨，參選第三屆立法委員選舉，獲得一萬多票，落選。
1996		蘇洪月嬌，遭廖泉裕控告違反選罷法，遭雲林地檢署起訴。
1997	張博雅請辭衛生署長，參選第五屆嘉義市長，當選。 12 月 19 日，嘉義市政府整建辦公大樓落成，由前、後任市長張文英、張博雅共同剪綵。	擔任北港朝天宮董事 罹患淋巴腺癌，其後轉移至骨髓。
1998	12 月 5 日，三女張文英參選第四屆立法委員，落選。	長女蘇治洋，參選第四屆立法委員選舉，落選。
1999		蘇洪月嬌擔任財團法人戒嚴時期不當叛亂暨匪諜審判案件補償基金會董事
2000	5 月 20 日，民進黨執政，四女張博雅出任內政部長及臺灣省主席，嘉義市長由副市長陳麗貞代理；三女張文英受聘擔任總統府國策顧問。	民進黨執政，蘇洪月嬌受聘任為總統府國策顧問。
2001		次女蘇治芬，當選第五屆立法委員。 12 月 29 日，蘇洪月嬌當選北港朝天宮董事。
2002	6 月 21 日，總統陳水扁提名張博雅為考試院副院長，經立法院人事表決，未通過。 12 月 7 日，張博雅參選第三屆高雄市長選舉，落選。	長女蘇治洋參選第十四屆北港鎮鎮長，落選。
2004		8 月 30 日，因淋巴癌病逝於基隆署立醫院，享年 74 歲。
2005	6 月 15 日，張博雅擔任無黨團結聯盟主席。	次女蘇治芬，當選第十五屆雲林縣長。
2009		次女蘇治芬，當選第十六屆雲林縣長。

| 2010 | 1月1日，張博雅擔任總統府無給職資政。
11月15日，張博雅受聘擔任中央選舉委員
會主任委員。 | |

資料來源：

1. 嘉義市玉山文化協會編輯，《許世賢博士紀念集》（臺灣省嘉義市：財團法人張進通、許世賢文教基金會，1997年8月）

2. 林滿秋等，《臺灣心女人》（臺北市：遠流出版社，2000年11月）

3. 賴子清、賴明初等纂修，《嘉義縣志・卷首・大事記》（臺灣省嘉義市：嘉義縣政府，1976年2月），頁218～257。

4. 林東昌、廖財聰編纂，《重修臺灣省通志・卷七政治志議會篇・選舉罷免篇》（臺灣省南投縣：臺灣省文獻委員會，1992年7月）

5. 楊碧川，《臺灣現代史年表》（臺北市：一橋出版社，1996年4月）

6. 黃武雄，〈蘇洪月嬌女士事略〉，《國史館館刊》37（2004年12月），頁247～260。

7. 中央研究院近代史研究所，《口述歷史第十期——蘇東啓政治案件專輯》（臺北市：中央研究院近代史研究所，2000年12月）

8. 蘇洪月嬌，《政治與我》（臺北縣板橋市：四維公司，1981年10月）

9. 董翔飛編著，《中華民國選舉概況（上、下篇）》（臺北市：中央選舉委員會，1984年6月）

10. 臺灣省諮議會，http://www.tpa.gov.tw/big5/default.asp（2007.12.20）

11. 北港朝天宮，http://www.matsu.org.tw/（2007.12.20）

12. 聯合知識庫，http://www.udndata.com/library/（2007.12.20）

13. 中央選舉委員會，http://www.cec.gov.tw/?Menu_id=321（2011.05.11）

參考書目

一、基本史料

1. 《臺灣省議會公報》第 16 卷第 17 期（1967 年 2 月）
2. 《臺灣省議會公報》第 17 卷第 20 期（1967 年 5 月）
3. 《臺灣省議會公報》第 17 卷第 25 期（1967 年 5 月）
4. 《臺灣省議會公報》第 39 卷第 14 期（1978 年 6 月 5 日）
5. 《臺灣省議會公報》第 39 卷第 17 期（1978 年 6 月 21 日）
6. 《臺灣省議會公報》第 39 卷第 20 期（1978 年 7 月 31 日）
7. 《臺灣省議會公報》第 41 卷第 23 期（1979 年 6 月 21 日）
8. 《臺灣省議會公報》第 48 卷第 22 期（1982 年 6 月 18 日）
9. 《臺灣省議會公報》第 58 卷第 26 期（1986 年 9 月 30 日）
10. 女性學學會著、劉毓秀主編。1996《臺灣婦女處境白皮書》。臺北市：時報文化公司。
11. 中央研究院近代史研究所。2000《口述歷史——蘇東啓政治案件專輯》。臺北市：中央研究院近代史研究所。
12. 中央選舉委員會。1982《中華民國選舉統計提要》。臺北市：中央選舉委員會。
13. 中央選舉委員會。1988《中華民國選舉統計提要（35 年～76 年）》。臺北市：中央選舉委員會。
14. 中央選舉委員會。1990《中華民國 67、69 年增額立法委員選舉概況》。臺北市：中央選舉委員會。
15. 中央選舉委員會。1990《中華民國 72 年增額立法委員選舉概況》。臺北市：中央選舉委員會。

16. 中央選舉委員會。1990《中華民國 75 年增額立法委員選舉概況》。臺北市：中央選舉委員會。

17. 中央選舉委員會。1993《國民大會第二屆國民大會代表選舉實錄（上冊)》。臺北市：中央選舉委員會。

18. 中國第二歷史檔案館編。1991《臺灣「二・二八」事件檔案史料（上)》。出版地不詳：檔案出版社。

19. 內政部統計處編。1989《臺灣地區婦女生活狀況調查報告》。臺北市：內政部統計處。

20. 江大樹、陳仁海。2007《臺灣全志卷四政治志・選舉罷免篇》。臺灣省南投縣：臺灣文獻館。

21. 吳錦明、沈豐茂主修，邱奕松纂修。1991《嘉義縣志・卷四教育志》。臺灣省嘉義縣：嘉義縣政府。

22. 李又寧、張玉法主編。1975《近代中國女權運動史料》。臺北市：傳記文學出版社。

23. 李國祁總纂、呂實強主纂。1995《臺灣近代史・政治篇》。臺灣省南投縣：臺灣省文獻委員會。

24. 沈雲龍、林泉、林忠勝訪問，林忠勝紀錄。1990《齊世英先生訪問紀錄》。臺北市：中央研究院近代史研究所。

25. 周琇環、陳世宏主編。2002《戰後臺灣民主運動史料彙編（二）：組黨運動》。臺灣省臺北縣：國史館。

26. 林宣槐編。1982《地方自治名人錄》。臺灣省臺中市：作者自印。

27. 林栭顯。2000《臺灣省議會組織沿革及省諮議會之成立》。臺灣省南投縣：臺灣省文獻委員會。

28. 林進發編。1932《臺灣紳士年鑑》。臺北市：民眾公論社。

29. 林衡道口述、洪錦福整理。1984《臺灣一百位名人傳》。臺北市：正中書局。

30. 花松村主編。1996《臺灣鄉土全誌・第一冊（臺灣總說、臺灣省)》。臺北市：中一出版社。

31. 宣建人編。1987《臺灣人物誌》。臺灣省臺中縣：臺灣省政府新聞處。

32. 郎裕憲、陳文俊編著。1987《中華民國選舉史》。臺北市：中央選舉委員會。

33. 財團法人臺美文化交流基金會。1995《島國顯影》。臺北市：創意力文化公司。

34. 高等法院檢察局通譯室同人研究會。1935《臺譯漢譯臺灣地方選舉便覽》。臺北州：臺灣地方法院檢察局通譯室。

35. 國史館。1995〈許世賢女士事蹟〉,《國史館現藏民國人物傳記史料彙編（第十三輯）》。臺灣省臺北縣：國史館。

36. 國史館。1998〈蘇東啓先生事略〉,《國史館現藏民國人物傳記史料彙編（第十六輯）》。臺北縣新店市：國史館。

37. 教育部。1984《中華民國教育統計》。臺北市：教育部。

38. 陳世宏、張建隆主編。2001《戰後臺灣民主運動史料彙編（三）：從黨外助選團到黨外總部》。臺灣省臺北縣：國史館。

39. 陳翠蓮。2007《臺灣全志・卷四政治志・民意機關篇》。臺灣省南投縣：國史館臺灣文獻館。

40. 黃純青。1935《臺灣地方自治選舉問答》。臺北州：（板橋信用組合內）海山自治協會。

41. 傅正主編。1989《雷震全集（40）》。臺北市：桂冠圖書公司。

42. 曾品滄、許瑞浩訪問,曾品滄記錄。2004〈呂洪淑女女士訪談錄〉,《一九六〇年代的獨立運動——全國青年團結促進會事件訪談錄》。臺灣省台北縣：國史館。

43. 游鑑明訪問、吳美慧記錄。1994《走過兩個時代的臺灣職業婦女訪問記錄》。臺北市：中央研究院近代史研究所。

44. 雲林縣政府編。1972《雲林縣統計要覽》。臺灣省雲林縣：雲林縣政府。

45. 董翔飛編著。1984《中華民國選舉概況（上篇）》。臺北市：中央選舉委員會。

46. 董翔飛編著。1984《中華民國選舉概況（下篇）》。臺北市：中央選舉委員會。

47. 嘉義市玉山文化協會編輯。1997《許世賢博士紀念集》。臺灣省嘉義市：財團法人張進通、許世賢文教基金會。

48. 實錄編纂委員會。1976《動員戡亂時期自由地區增額立法委員選舉——選舉實錄》。臺北市：動員戡亂時期自由地區增加中央民意代表名額選舉選舉總事務所。

49. 臺灣省文獻委員會。1997《嘉義市鄉土史料》。臺灣省南投市：臺灣省文獻委員會。

50. 臺灣省文獻委員會採集組主編。1997《耆老口述歷史（17）：嘉義市鄉土史料》。臺灣省南投縣：臺灣省文獻委員會。

51. 臺灣省地方自治編輯委員會。1965《臺灣省地方自治誌要》。臺灣省臺中市：臺灣省地方自治編輯委員會。

52. 臺灣省行政長官公署宣傳委員會編。1946《臺灣省省縣市參議會一覽》。臺北市：臺灣省行政長官公署宣傳委員會。

53. 臺灣省政府民政廳。1951《臺灣省實施地方自治紀要》。臺北市：臺灣省政府。

54. 臺灣省第二屆臨時省議會。《第二屆第一次臨時大會特輯》。

55. 臺灣省第三屆省議會。《臺灣省議會第三屆第四次大會專輯》。

56. 臺灣省第三屆省議會。《臺灣省議會第三屆第八次大會專輯》。

57. 臺灣省第三屆省議會。《臺灣省議會第三屆第十次大會專輯》。

58. 臺灣省諮議會。2000《臺灣歷史主軸史料蒐集與研究》。臺灣省臺中縣：臺灣省諮議會。

59. 臺灣省諮議會。2001《臺灣省參議會、臨時省議會暨省議會時期口述歷史訪談計畫：黃鎮岳先生訪談錄》。臺灣省臺中縣：臺灣省諮議會。

60. 臺灣省諮議會。2001《臺灣省參議會、臨時省議會暨省議會時期史料彙編計畫：許世賢女士史料彙編》。臺灣省臺中縣：臺灣省諮議會。

61. 臺灣省諮議會。2001《臺灣地方自治人物誌——省議員篇》。臺灣省臺中縣：臺灣省諮議會。

62. 臺灣省諮議會。2001《臺灣地方自治人物誌——縣市長篇》。臺灣省臺中縣：臺灣省諮議會。

63. 臺灣省臨時省議會秘書處編。《臺灣省臨時省議會公報》7卷5期。

64. 臺灣省議會秘書處編。1954～1959《臺灣省臨時省議會第 2～3 屆議事錄》。臺灣省臺中縣：臺灣省省議會秘書處。

65. 臺灣省議會秘書處編。1981《臺灣省議會三十五年》。臺灣省臺中縣：臺灣省議會秘書處。

66. 臺灣省議會秘書處編。1959～1994《臺灣省第 1～9 屆省議會議事錄》。臺灣省臺中縣：臺灣省省議會秘書處。

67. 臺灣省議會編。1973《臺灣省議會資料選輯》。臺灣省臺中縣：臺灣省省議會。

68. 臺灣省議會編。1996《臺灣省議會成立五十週年紀念專刊》。臺灣省臺中縣：臺灣省議會。

69. 臺灣省議會編。1998《議壇風雲五十二年——見證臺灣省議會半世紀》。臺灣省臺中縣：臺灣省議會。

70. 臺灣教育會。1939《臺灣教育沿革誌》。臺北市：臺灣教育會。

71. 臺灣新文化服務社編。1952《臺灣省首屆民選縣市長暨縣市議員特輯》。臺北市：臺灣新文化服務社。

72. 臺灣新民報編。1934《臺灣人士鑑》。臺北市：臺灣新民報。

73. 臺灣新民報編。1937《臺灣人士鑑》。臺北市：臺灣新民報。

74. 趙璞、林家駒主修，賴子清、蔡水震纂修。1980《嘉義縣志‧卷二人民

志》。臺灣省嘉義市：嘉義縣政府。

75. 趙璞、林家駒主修，賴子清、賴明初纂修。1981《嘉義縣志·卷三政事志》。臺灣省嘉義市：嘉義縣政府。

76. 趙璞、林家駒主修，賴子清纂修。1978《嘉義縣志·卷十光復志》。臺灣省嘉義市：嘉義縣政府。

77. 劉寧顏總纂，李雄揮、程大學、司琦編纂。1993《重修臺灣省通志·卷六文教志學校教育篇》。臺灣省南投縣：臺灣省文獻委員會。

78. 劉寧顏總纂，林東昌、廖財聰編纂。1992《重修臺灣省通志·卷七政治志議會篇選舉罷免篇》。臺灣省南投縣：臺灣省文獻委員會。

79. 劉鳳翰、何智霖訪問。1995《梁肅戎先生訪談錄》。臺灣省臺北縣：國史館。

80. 劉燕夫。1958《臺灣選舉實務》。臺北市：中國地方自治學會。

81. 歐素瑛主編。2001《戰後臺灣民主運動史料彙編（五）：地方自治與選舉》。臺灣省臺北縣：國史館。

82. 賴澤涵主編。1993《臺灣光復初期歷史》。臺北市：中央研究院中山人文社會科學研究所專書（31）。

83. 薛化元。2007《臺灣全志·卷四政治志·民主憲政篇》。臺灣省南投縣：國史館臺灣文獻館。

84. 薛月順等編。2002《戰後臺灣民主運動史料彙編（一）：從戒嚴到解嚴》。臺灣省臺北縣：國史館。

85. 顏尚文總編纂、賴彰能編纂。2004《嘉義市志·卷七·人物志》。臺灣省嘉義市：嘉義市政府。

二、專著與論文集

1. 吳乃德、陳明通。1993〈政權轉移和菁英流動：臺灣地方政治菁英的歷史形成〉，收於賴澤涵主編《臺灣光復初期歷史》（臺北市：中央研究院中山人文社會科學研究所專書（31），頁318。

2. 吳文星。2008《日治時期臺灣的社會領導階層》。臺北市：五南圖書公司。

3. 呂秀蓮。2000《重審美麗島》。臺北市：前衛出版社。

4. 李昌麟。2008〈我國「精省」前後地方制度之研究〉，收於臺灣省諮議會《「臺灣民主的興起與變遷——人物與事件」第三屆學術研討會論文集》。臺灣省臺中縣：臺灣省諮議會，頁63～86。

5. 李筱峰。1993《臺灣戰後初期的民意代表》。臺北市：自立晚報社。

6. 李筱峰。2000〈臺灣戒嚴時期政治案件的類型〉，收於財團法人戒嚴時期不當叛亂暨匪諜審判案件補償基金會主辦「戒嚴時期政案件」專題研討會，頁62～63。

7. 林崇熙、廖世冠、劉明俊、蔡金鼎。2011《一個雲雨飄蕩的歲月：雲林蘇家傳記》。台北市：玉山社。

8. 施叔青、蔡秀女編。1999《世紀女性‧臺灣第一》。臺北市：麥田出版社。

9. 紀展南。2007《嘉義媽祖婆──許世賢傳奇》。嘉義市：張進通許世賢基金會。

10. 孫淑。1993《臺灣政治制度》。中國江蘇省，南京大學出版社。

11. 財團法人臺美文化交流基金會。1995《島國顯影》。臺北市：創意力文化公司。

12. 張世熒、蘇俊豪。2005〈雲林縣地方派系權力結構與動員系統之研究〉收於臺灣政治學會年會暨學術研討會論文集。臺北市：國立政治大學政治學系，頁 1～36。

13. 張玉法。2003〈二十世紀前半期中國婦女參政權的演變〉，收於呂芳上主編，《無聲之聲 I：近代中國的婦女與國家（1600～1950）》。臺北市：中央研究院近代史研究所，頁 39～72。

14. 張妙清、陳雪飛譯，張妙清、賀戴安著。2009《登上顛峰的女性》。香港：三聯書店。

15. 曹永和、張勝彥、吳文星、蔡相輝、詹素娟、戴寶村編著。2002《臺灣歷史人物與事件》。臺灣省臺北縣：國立空中大學。

16. 梁雙蓮。1989〈婦女與政治參與〉，收於梁雙蓮等編，《婦女與政治參與》。臺北市：婦女新知基金會，頁 5～46。

17. 梁雙蓮、顧燕翎。1996〈臺灣婦女的政治參與──體制內與體制外的觀察〉，收於女性學學會著、劉毓秀主編，《臺灣婦女處境白皮書》。臺北市：時報文化公司，頁 97～98。

18. 陳俐甫。1996《日治時期臺灣政治運動之研究》。臺灣省臺北縣：稻鄉出版社。

19. 陳鴻瑜。2000《臺灣的政治民主化》。臺北市：翰蘆圖書公司。

20. 傅正。1989《雷震全集（40）》。臺北市：桂冠圖書公司。

21. 彭懷恩。1986《透視黨外組黨》。臺北市：風雲論壇委員會。

22. 彭懷恩。1997《臺灣政治文化的剖析》。臺北市：風雲論壇出版社。

23. 彭懷恩。1997《認識臺灣──臺灣政治變遷五十年》。臺北市：風雲論壇出版社。

24. 彭懷恩。2000《臺灣政治發展的反思》。臺北市：風雲論壇出版社。

25. 游鑑明。1998《日據時期臺灣的女子教育》。臺北市：國立臺灣師範大學歷史研究所。

26. 游鑑明。2000〈臺灣地區的婦運〉，收於陳三井主編，《近代中國婦女運

動史》。臺北市：近代中國出版社，頁 403～554。

27. 黃長玲。2003〈婦女與政治參與〉，收於財團法人婦女權益促進發展基金會，《臺灣婦女權益報告書》。臺北市：財團法人婦女權益促進發展基金會，頁 212～252。

28. 楊翠。1993《日據時期臺灣婦女解放運動——以《臺灣民報》為分析場域》。臺北市：時報文化出版公司。

29. 葉長庚。1997《嘉義人・嘉義事：1987～1997 新聞文學精選集》。臺灣省嘉義市：嘉義市立文化中心。

30. 趙永茂。2002《臺灣地方政治的變遷與特質》。臺北市：翰蘆圖書出版有限公司。

31. 蔡明惠。1998《臺灣鄉鎮派系與政治變遷：河口鎮「山頂」與「街仔」的鬥爭》。臺北市：洪葉文化事業公司。

32. 鄭牧心（鄭梓）。1987《臺灣議會政治四十年》。臺北市：自立晚報社。

33. 鄭梓。1987《本土精英與議會政治——臺灣省參議會史研究（1946～1951）》。臺北市：華世出版社。

34. 戴寶村。2006《臺灣政治史》。臺北市：五南圖書公司。

35. 薛化元。〈一九五〇、六〇年代臺灣（臨時）省議會在野勢力政治主張之研究——以「五龍一鳳」為中心〉國科會計畫編號：NSC88-2411-H004-004。

36. 謝然之。1955《臺灣十年》。臺北市：臺灣新生報社。

37. 謝漢儒。1998《臺灣省參議會與我》。臺北市：唐山出版社。

38. 謝漢儒。2002《臺灣早期民主運動與雷震紀事》。臺北市：桂冠圖書公司。

39. 謝瑾瑜。1995《2100 女性參政大趨勢》。臺北縣新店市：學英文化事業有限公司。

40. 歐陽子、南珊譯，西蒙・波娃著。1981《第二性——女人》。臺北市：晨鐘出版社。

41. 鍾逸人。1988《辛酸六十年：二二八事件二七部隊部隊長鍾逸人回憶錄》。臺北市：自由時代出版社。

42. 蘇洪月嬌。1978《我的奮鬥》。臺灣省雲林縣：作者自印。

43. 蘇洪月嬌。1981《政治與我：省議會四年的回顧》。臺灣省臺北縣：四維公司。

44. 蘇瑞鏘。2005《戰後臺灣組黨運動的濫觴——「中國民主黨」組黨運動》。臺灣省臺北縣：稻鄉出版社。

45. 顧燕翎。1989〈中國婦女歷史地位的演變與現況〉，收於馬以工主編，《當今婦女角色與定位》。臺北市：國際崇她社臺北三社，頁 5～30。

三、期刊論文

1. 王雅各。1994〈《臺灣政界的婦女》讀後〉，《臺灣研究通訊》2：26～31。

2. 王業立。1998〈選舉、民主化與地方派系〉，《選舉研究》5（1）：77～94。

3. 朱嘉琦。1998〈臺灣婦女女性意識發展歷程之研究：以三位女性主義者的生命故事為例〉，《國教世紀》30（1）：51～71。

4. 伯紅、吳菁。2000〈半個世紀的回顧與展望——「中國婦女五十年理論研討會」綜述〉，《婦女研究論叢》1：45～48。

5. 吳乃德。1992〈省籍意識、政治支持和國家認同——臺灣族群政治理論的初探〉，《國家政策（動態分析）》32（4）：1～3。

6. 吳文星。1982〈日據時期臺灣的教育與社會領導階層之塑造〉，《中央研究院三民主義研究所叢刊》9：407～445。

7. 吳榮義。1994〈臺灣婦女教育與就業〉，《臺灣研究集刊》3：75～81。

8. 李元貞。1986〈婦女運動的回顧與展望〉，《婦女新知》53：4～6。

9. 李貞德。1996〈超越父系家族的藩籬——臺灣地區「中國婦女史研究」（1945～1995）〉，《新史學》7（2）：139～179。

10. 李貞德。1999〈婦女、性別與五十年來的臺灣方志〉，臺灣省文化處主辦「五十年來臺灣方志成果評估與未來發展學術研討會」論文。

11. 李清如。1995〈左手拿鍋鏟，右手麥克風：社區女性的參政實錄〉，《婦女新知》161：2～7。

12. 周碧娥。1987〈臺灣地區婦女政治參與的變遷〉，《社區發展季刊》37：13～25。

13. 周碧娥。1990〈性別體制、政經結構與婦女運動的多元化〉，《思與言》28（1）：69～91。

14. 林文琪。1989〈九○年代臺灣婦女新象（上）〉，《婦女雜誌》255：16～25。

15. 林文琪。1990〈九○年代臺灣婦女新象（下）〉，《婦女雜誌》256：64～71。

16. 林文琪。1991〈婦女參政開步走〉，《婦女雜誌》278：118～125。

17. 林水波。1973〈家庭在政治社會化中的角色〉，《思與言》11（2）：29～34。

18. 邱寶林。1986〈臺灣婦女問題綜述〉，《臺灣研究集刊》3：45～51。

19. 胡佛。1989〈威權體制的重建與民主化〉，《歷史月刊》23：61～70。

20. 徐慎恕。1986〈臺灣的婦女運動〉，《臺灣文化》7：174～185。

21. 張玉法。2000〈近代中國婦女史研究的回顧——《近代中國婦女運動史》導言〉，《近代中國》139：130～157。

22. 張淑卿。1999〈近年來臺灣地區的「臺灣婦女史」學位論文研究回顧（1991～1998）〉，《近代中國婦女史研究》7：193～209。

23. 梁雙蓮。1983〈影響臺灣省女性省議員參政的背景因素（1951～1989），《社會科學論叢》41：1～30。

24. 梁雙蓮。1987〈臺灣婦女的政治參與現況與發展〉，《中國論壇》23（11）：79～84。

25. 梁雙蓮。1999〈臺灣女性官員發展的困境與突破〉，《公訓報導》85：41～47。

26. 梁雙蓮、朱浤源。1993〈從溫室到自立──臺灣女性省議員當選因素初探（1951～1989），《近代中國》1：91～124。

27. 許芳庭。2000〈戰後初期臺灣婦女團體與婦運議題〉，《臺灣史料研究》15：19～43。

28. 陳翠蓮。2002〈臺灣的國家認同研究近況〉，《國史館館刊》33：10～17。

29. 陳翠蓮。2004〈二二八事件史料評述〉，《臺灣史料研究》22：148～187。

30. 陳翠蓮。2004〈黨外書籍與臺灣民主運動（1973～1991）〉，《臺灣文獻》55（1）：1～29。

31. 陳儀深。2003〈臺獨叛亂的虛擬與真實──1961 年蘇東啓政治案件研究〉，《臺灣史研究》10（1）：141～172。

32. 游鑑明。1998〈歷史口述訪問面面觀〉，《宜蘭文獻雜誌》36：67～71。

33. 游鑑明。2000〈從事女性口述歷史的幾個問題〉，《近代中國》135：117～121。

34. 黃吳彩雲。1986〈婦女在各種不同政治體制中的角色〉，《臺灣婦女》267：13。

35. 黃秀政。2005〈戰後臺灣婦女參政問題的檢討（1949～2004）：以婦女保障名額制度爲例〉，《臺灣文獻》56（1）：207～230。

36. 黃秀政。2006〈論二二八事件的發生及其對臺灣的傷害〉，《興大人文學報》36（下）：493～540。

37. 黃秀瑞、趙湘瓊。1996〈臺灣婦女近十年來政治態度的變遷：民國七十二年至八十一年〉，《問題與研究》35（10）：71～95。

38. 黃武雄。2004〈蘇洪月嬌女士事略〉，《國史館館刊》37：247～260。

39. 黃毓秀。1989〈臺灣婦女運動──困境的超越〉，《聯合文學》5（11）：7～9。

40. 葉龍彥。1992〈臺灣光復初期的高等教育（1945～1949）〉，《臺北文獻》102：63～93。

41. 臺灣媒體觀察基金會。1999〈媒體眼中的女性政治角色〉，《新聞鏡週刊》

578：17～23。

42. 鄭梓。1988〈戰後臺灣省制之變革——從行政長官公署到臺灣省政府（1945～1947）〉，《思與言》26（1）：133～146。

43. 鄭梓。1991〈戰後臺灣行政體系的接收與重建——以行政長官公署爲中心之分析〉，《思與言》29（4）：217～260。

44. 薛化元。2000〈選舉與臺灣政治發展（1950～1996）——從地方自治選舉到總統直選〉，《近代中國》135：34～55。

45. 謝德錫。1987〈第一位臺灣省議會議長——黃朝琴〉，《臺灣近代名人錄》1：167。

46. 藍采風、藍忠孚、劉慧俐。1985〈臺灣女醫的專業、婚姻與家庭觀的初步研究〉，國立臺灣大學人口研究中心主辦「婦女在國家發展過程中的角色研討會」論文。

47. 蘇瑞鏘。2004〈戰後臺灣歷史發展「動因」與「脈絡」的再思考——以「中國民主黨」組黨運動爲中心〉，《現代學術研究》13：89～111。

48. 顧燕翎。1996〈從移植到生根：婦女研究在臺灣（1985～1995）〉，《近代中國婦女史研究》4：241～268。

四、學位論文

1. 王怡君。1998〈女性參政者之角色認同與政策議題：以第四屆女性立法委員候選人爲例〉。臺灣省臺南市：國立成功大學政治經濟研究所碩士論文。

2. 江素慧。1996〈女性政治菁英之研究：以民進黨女性公職人員爲例〉。臺北市：國立臺灣大學政治學研究所碩士論文。

3. 李功勤。2001〈蔣介石的臺灣時代政治菁英（1945 年～1975 年）：以中常委及內閣爲例〉。臺灣省嘉義縣：國立中正大學歷史學研究所博士論文。

4. 李妙虹。2002〈戰後臺灣婦女的社會地位〉。臺灣省臺中市：國立中興大學歷史學研究所碩士論文。

5. 林倩如。2002〈威權體制下臺灣女性參政之研究：以女性省議員爲例（1950～1987）〉。臺灣省桃園縣：國立中央大學歷史學研究所碩士論文。

6. 洪玉鳳。2003〈女性參政者形象塑造與政治行銷關係之研究〉。臺灣省臺南縣：長榮大學經營管理研究所碩士論文。

7. 胡藹若。2004〈臺灣婦女人權運動之研究：以參政權爲例（1949~2000）〉。臺北市：國立臺灣師範大學歷史研究所博士論文。

8. 范碧玲。1989〈解析臺灣婦女體制：現階段婦女運動的性格之研究〉。臺灣省新竹市：國立清華大學社會人類學研究所碩士論文。

9. 范毅芬。1981〈我國婦女參政問題之研究：臺北縣市地區現任女性議員

參政之分析〉。臺北市：國立臺灣大學三民主義研究所碩士論文。

10. 馬心韻。1985〈三民主義婦女政策與我國婦女政治地位之研究〉。臺北市：國立政治大學三民主義研究所碩士論文。

11. 張文隆。1994〈郭雨新（1908～1985）與戰後臺灣黨外民主運動〉。臺北市：國立臺灣師範大學歷史研究所碩士論文。

12. 張毓芬。1998〈女人與國家：臺灣婦女運動史的再思考〉。臺北市：國立政治大學新聞研究所碩士論文。

13. 張輝譚。1995〈臺灣當代婦女運動與女性主義實踐初探：一個歷史觀點〉。臺灣省新竹市：國立清華大學社會人類學研究所碩士論文。

14. 張靜倫。1986〈顛簸躓仆來時路：論戰後臺灣的女人、婦運與國家〉。臺北市：國立臺灣大學社會學研究所碩士論文。

15. 莊雅茹。2003〈戰後臺灣女性參政之先驅：許世賢（1908～1983）的政治生涯〉。臺北市：國立臺灣師範大學歷史研究所碩士論文。

16. 許芳庭。1996〈戰後臺灣婦女運動與女性論述之研究（1945～1972）〉。臺灣省臺中市：東海大學歷史學系碩士論文。

17. 許純瑋。2010〈省議會時期的蘇洪月嬌〉。臺灣省彰化縣：國立彰化師範大學歷史學研究所碩士論文。

18. 陳明通。1990〈威權政體下臺灣地方政治菁英的流動（1945～1986）：省參議員及省議員流動的分析〉。臺北市：國立臺灣大學政治研究所博士論文。

19. 陳玫霖。2001〈性別、政治與媒體：報紙如何報導女性政治人物〉。高雄市：國立中山大學傳播管理學研究所碩士論文。

20. 彭懷恩。1986〈中華民國的政治精英：行政院會議成員的分析（1950～1985）〉。臺北市：國立臺灣大學政治學研究所博士論文。

21. 游鑑明。1995〈日據時期臺灣的職業婦女〉。臺北市：國立臺灣師範大學歷史研究所博士論文。

22. 楊善淵。2006〈地方派系對縣長選舉之影響：以第十五屆雲林縣長選舉為例〉。臺北市：國立臺灣師範大學政治學研究所在職進修專班碩士論文。

23. 楊雅慧。1994〈戰時體制下的臺灣婦女（1937～1945）：日本殖民政府的教化與動員〉。臺灣省新竹市：國立清華大學歷史學研究所碩士論文。

24. 蔡麗珍。1981〈光復後臺灣地區婦女教育與就業之研究：男女平等地位的檢討〉。臺北市：國立臺灣師範大學三民主義研究所碩士論文。

25. 盧文婷。2004〈戰後臺灣婦女參政的個案研究：以許世賢為例〉。臺灣省臺中市：國立中興大學歷史學研究所碩士論文。

26. 錢淑芬。1986〈民選政治菁英的社會流動〉。臺北市：東吳大學社會研究所碩士論文。

27. 薛立敏。1973〈臺灣地區婦女參政問題之研究〉。臺北市：國立政治大學政治研究所碩士論文。

28. 謝欣純。2002〈郭國基與戰後臺灣地方自治〉。臺北市：國立臺灣師範大學歷史研究所碩士論文。

29. 顏志榮。1993〈光復後臺籍民選精英政治反對之研究（1945～1969）〉。臺北市：國立政治大學三民主義研究所博士論文。

30. 羅育崑。1996〈臺灣地方政治菁英之任期時間分析：以省議員爲例〉。臺北市：國立政治大學社會學研究所碩士論文。

五、報刊文章

1. 《臺灣新民報》第347號，昭和6年1月17日，第4版。

2. 《臺灣新民報》第347號，昭和6年1月17日，第17～18版。

3. 《臺灣新民報》第348號，昭和6年1月24日，第5版。

4. 不詳。1986〈蘇洪月嬌決心脫離青年黨〉，《雷聲》1（4）：31。

5. 不詳。1986〈蘇洪月嬌宣布脫離青年黨〉，《第一線》7：58。

6. 不詳。1985〈青委會訪問蘇洪月嬌女士〉，《青委會訊》12：14。

7. 不詳。1985〈我不入地獄誰入地獄？蘇洪月嬌重回省議會的原因〉，《民主平等》12：60～61。

8. 不詳。1985〈蘇洪月嬌走回天堂〉，《縱橫週刊》31。

9. 不詳。1980.01.19〈蘇洪月嬌妨害公務臺中地院判刑四月〉，《自立晚報》，第2版。

10. 不詳。1960〈在野黨及無黨無派舉行本屆地方選舉檢討會記錄摘要〉，《自由中國》22（11）：352～356。

11. 不詳。1979〈『僞造爲書』案宣判四個月易科罰金蘇洪月嬌表示將上訴〉，《潮流》29：2。

12. 不詳。1982〈70年國民黨、黨外十大新聞——黨外首創推薦制度〉，《縱橫》2（5）：7～16。

13. 不詳。1985〈十位辭職無黨籍省議員發表參選聲明書〉，《八十年代週刊》6：48～49。

14. 不詳。1986〈女性不是爲「貼郵票、寫信封」而生的——夫人從政與黨外女性面臨的考驗〉，《第一線》3：34～36。

15. 不詳。1985〈反體制？議會鬥爭？——黨外省議員集體辭職〉，《蓬萊島》46：39～41。

16. 不詳。1968.03.27〈市長甫當選又想做縣長許世賢辦妥登記〉，《中央日報》，第3版。

17. 不詳。1972.12.10〈母女檔‧許家班嘉義選壇‧娘子調兵〉,《聯合報,》第 3 版。

18. 不詳。1972.12.09〈各選區政見會〉,《聯合報》,第 3 版。

19. 不詳。1960〈在野黨及無黨無派舉行本屆地方選舉檢討會記錄摘要〉,《自由中國》22（11）：352～356。

20. 不詳。1978.12.12〈有人說她臨場退卻蘇治芬表示不苟同昨在政見會上首度露面〉,《自立晚報》,第 2 版。

21. 不詳。1982.07.01〈竹嘉兩市今日起升格臺省曾為廿一縣市減少兩縣轄市一鄉〉,《中央日報》,第 6 版。

22. 不詳。1985〈我不入地獄誰入地獄？蘇洪月嬌重回省議會的原因〉,《民主平等》12：60～61。

23. 不詳。1979〈我們抗議,議員質詢權受到嚴重侵犯！！〉,《夏潮》6（1、2）：18。

24. 不詳。2006.08.15〈扼殺婦女參政權悖離民主〉,《中國時報》,雲林新聞C2 版。

25. 不詳。1985〈青委會訪問蘇洪月嬌女士〉,《青委會訊》12：14。

26. 不詳。1975.12.02〈政府決心辦好選舉期望人人投票〉,《中央日報》,第 3 版。

27. 不詳。1980.03.13,〈政策協調結論未納多數民意立委許世賢表遺憾〉,《自立晚報》第 2 版。

28. 不詳。1979〈省議員蘇洪月嬌涉嫌偽造文書案香港中華旅行社函臺北地方法院證實涉案六人之商邀書沒有偽造〉,《潮流》12：1。

29. 不詳。1979.12.23〈美麗島宣傳車被取締案施明德陳菊等七人妨害秩序等罪送辦〉,《自立晚報》,第 2 版。

30. 不詳。1979〈要求維護質詢權——蘇東啓控告江恩,地檢處後天開庭〉,《夏潮》6（1、2）：19。

31. 不詳。1983〈候選人系列介紹——張博雅：決心繼承先母遺志〉,《鐘鼓鑼》1（10）：34～35。

32. 不詳。1980.01.31〈高雄暴力事件六十一人牽連全案下月十三日前可望起訴〉,《自立晚報》,第 1 版。

33. 不詳。1985〈張博雅大勢已定〉,《亞洲人週刊》25：16～17。

34. 不詳。1984〈張博雅有乃母之風〉,《縱橫月刊》33：40～43。

35. 不詳。1983〈張博雅的助選陣容〉《自由鐘》41：32～33。

36. 不詳。1983〈張博雅競選意志堅定〉,《前進廣場》2：47。

37. 不詳。1983〈莊承龍蕭天讚對上張博雅林樂善〉,《縱橫月刊》31：36～38。

38. 不詳。1983.07.01〈嘉義市長許世賢肝癌在臺北病逝由江慶林代理一月內公告補選〉，《中央日報》，第 6 版。

39. 不詳。1983〈嘉義長選舉，金錢對民心〉，《生根》1：18～20。

40. 不詳。1972.12.18〈嘉義縣長乾坤定可謂戰爭與和平〉，《聯合報》，第 3 版。

41. 不詳。1985〈臺灣人的媳婦藍美津〉，《蓬萊島週刊》52：32～33。

42. 不詳。1975.11.10〈增選立委下月廿日投票選務工作顯有改進正按日程循序展開〉，《中央日報》，第 9 版。

43. 不詳。1985〈誰是嘉義市的真正市長——張博雅？陳珠愛？許世賢？〉，《民主平等》15：42。

44. 不詳。1972.12.14〈縣市長競選‧政見會開始 卅九候選人‧首開話匣子 昨在各選舉區‧分談政治抱負〉，《聯合報》，第 3 版。

45. 不詳。1960〈選舉改進座談會的聲明〉，《自由中國》22（12）：382。

46. 不詳。1975.10.29〈競選立委花錢買票蔡李鶯做判刑確定同案八名被告一個處刑數月〉，《中央日報》，第 3 版。

47. 不詳。1961.09.21〈蘇東啟叛亂案詳查中首謀者將予嚴辦盲從者從輕發落聞蘇勾通廖逆文毅圖謀顛覆〉，《民族晚報》，第 4 版。

48. 不詳。1961.09.21〈蘇東啟被拘捕 警總正偵辦中〉，《中央日報》，第 3 版。

49. 不詳。1985〈蘇治洋被起訴〉，《向前看週刊》7：46。

50. 不詳。1985〈蘇洪月嬌力求澄清〉，《薪火週刊》51：58。

51. 不詳。1980.01.19〈蘇洪月嬌妨害公務臺中地院判刑四月〉，《自立晚報》，第 2 版。

52. 不詳。1986〈蘇洪月嬌徘徊歧路口〉，《臺北檔案週刊》6：1。

53. 不詳。1982〈蘇洪月嬌——飽經政治歷練〉，《政治家半月刊》29：6～8。

54. 不詳。1982〈蘇洪月嬌擔任雲林縣黨部主任委員〉，《政治家》33：37。

55. 尤震。1983〈張博雅：以正直對抗不義的女醫師〉，《前進廣場》16：16～17。

56. 未署名。1960〈選舉改進座談會的聲明〉，《自由中國》22（12）：382。

57. 老金。1982〈都是北港朝天宮選舉惹的禍——訪蘇洪月嬌談「超額貸款」案〉，《縱橫月刊》22：26。

58. 何中雲。1983〈嘉義市有有獨立的市格——訪黨外女傑張博雅〉，《關懷》24：11～12。

59. 何秋如。1980〈蘇洪月嬌被空妨害公務的來龍去脈〉，《青雲雜誌》1：51～60。

60. 吳明洲。1981〈平心靜氣探討雲林縣黨外人士落敗之因素〉，《自由鐘》

17：29～30。

61. 吳祥輝。1983〈挫敗中的凱歌——訪新任嘉義市長張博雅〉,《前進廣場》18：26～28。

62. 吳嘉邦。1978〈我所認識的蘇洪月嬌〉,《政治家半月刊》13：45～46。

63. 李明。1990〈張博雅入閣國民黨得意〉,《民進週刊》173：50～53。

64. 李寒冰。1985〈黨外女將浮沈錄透視黨外女將的角色與功能〉,《民主平等》4：59～63。

65. 李超羣。1959〈何必「逼上梁山」啊！——國民爲何開除省議員許世賢等黨籍〉,《自由中國》2（3）：29。

66. 李敖。1983〈爲蘇東啓蘇洪月嬌說公道話〉,《民主人》21：35～36。

67. 李賜卿。1983〈悼念「媽祖婆」許世賢女士〉,《自由鐘》37：22～26。

68. 林大統。1981〈蘇洪月嬌的煎熬與歷練〉,《政治家半月刊》14：36～37。

69. 林心如。1999〈臺灣女性參政的成長與限制〉,《新世紀智庫論壇》5：94～96。

70. 林沖。1989〈許世賢餘蔭的檢驗戰——嘉義市長七搶一的變局分析〉,《民進天下》145：56～57。

71. 林沖。1989〈是「政治家族」而非「家族政治」〉,《民進天下》145：57。

72. 林沖。1990〈張俊雄競選立法院長張博雅競選立法院副院長〉,《民進世界》158：46～47。

73. 林濁水。1982〈撤退就是投降：許世賢決心再爲嘉義市民服務〉,《政治家》20：15～21。

74. 邱永靖。1984〈臺灣政壇的菟絲花——細數臺灣選舉史上的女性當選人〉,《薪火週刊》3：34～41。

75. 邱暉成。1989〈大選日愈近,辦案愈勤快？臺中市調查站矛頭指向蘇洪月嬌〉,《時代進步週刊》276：46～47。

76. 政治家週刊編輯部。1984〈蘇洪月嬌戰後重整吃力〉,《政治家週刊》1：49。

77. 柳寄塵。1985〈三大門派四大高手夾擊蘇洪月嬌——蘇洪月嬌的不歸路〉《縱橫週刊》24：40～44。

78. 洪秀菊。1985〈寇克派翠克：婦女政治參與的典範〉,《中國論壇》245：42。

79. 范毅芬。1982〈我國婦女參政之研究——女議員政治社會化之分析〉,《中國論壇》168：51～54。

80. 虹星。1983〈從許世賢的死談「許家班」〉,《縱橫月刊》28：37～38。

81. 迪亞。1989〈張文英突破兩黨封鎖線〉,《民進世界》147：45。

82. 郁永河。1983〈許世賢有女克紹箕裘張博雅決心競選嘉義市長〉，《民主人》16：31～33。

83. 峨嵋山人。1982〈蘇洪月嬌進軍「北港朝天宮」〉，《縱橫月刊》20：71～72。

84. 桑淑懷。1979.10.04〈意識型態不同政黨似無理由不准成立三政治學者就此問題表示意見〉，《自立晚報》，第2版。

85. 涂醒哲。1993〈從醫界到政界──嘉義市張文英市長訪問記〉，《臺灣醫界聯盟通訊》11：10～12。

86. 張良椎。1985〈縣市長黨內外大對決〉，《縱橫週刊》11：15～16。

87. 張良椎。1985〈「一級戰區」選後巡禮──嘉義市：「媽祖婆」庇護下的張博雅〉，《縱橫週刊》27：8～10。

88. 張博雅。1983〈做個黨外的模範市〉，《生根週刊》6：40。

89. 張博雅。1985〈張博雅從政感言〉，《新路線週刊》18：18。

90. 彬郎。1985〈張博雅延續香火〉，《政治家》133：13～14。

91. 曹愛蘭。1988〈婦女與政治參與〉，《民進報週刊》31：30～31。

92. 許世賢。1980〈美麗島高雄事件與軍法審判或司法審判〉，《這一代雜誌》17：48。

93. 許世賢、黃順興、康寧祥。1980〈臺灣地區公職人員選舉罷免法試擬案〉，《亞洲人》1（1）：10。

94. 郭紀。1990〈張博雅出任衛生署長〉，《民進世界》172：50～52。

95. 陳允中。1978〈談省議員蘇洪月嬌官司纏身〉，《這一代雜誌》13：43～44。

96. 陳復芬。1978〈蘇洪月嬌否認僞造文書當庭提出答辯狀〉，《這一代雜誌》15：47～48。

97. 陳嘉成。1981〈蘇洪月嬌從夾擊中奮戰獲勝〉，《自由鐘》17：26～28。

98. 陳燕飛。1985〈南北雙嬌要國民黨好看！黃玉嬌＋蘇洪月嬌＝絕地大反攻〉，《民主平等》12：58～60。

99. 陳寶容。〈蘇洪月嬌不滿許龍俊文宣〉，《中國時報》1994年11月29日，第14版。

100. 曾心儀。1985〈蘇治芬──帶著傷痕推動民主運動〉，《民主天地週刊》8：48～49。

101. 費正。1986〈張博雅外舉不避親〉，《自由天地週刊》2：49。

102. 黃天福。1983〈敬悼許故市長世賢博士〉，《鐘鼓鑼》1（7）：1。

103. 黃森松。1983〈追記許世賢脫黨的一戰：李茂松停職案的質詢〉，《生根週刊》12：9～13。

104. 黃森松。1985〈雲林縣：蘇洪月嬌──第一位使國民黨「三連敗」的女

將〉,《霧峰政論叢書》1：30～32。

105. 黃福山。1983〈張博雅繼承母志參選嘉義市長〉,《自由鐘》41：28～29。

106. 黃維正。1983〈嘉義「媽祖婆」許世賢蓋棺論定──她的從政生涯、政績和政治思想〉,《前進週刊》15：4～13。

107. 楊秋蘋。2004.04.29〈省諮議會史料展──回顧議會政治走過的路〉,《中國時報》,第 C5 版。

108. 楊婉瑩。2007〈政治參與的性別差異〉,《選舉研究》14（2）：60～61。

109. 嘉義通訊。1982〈許世賢眾望所歸當選嘉義市長〉,《自由鐘》19：18～20。

110. 管叔夷。1986〈「火鳳凰」許世賢〉,《雷聲》117：57～62。

111. 潘立夫。1982〈嘉義市長當選人許世賢訪問記〉,《政治家半月刊》22：15～17。

112. 潘立夫。1982〈許世賢當仁不讓〉,《政治家》24：8～11。

113. 蔡興。1983〈嘉義市民大團結──嘉義市長候選人張博雅掀起高潮〉,《前進廣場》17：38～39。

114. 鄭南榕。1982〈國民黨忽視女性的高級政治地位〉,《政治家半月刊》24：27～28。

115. 鄭玲。1983〈張博雅棄醫從政〉,《前進廣場》9：30～32。

116. 鄭荻。1985〈國民黨不要害蔡定芳──蔡定芳扳不倒張博雅〉,《縱橫週刊》8：53～57。

117. 蕭史。1985〈蘇洪月嬌的無奈──她為什麼第一個回到省議會？〉,《雷聲》64：49～51。

118. 蕭毅。1984〈臺籍醫生的抗議精神──自蔣渭水到許世賢的醫生抗議政治〉,《蓬萊島週刊》4：6～10。

119. 顏尹謨。1984〈黨外反對運動的困境與出路〉,《蓬萊島叢刊》8：20～23。

120. 蘇洪月嬌。1978〈我的看法與作法〉,《今日府會雜誌》1：19。

121. 蘇洪月嬌。1979〈請維護議員的質詢權〉,《夏潮》6（1、2）：7。

122. 蘇洪月嬌。1980〈請制定一部高瞻遠矚的選舉法典〉,《青雲雜誌》7：44～45。

123. 蘇洪月嬌。1984〈還給農民公道〉,《自由鐘》24：23。

124. 蘇洪嬌娥口述、吳怡然紀錄。1983〈許世賢──臺灣地方自治史上的女強人〉,《民主人》12：15。

六、網路資料

1. 《自由時報》,〈蘇治芬從政路〉（2010.08.29）
http://www.libertytimes.com.tw/2008/new/nov/5/today-center9-3.htm

2. 「北港朝天宮」（2007.12.20）
http://www.matsu.org.tw/

3. 「聯合知識庫」（2007.12.20）
http://www.udndata.com/library/

4. 中央選舉委員會 選舉資料庫（2010.09.27）
http://210.69.23.140/vote3.asp?pass1=B1995A0000000000aaa

5. 中央選舉委員會國民大會代表選舉（2010.01.19）
http://2005assembly.nat.gov.tw/zh-tw/index.htm

6. 中華日報新聞網（20100.08.26）
http://www.cdnnews.com.tw/20030402/news/zyxw/733270002003040120500609.htm

7. 中華民國監察院（2010.11.15）
http://www.cy.gov.tw/intro.asp?bar1=1&bar2=5

8. 立法院公報影像系統（2007.12.20）
http://lci.ly.gov.tw/

9. 周平德，〈張博雅「意外落馬」咎由自取怨不得人啦！〉，鯨魚網站──
財團法人彭明敏文教基金會（2002.07.04）
http://www.hi-on.org.tw/bulletins.jsp?b_ID=44243

10. 政治大學選舉研究中心（2010.09.27）
http://vote.nccu.edu.tw/cec/vote3.asp?pass1=F1993A0000000000aaa

11. 政治大學選舉研究中心--屆公職人員選舉資料（2007.12.20）
http://esc.nccu.edu.tw/newchinese/data/election%20data.htm

12. 陳朝建，〈地方世襲政治再起 派系換黨如翻書〉（2008.01.12）
http://mypaper.pchome.com.tw/souj/post/1305096958

13. 雲林縣政府全球資訊網（2007.12.23）
http://www.yunlin.gov.tw/home.asp

14. 慈林教育基金會典藏臺灣社運史料資料庫（2009.10.02）
http://chilin.lib.ntu.edu.tw/RetrieveDocs.php#doc_1

15. 雷震案史料彙編系列電子書（2007.12.16）
http://www.drnh.gov.tw/www/page/C/ray/index.htm

16. 嘉義市政府（2007.12.23）
http://www.chiayi.gov.tw/index_01.asp

17. 嘉義市許世賢博士百年紀念-peopo 公民新聞（2008.04.19）
http://www.peopo.org/portal.php?op=viewPost&articleId=3023

18. 臺灣省諮議會沿革（2010.09.17）
http://www.tpa.gov.tw/index_a1.htm

19. 臺灣省諮議會──數位典藏查詢系統（2007.12.20）
http://www.tpa.gov.tw/ndap/search.htm

20. 臺灣省議會「（1968-03-01）議員許世賢當選嘉義市長請辭省議員職務，本會函請省政府查照轉報内政部備查」《數位典藏聯合目錄》（2009.09.02）
http://catalog.digitalarchives.tw/?URN=1895271

21. 臺灣省議會史料總庫（2010.01.27）
http://ndap.tpa.gov.tw/query.php

22. 臺灣概覽——政府公報查詢系統（2007.12.20）
http://twinfo.ncl.edu.tw/tiqry/hypage.cgi?HYPAGE=search/search_sim.hpg&dtd_id=12

23. 魯永明，〈雲縣——蘇治芬選戰經驗豐富〉，《聯合報》網路版（2005.10.07）
http://mag.udn.com/mag/vote2005/storypage.jsp?f_MAIN_ID=180&f_SUB_ID=1034&f_ART_ID=19132

24. 檔案管理局——全國檔案目錄查詢網（2007.12.20）
http://near.archives.gov.tw/main.htm

25. 檔案管理局——國家檔案資訊網（2007.12.20）
https://na.archives.gov.tw/archives/chinese/search/search_bas.jsp

26. 總統府——名人錄——國策顧問（2007.12.16）
http://www.president.gov.tw/1_structure/famous_2.html